U0817579

农业综合开发

理论·实践·政策

◎ 李建平　吴洪伟　著

中国农业科学技术出版社

图书在版编目（CIP）数据

农业综合开发：理论·实践·政策 / 李建平，吴洪伟著. —北京：中国农业科学技术出版社，2016.11

ISBN 978-7-5116-2608-0

Ⅰ. ①农…　Ⅱ. ①李…②吴…　Ⅲ. ①农业综合发展-中国　Ⅳ. ①F323.4

中国版本图书馆 CIP 数据核字（2016）第 106591 号

责任编辑　崔改泵
责任校对　马广洋

出 版 者　中国农业科学技术出版社
　　　　　北京市中关村南大街 12 号　邮编：100081
电　　话　(010)82109194(编辑室)(010)82109702(发行部)
　　　　　(010)82109709(读者服务部)
传　　真　(010)82106650
网　　址　http://www.castp.cn
经 销 者　各地新华书店
印 刷 者　北京科信印刷有限公司
开　　本　787mm×1 092mm　1/16
印　　张　14.5　　彩插　8 面
字　　数　276 千字
版　　次　2016 年 11 月第 1 版　2016 年 11 月第 1 次印刷
定　　价　80.00 元

版权所有·翻印必究

著者简介

李建平（Li Jianping）

1973年9月生，河北省石家庄市人，博士，中国农业科学院农业资源与农业区划研究所研究员、博士生导师，中国农业技术经济学会常务理事，副秘书长。主要从事农村财政与金融、农业项目投资与评估、区域经济发展等方面的研究工作，先后主持项目50余项、获得奖励8项、发表论文50余篇、出版专著10部。作为核心专家参与国家发改委、财政部、农业部、水利部和供销合作总社等国家部委涉农投资项目的政策文件起草和项目评审工作。兼任国家自然基金同行评议专家、国家软科学基金项目评审专家、《中国软科学》特邀审稿专家。

吴洪伟（Wu Hongwei）

1970年11月生，山东省安丘市人，博士，毕业于中国农业科学院研究生院。自参加工作以来，先后在国家农业综合开发办公室土地治理项目处、部门项目处、产业化项目处、综合处等处室就职，谙熟财政支农政策和农业经济领域政府工作。参与了财政部令第84号的制订以及《部门项目管理改革与创新》《农业综合开发集中打造农业优势特色产业集群促进农业产业化发展》等多项课题研究。发表论文20余篇，多次获得财政部优秀论文奖。现为财政部国家农业综合开发办公室综合处处长，中国书法家协会会员。

序　一

为了适应新时期的经济、政治和社会发展形势，系统开展理论研究和绩效评估工作是国家政策不断调整完善、确保实施目标的重要基础。农业综合开发作为重要的财政支农政策，面临着管理机制调整、建设模式创新、扶持方式转变等重大挑战，加强总结和研究工作是建立创新驱动工作机制的基本条件。

农业综合开发的相关研究没有间断过，随着工作重点的不断调整，研究内容也不断变化，并力求为农业综合开发的发展方向提供科学判断和合理建议。从最初的探讨农业综合开发涵义、作用等定位性问题，到后来围绕农业综合开发指导思想转变和发挥市场作用的研究等。最近几年农业综合开发进入大幅改革时期，不断探索能更大发挥财政支农作用的方式方法，相应研究工作也逐渐开展。但总体上，目前农业综合开发研究工作缺乏系统的梳理，并且仍相对滞后，没有起到引领实践工作和提供智库参考的作用。

《农业综合开发：理论·实践·政策》在对农业综合开发进行概貌描述、历史总结和效果评价的基础上，分土地治理、产业化经营和部门项目三个方面提供了政策选择的理论依据和具体方案。试图解决几个关键问题：如何更大地发挥农业综合开发财政资金的“乘数”效应，促进整体投入成倍增加；如何通过科学、先进的方法评估政策效果，准确地反映政策干预效应；如何结合农业区划、财政经济等相关理论方法，促进农业综合开发更加科学化布局，提高资金利用效率等。并在最后提出了政策优化措施和明确的发展思路，供农业综合开发工作者和相关科研工作者参考。

中国农业科学院党组副书记、副院长

中国工程院院士

2016 年 10 月 27 日

序　二

农业综合开发是财政支持、保护农业发展的重要措施，通过建立持续稳定增长的资金投入机制，在提升农业综合生产能力、促进农业产业化经营、改善生态环境等方面取得了显著成果，对促进农业结构调整、实现农业增效和农民增收，以及推进农业现代化建设具有重要贡献。汪洋副总理在农业综合开发联席会议上强调到："农业综合开发在农业现代化建设中和农村改革发展中具有不可或缺、不可替代的重要作用，具有举足轻重、日益广泛的深刻影响。"

农业综合开发具有措施综合、组织高效、范围广泛、资金集中等优势。农业综合开发以土地治理和产业化经营为主要内容，并逐步探索两类项目共同建设模式，实现全产业链发展；各级农发机构是实现政策制定、项目实施和绩效反馈的专业性、高效性的重要保障；实施范围、扶持内容、扶持主体覆盖面广，保障了受益范围；项目资金量大、多种投入方式并存，有利于解决农业发展关键问题。切实发挥农业综合开发优势、持续产生支农影响是农发工作的重要意义。

在政府职能转变、供给侧改革和产业融合发展以及完成扶贫攻坚任务的背景下，农业综合开发要通过统一规划，优化布局，促进农业结构调整；大力促进农业新型主体参与，大量吸引金融资本、社会资本投入，助力反贫困建设；不断调整机制，创新扶持模式，完善项目管理，提高财政资金效率和农业效益。加强农业综合开发研究是激发农发工作创新活力的重要源泉。

本书从理论基础入手、实践效果展开、政策选择收尾，为农业综合开发工作做了很好的总结，并提出了改革发展建议。希望农业综合开发工作者可以作为参考，加深对农业综合开发的认识，推动农业综合开发进一步发展。

国家农业综合开发办公室　主任 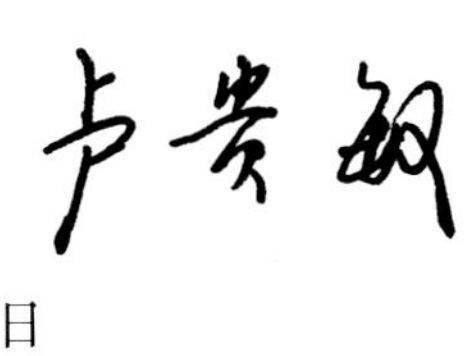

2016 年 10 月 27 日

前　言

农业综合开发作为我国财政支持农业发展的一项重要政策措施，自 1988 年启动实施以来，在改善农业生产条件、提高农业综合生产能力和提高农民收入等方面取得了重大成效。1988—2015 年，农业综合开发累计投入财政资金 4 959. 97亿元，改造中低产田和建设高标准农田 74 679. 02万亩，生态综合治理 9 273. 15万亩，新增粮食生产能力 1 159. 72亿千克。

在更加注重农业结构优化以及质量提升的新形势下，农业综合开发要提高投资政策效果，需不断调整扶持模式和政策，以适应现代农业发展需求。目前区域性农业产业结构存在大而全、小而全的倾向，没有从“全国一盘棋”充分考虑区域比较优势，地区农业结构调整带有明显的趋同性。在我国辽阔疆域和区域经济发展不平衡的条件下，需要发挥区域发展级的扩散效应，带动周边地区的经济发展。在面临农业成本攀升和资源环境约束的双重压力下，农业综合开发应通过更高效直接的扶持政策，转化地方特色资源优势，成为打造区域农业产业集群、优化区域布局的重要力量，促进农业结构优化和现代化发展。

本书在回顾农业综合开发历史、评价实施现状和效果的基础上，力图构建农业综合开发政策研究框架，结合项目类型特点，分土地治理、产业化和部分项目 3 个方面展开，以期为农业综合开发扶持政策的制定提供科学依据和方法指导。全书共七章，前两章内容主要是要描绘农业综合开发的概貌。第一章对农业综合开发的内涵、理论基础和相关研究等进行了概述。第二章回顾了农业综合开发发展历程，并介绍了目前项目实施简况。第三章从宏观层面的投资效果和微观层面的项目评价两方面对农业综合开发的影响进行评估。第四、第五、第六章分别对土地治理、产业化项目和部门项目各有侧重地进行了研究，重点突出了土地治理分区研究，产业化项目与区域农业优势的结合以及部门项目的功能与改革探讨。最后一章是基于农业综合开发存在的问题以及新时期经济形势特点提出的政策建议。

在本书的编写过程中，得到了诸多同行和专家的指导和帮助，在此由衷地表示感谢。由于农业综合开发理论和政策等处于不断发展变化之中，加之作者水平和时间有限，书中定有不妥之处，恳请同行和读者批评指正。

作　者

2016 年 6 月

目　录

第一章　农业综合开发概论

农业具有的外部性特征和比较效益低的现实状况，易造成农业投入不足。发挥财政资金支持农业发展的积极作用，对发展现代农业具有重大意义。农业综合开发是财政支农的一个重要组成部分，是中央政府为保护、支持农业发展，改善农业生产基本条件，优化农业和农村经济结构，提高农业综合生产能力和综合效益，设立专项资金对农业资源进行综合开发利用的活动。自1988年正式实施农业综合开发项目以来，到2015年年底，全国农业综合开发县及农场数为2 306个，累计投入财政资金4 959.97亿元，累计改造中低产田74 679.02万亩（15亩=1公顷。全书同），新增和改善灌溉面积73 921.11万亩，新增粮食生产能力1 159.72亿千克。

第一节　农业综合开发的内涵

一、农业综合开发定义

开发，原指用垦殖、开采等方法，以荒地、荒山、矿山、水资源等自然资源为对象所进行的生产和经济活动。农业开发是指使自然资源能够适合于农业生产需要，使动植物能够为人类利用，使农村经济能够得到发展的一切生产建设活动。农业开发的内容广泛，包括开荒、兴修水利、应用科技、农产品贮藏和加工转化等。

农业综合开发的涵义有狭义和广义之分。狭义的农业综合开发是在某一区域内，以农业自然资源为对象所进行的经济开发活动。广义的农业综合开发是在一定的区域范围内，按照确定的目标，实行科学的规划和安排，对未被利用、利用不充分或利用不合理的农业资源，进行科学的开发利用；采取生物的、工程的、经济的、行政的和法律的措施，组织资金、物资、劳力、科技等不同形式和综合配套投入，对各农业生产要素进行合理配置和优化组合，使之形成新的综合生产能力，开发新的产品，提高农业资源利用率、土地产出率和劳动生产率，增加主要农副产品的有效供给和农民收入，产生良好的经济、社会和生态效益；达到发挥资源优势、区域优势，形成产品优势、经济优势和生态优势的目的。

根据中国财政年鉴定义，农业综合开发是指中央政府为保护、支持农业发展，改善农业生产基本条件，优化农业和农村经济结构，提高农业综合生产能力和综合效益，设立专项资金对农业资源进行综合开发利用的活动。其任务是加强农业基础设施和生态建设，提高农业综合生产能力，保证国家粮食安全；推进农业和农村经济结构的战略性调整，推进农业产业化经营，提高农业综合效益，促进农民增收。最终目标是合理配置农业生产要素，提高农业综合生产能力和市场竞争力，推动传统农业向现代农业转变。

二、农业综合开发的基本特征

相对于单项开发，农业综合开发具有措施多样性、效益综合性、目的多元性的特点。具体而言，农业综合开发的“综合性”主要体现在：第一，在规划布局上，按照国家发展农业和农村经济的奋斗目标，结合国力、财力、人力和地区资源特点，统一规划，综合确定广度开发与深度开发的规模和投资计划；第二，开发方式方面，采取按流域规划、区域开发、扶优扶强的方式，对山、水、田、林、路进行综合治理，农、林、牧、副、渔综合开发，实现整个生态系统的良性循环；第三，要素投入中，实行资金、物资、人力和技术的综合投入，各种生产要素有机结合，集中投入；第四，资金筹措是实行中央财政资金、地方财政资金、信贷资金和农民群众自筹资金的综合投入；第五，从治理措施来说，在土地开发治理上，针对制约本地农业发展的因素，有针对性地采取工程、生物、科技相结合的综合治理措施；第六，资源利用上，通过对各种自然资源的综合利用，包括农业生态系统和自然生态系统在内的整个农村国土资源的开发，不仅提高土地的产出率和收益率，而且提高农产品的转化率和增值率；第七，组织领导方面，为了加强对农业综合开发的组织领导，国家建立了由国务院分管领导主持，财政、农业、林业、水利、国土、金融等部门参加的全国农业综合开发联席会议制度，负责全国农业综合开发的重大战略决策，地方也建立了相应的制度；第八，开发效益上，农业综合开发的最终目标是合理配置、科学利用农业生产要素，提高农业综合生产能力和市场竞争力，并达到经济效益、社会效益和生态效益三者共同提高。

农业综合开发的方式，大致包括5个方面：一是开发未被利用的农业资源，如对荒地、荒山、荒坡、荒水、荒滩等未利用土地资源和野生动植物资源的开发利用。我国数千年的农耕文明和数量巨大的承载人口，已使未利用的农业资源开发殆尽，甚至部分资源已经枯竭，可以开发的未利用的农业资源数量已十分稀少。因此，开发未利用农业资源已不是当期农业综合开发的重点。二是提高现有农业资源的利用效率。通过对当前利用不充分的中低产田、低产林、低产水面等综合开发、集约经营，使低产变为中产、由中产变为高产，提高单位资源的产出率。目前，提高现有资源的利用效率和农业综合生产能力在当前农业综合开发中占有十分重要的地位，是农业综合开发工作最主要的部分。三是调整现有农业资源的利用方式。根据当地自身农业资源禀赋状况和市场需求情况，对一些不合理的农业资源配置，应该按照因地制宜、扬长避短、发挥优势的原则，以提高效益为中心，调整农业资源的利用方式和生产布局。四是对农副产品进行深加工和综合利用，由初级农产品到农产品粗加工，甚至是深加工，由单项开发到综合开发、系列开发，提高农产品的附加值和农业生产效益，使得种、养、加相互衔接，农工商协调发展，农村产业结构更加合理。五是对劳动力资源和智力资源、技术经济资源进行开发，提高农业的科技水平和劳动力的素质。

第二节 理论基础

一、经济学相关理论

（一）改造传统农业理论

舒尔茨提出了改造传统农业的理论，认为农业也可以成为经济增长的重要源泉，为现代化过程中发展农业、实现农业现代化提供了重要的理论支撑。他认为，传统农业停滞以及不能为经济增长做出贡献的根本原因是传统农业资本收益率低，因而投资不足，也就维持长期停滞的均衡状态。只有现代化的农业才能对经济增长做出重大贡献。而要转变传统农业，关键是要引进现代农业生产要素。

实现农业现代化是我国四化同步的重要也是薄弱的一个环节。农业综合开发的基本要旨就是要通过改变农业生产条件，提高农业综合生产能力，实现农业现代化，从而保障国家粮食安全和提高农民收入。

（二）诱致性技术创新理论

诱致性农业技术创新模型是有关农业增长的理论模型。这个假说的要点是：在市场经济条件下，农民将受要素价格变化的影响和诱导，而致力于寻求那些能够替代日益稀缺的生产要素的技术选择。在一个经济体中要素禀赋的相对丰度的不同，会导致技术变迁的有效路径的差异（姜鑫，2007）。诱致性技术创新理论认为，那些劳动力丰富而土地资源贫乏的国家，应该走生物和化学技术进步的道路；那些劳动力稀缺而土地面积相对丰富的国家，应该走机械技术进步的道路。

诱致性技术创新理论将技术变革与资源禀赋结合到一起，把技术变革作为内生变量，成功地解释了在自然资源给定的条件下技术生成和变化的偏向问题，为农业技术变革和发展方向的研究奠定基础。

根据诱致性创新理论，社会文化禀赋、资源禀赋、技术和制度四大要素可以在全面意义上解释农业绩效。发展中国家与发达国家在技术和制度上的巨大差距可能是发展中国家经济快速发展的潜在源泉。就发展中国家农业发展而言，应立足于本国国情，探索一种适合农业资源禀赋、满足农业技术发展需求、对应农户价值体系与意识形态并由政府适当引导的制度（政策）安排（杜辉，2011）。

（三）区域经济增长理论

内生增长模型理论从本质上假定长期经济增长是由内部经济区域决定的，而外生经济增长理论则假定这是由经济区域外部因素决定的。在内生经济增长理论中，高储蓄率、投资和先进的研发水平可以长期不变的决定经济长期的增长，而这些因素在外生增长模型中只是在短期中产生影响。在区域经济分析领域的很多学者都认为内生增长理论可以作为检验和解释区域经济发展过程的一种方式。近些年，区域经济研究开始聚焦于聚集效果发挥的作用，资本积聚的作用，自由交易，工业结构，人力资本，制度因素，领导能力，企业家才能和激励环境等影响经济发展的因素（Johansson et al，2001）。

“增长极”理论，是非均衡增长理论，认为各区域的经济资源是有差别的，且资源不可能实现完全的自由流动，因而现实的经济增长总是从某个部门或地区开始，再带动其他部门或地区的经济增长。佩鲁的部门极化理论认为，经济增长是在不同部门、行业或地区，按不同速度增长的。因为某些主导部门（产业）或企业在某些地区聚集和优先发展，从而形成“增长极”，不仅促进自身发展，而且通过吸引和扩散作用带动其他地区发展。

（四）空间计量经济理论

1974 年 J. Paelinck 在荷兰统计协会年会提出“空间经济计量学”这个概念，Cliff 等（1973，1981）对空间自回归模型的开拓性工作，发展出广泛的模型、参数估计和检验技术，使得经济计量学建模中综合空间因素变得更加有效。Anselin（1988）对空间经济计量学的定义是：“在区域科学模型的统计分析中，研究由空间引起的各种特性的一系列方法。”Anselin 所提到的区域科学模型，明确将区域、位置及空间交互影响综合在模型中，并且他们的估计及确定也是基于参照地理的数据，数据可能来自于空间上的点，也可能是来自于某个区域，前者对应于经纬坐标，后者对应于区域之间的相对位置。

空间经济计量学是新兴的一门边缘学科，近十几年空间计量模型在国外社会科学很多领域，尤其在应用经济领域的运用较广，成为经济计量学理论中一个亮点。空间经以济计量学是经济计量学的一个子集，主要应用于截面数据和平行面数据回归模型中复杂的空间相互作用与空间依存性结构分析。

空间经济计量学主要研究存在空间效应的问题。空间效应主要包括空间相关和空间差异性。从经济分析的角度看，空间经济计量学在我国以下几个方面将有很大的应用前景：由于区域之间的相关性或差异性，政策对每个区域的影响是不同的，通过运用空间经济计量学方法对各区域进行研究之后，找到政策在各区域上作用的关系，对于政府决策、正确制定政策具有很大的参考价值；由于各区域中存在先进地区和后进地区，通过空间经济计量学方法可以对先进地区与后进地区之间的相互关系进行研究；对环境污染进行研究时，运用空间经济计量学方法对污染的传播方式进行研究，有助于人们对环境污染进行控制；在交通领域的研究，可以利用空间经济计量学方法对人员、货物在空间上的流动方式进行研究，同时对通道上的不同区段进行研究。

二、农业区划理论

（一）地域分异规律理论

1. 自然资源地域分异

农业生产是以生物过程（生物的生长、发育、繁殖）为基础的生产活动。生物的生长、发育、繁殖离不开一定的自然条件，如气候、土地、水等，这些自然条件就是自然资源要素。一定空间土地上的自然条件的综合就构成该区域农业生产的自然资源，其状况及组合将直接影响到农业生产的规模、水平和效益。不同地区的自然资源要素类型、数量、质量，以及要素的空间组合分布是不一样的，这种地区间的差异就是农业自然资源的地域分异，是决定农业生产具有明显地域性的重要原因。

农业生产所依赖的自然资源在地域上的差异很大，但并非杂乱无章，很多自然资源要素在空间上的差异具有明显的规律性分布特点，根据这些规律可以对农业生产进行合理的空间布局和安排，以充分发挥自然资源的农业生产能力。自然资源地域分异包括气候资源的地域分异和非气候资源的地域分异。

2. 社会资源的地域分异

农业生产是人类的一种经济活动，是人类社会生产的重要部分，并非一种纯粹的自然再生产过程。因此，农业生产不仅受到自然因素的影响，在很多情况下它受到社会经济资源条件和环境的影响更多。比如，一个地区一定生产季节生产何种具体产品，往往更多是取决于技术水平、社会需求、市场价格等社会因素，而不是取决于该种产品生产是否与当地自然资源环境最为适宜。一个地区农业发展方向也往往取决于该地区经济发展整体水平、区域产业机构、交投运输、区域人口和社会风俗、已有技术水平、社会组织管理、相关政策法规等。由于我国地域辽阔，社会经济发展不平衡，地方政府有一定的政策灵活性，少数民族较多，其文化生活习性有明显的差异与农业相关产业分工布局的影响等，不同地域间农业生产的社会经济资源环境有较大的差异，对农业结构、生产效率与效益等均会产生较大的影响。最近20多年来，全国棉花和烟草种植空间布局发生很大的变化，主要原因就是经济效益和政策调整的影响。

3. 生产力资源地域分异

生产力资源地域分异主要表现在种植业生产地域差异、粮食生产地域差异、经济作物生产地域差异、果树生产的地域差异、畜禽生产的地域差异等方面。其产生的原因主要以下几方面。

（1）农业生物与地域的生态适应性差异

农业生物在长期驯化过程中形成了比较固定的对生态环境因素特殊要求，这种生物对生态因素的要求与一定地域实际存在的生态要素状况的吻合程度就是生物对地域的生态适应性。生物与地域的生态适应性程度是造成农业生产力空间分布差异的基础性原因。

（2）农业生产经济效益的差异

在农业生物与地域生态适宜性较好的基础上从事农业生产，成本相对较低，产品的品质往往较优、生产效果也相对稳定，其产品在市场会具有较强的竞争力，比较经济效益较高，生产相对集中、规模较大。由于农产品的价格和经济效益并不取决于生物生态适宜性的好坏，所以某些农产品的生产可能并非一直集中分布在最适宜的地区。

（3）市场和交通条件

农业生产的区域化发展是与市场和交通的发展密切相关的。比如在交通条件大为改观的长三角地区，城市郊区的蔬菜、畜牧生产基地往往因为土地成本的急剧增加，而向远离大中城市的农村腹地迁移，形成新的生产集中区。

（4）国家和地方政策的影响

越来越严格的环保政策是城郊规模化畜禽养殖业大规模迁移的重要原因。上海、南京等特大城市郊区都已经完成了规模化畜禽养殖的强制性迁移。实际上以山东寿光为代表的蔬菜生产基地的形成也与当时地方政府的政策宽容有密切关系。国家和地方的政策对农业生产地域差异有重要影响。

（二）农业生产区位优势理论

1. 劳动地域分工理论

生产活动是一种社会劳动，而社会劳动必然有分工。随着社会生产力的发展，商品生产和商品交换日益增长，社会劳动分工越来越细。由于不同地域的自然、社会、经济、文化等环境条件方面存在巨大的差异，社会劳动必然要依据一定地域自然环境的综合优势进行生产活动，以充分利用当地资源优势、提高本区及全社会经济效益，这就是劳动地域分工。

劳动地域分工是劳动分工的一种空间表现，其基本原理是生产活动所依赖的部分资源是依附于一定的土地，或者不具有良好的流通特征，或流通成本在生产成本中占有较大的比例，因此生产活动的地点不能随意选择，生产活动的必须要素不能随意进行空间组合。在这种条件下，只能在不同的地域分别从事不同的生产，以便充分利用这些不可移动或者不易移动资源的优势及其生产能力。农业生产，特别是植物性生产正是这样一种生产活动，其基础性资源土地、太阳辐射根本不能进行空间移动或集中于某一地点，生物的个体（产量的载体）也十分有限，难以集中于狭小的空间进行大规模生产。所以劳动地域分工对于农业生产来说就成为绝对规律，具有绝对的必要。

2. 古典区位论

古典区位理论主要是指成本决定论和利润决定论。由于它们都采用新古典经济学的静态局部均衡分析方法，以完全竞争市场结构下的价格理论为基础来研究单个厂商的最优区位决策，因而又叫古典区位理论。

杜能、韦伯、克里斯塔勒、廖什是区位理论的建立和初期发展阶段的代表，他们所提出的理论有如下共同点：对象是单个的或某一方面的经济客体，即农业种植地带、工业企业、市场中心的最优区位选择；方法是在一定的假设条件下的纯理论推导，着眼点在于客体和有关区位因素的空间分布和空间联系，而基本不涉及动态变化，故称之为静态的区位理论或古典区位理论。

3. 新古典区位理论

第二次世界大战以后，科学技术和各门学科的发展，使区位论获得迅速发展，以艾萨德的《区位和空间经济》（1956）和贝克曼《区位论》（1968）的出版为标志，以新古典区位论为代表的现代区位论逐渐形成。古典区位论对企业生产和定价的地域空间效应进行了研究，主要关注微观区位的布局均衡，忽视了宏观区位选择的一般均衡问题。典型的微观区位使用局部均衡模型，把产出水平、最小化指标、投入产出的市场价格作为参数。在现实经济活动中，由于地貌特征、河流以及道路的影响，区位选择从一条直线演变为平面或拓扑网络。因此，在古典区位论研究的基础上，新古典区位论不仅继承和发展了古典区位论开辟的研究领域和研究方法，而且在研究内容、研究对象以及研究方法上有了更加深入和更加广阔的拓展。

新古典区位论者将影响优势区位形成的区域优势因素进行了进一步拓展，认为优势区位是多种区域条件优势共同作用的结果，不仅包括经济因素，还包括经济以外的其他人文因素。新古典区位论一方面承袭了古典区位论者的区域优势理论，并进一步利用科学方法如成本比较法加以完善深化，另一方面他们考察了区域条件优势如自然条件、人文因素等，使区域优势理论的研究范围进一步扩展，并将区域经济优势和条件优势结合起来，拓展了后继者的研究视野，从而使区位论发展到空间结构理论。

新古典区位理论也称为近代区位论，是在古典区位论和早期的市场区位论基础上形成的，分为新古典微观区位论和新古典宏观区位论。新古典微观区位论代表人物拉伯和蒂斯等利用拓扑网络构建区位模型，研究微观经济主体的区位选择问题和空间竞争均衡问题；以艾萨德和贝克曼为代表的一批经济学家在古典区位论、早期的市场区位论、国际贸易和国际贸易理论的基础上，利用凯恩斯宏观均衡分析方法对古典区位论进行了拓展，形成了新古典宏观区位论。

4. 农业区位论

任何经济活动都发生在一定的区域内部，区域经济的形成离不开这样的几个客观基础：首先是区域间存在自然禀赋的差异。它包括自然条件的不同，资源的稀缺性、分布的不均衡性和不完全流动性。其次是区域空间距离的不可消除性。人类的经济活动离不开地域空间，有空间就有距离。既然要进行经济活动就会产生运动，产生位移，就要克服空间的距离限制，支付距离成本。第三是经济活动的趋利性。任何经济活动都有谋求利益的目的。经济活动的趋利性在空间上表现为集聚经济或规模经济，在此基础上的经济活动都表现出一种空间上的客观规律。

农业区位论的基本宗旨就是寻求人类从事农业生产活动所表现的这种空间规律，也称为“空间法则”。它主要表现为：最低运输费用和最低生产成本的区位目标；最低购买价格的市场要求规则；最大市场区位的最大利润概念，最低运费和最低生产成本的区位不一定能保证取得最大利润，为了保证最大利润必须寻求最大市场的区位，相应地要求最大的吸引范围和腹地，如中心城市的区位；最优地利用社会经济基础，以求获得最佳的生产、生活条件。

5. 现代区位论

现代区位论指出最大利润原则固然是产业配置的基本原则，但这一原则的实现同自然环境、产品成本和区域间工资水平及价格水平的变化等因素有关，因此，合理的区位选择和产业配置必然受到多种因素影响，必须对多种因素进行综合分析。现代区位论更强调行为因素的作用，区位选择不是孤立的，而取决于拥有的信息量。不仅与个人性格、家庭职业有关，而且也与社会环境和政府政策有关。因此，区位决策者的思想行为和价值观，往往成为区位的决定因素。决策者所满意的区位，不一定是成本最低和利润最高的最优区位，而是综合优势最显著的区位。在某些因素的影响下，区位要在某种程度上偏离最佳区位点。现代区位论在研究对象上，从个别企业区位扩展到区位体系，认为工业、农业和城市区位都不是孤立的，而是相互联系的，每一种区位的选定，都必然引起连锁反应，从而影响经济的空间结构。

（三）农业资源经济理论

长期以来，人们对农业自然资源多是无偿使用，不仅造成了对农业资源的低效率利用，甚至滥用和浪费，而且给人们造成一种错觉，认为农业自然资源没有价值，所以可以白白地利用和取得，如江湖水和地下水资源。实际上，从经济学的角度来看，有需求就可能有短缺，有短缺就有供给成本，有成本就意味着只能付出才能得到。这就说明任何有短缺的自然资源都必须花费一定的费用才能获得，因此表现出具有价值的商品才拥有的外在属性。农业自然资源具有价值外在表现，主要是因为农业自然资源具有与社会经济资源性质相同的功能。

（1）自然资源的质量优劣能够显著影响农业生产活动的产出效果，在同样价值量的生产投入条件下，优质自然资源可以降低生产成本、提高产值，产生超过平均利润率的生产回报。

（2）自然资源的数量充足与否能够显著影响农业生产的产出效果，在同样规模较小的条件下，天然牧场的大小，或者可养殖水面的大小，将直接影响到生产的规模，通过规模效益增加生产率、降低成本率，产生与增加投入扩大规模类似性的规模效益。

（3）农业资源相互间的时空配比关系，直接影响到各种资源的利用效率和生产效果。如气候条件、作物生长临界期降水是否适合，可以导致作物产量成倍的差异，而这种差异是其他很多生产投入都无法替代的。如我国北方一些地区土壤缺锌，导致出现严重的玉米白化苗现象，大大影响了玉米产量，使得当地的其他优势资源无法正常发挥。

（4）现实社会中客观的存在依靠纯天然的自然资源直接产生经济效益的现象。

如某块土地的自然位置使其具有明显的区位优势，其土地转让费可能会远远高于一些乡镇开发区建设初期的土地转让价格水平；人们偶然发现的一种野生生物可能具有与通过遗传工程手段创造的生物相类似的特殊经济价值。

(5) 现实经济活动中常常参照等价交换的原理，对紧缺自然资源实行价格杠杆调控，以实现自然资源的供需平衡。如很多国家都有收取水资源费的规定，并且随着供求的缺口增加而上调资源费价格，使人们在日常生产生活中感受到自然资源具有的与商品价值货币形态相似的价格表现。

(四) 农业资源配置理论

农业资源配置，从广义上说，通常指的是一个国家在一定的社会经济制度下，使有限的资源在地域空间上和时间上合理布局和利用。在市场经济条件下则是依据市场的价值规律、供求规律，通过市场机制的作用，使有限的资源在地域空间上和时间上合理布局和利用，实现农业资源投入产出效益以及生态效益的最大化。从狭义上说，农业资源配置是指各个生产主体在市场需求导向下，如何依据“比较利益原则”，在各产业部门之间与产品之间合理组织、分配所拥有的各项农业资源，以最少的资源投入换取最大的产出效益。

从资源配置的范围来看，广义农业资源配置属于宏观性、全局性的配置。狭义农业资源配置则是属于微观性、分散性的配置。从根本上来说，这两种资源配置方式是一致的，但两者也有矛盾的一面。但由于农业资源的地域性差异往往很大，不同大小区域间资源的质量分布很不均匀，所以有时从宏观资源配置的角度来看是合理的，而从微观资源配置而言却不一定有利；反过来说，资源的微观配置虽然能使得生产者获得较好的配置效益却不一定符合区域宏观优化配置的要求。农业资源优化配置的根本任务就在于，运用市场机制这个主导因素，结合国家的宏观调控，实现资源优化组合与时空配置，提高资源的利用率与配置效率，推动农村生产力的发展。要合理进行农业资源开发利用的空间布局应当遵循以下几点原则。

(1) 最低成本原则

最低成本就是要求在完全成本最低的地点配置农业资源开发利用项目。完全成本是指生产费用和流通费用的总和，为了使完全成本最低，就应使企业尽可能接近原料燃料产地、消费地及基础设施完善的地方，然而，使生产地点同时接近原料燃料产地、消费地和基础设施条件较好的地方是不容易办到的，因为这些地点通常不一致。因此，就需要按照最低成本原则进行反复的技术经济论证，把生产配置在完全成本最低的地方。

（2）专业化分工和协作原则

专业化分工和协作兼顾，就是要在企业生产经营专业化的基础上，努力打破地域限制，发展区域间分工协作，建立起各具特色的，能够充分发挥区域优势的专业化经济区。每个地区的自然经济条件和社会条件都有自己的优势和劣势，在生产布局中不能追求一种封闭的完整经济体系，而要根据区域特点，确定区域主导部门，并围绕主导部门建立专业化的区域经济体系，这样才能在全国范围内形成合理的生产布局。同时，专业化分工协作原则还要求积极开展国际交流，参与国际经济大循环，更好地发挥本国资源的优势，提高整体生产能力。

（3）协调发展原则

协调发展原则首先要确定从国民经济发展的全局出发，协调各区域之间的利益关系和发展水平，既保证重点开发地区的发展要求，又兼顾其他地区的建设需要，还要扶持贫困地区尽快脱贫致富，促进各地区经济水平全面提高。其次，协调发展原则要求在自然资源生产力布局中促进先进生产技术的转移和应用，带动落后部门和地区的技术进步，促进城乡经济一体化。最后协调发展原则还体现在平等和效率兼顾方面，在追求经济效益目标的同时，要注意协调地区之间的平衡发展关系，防止区域之间的发展距离拉得过大，避免区域之间的不等价交换。

（4）生态平衡原则

农业资源的开发利用过程是人与自然界的物质和能量的交换过程，人类面临的许多生态环境问题都与对农业资源的不合理开发利用有直接关系。因此，需要在农业资源生产的空间布局过程中贯彻生态平衡的原则，从而建立起一种良性循环的生态、经济、社会综合体系。

（五）农业生态经济理论

农业生态经济理论从生态学和经济学两者相结合的观点分析研究如何实现农业的可持续发展，是生态经济学中部门生态经济学的一个分支。在农业生产过程中，生态效益和经济效益并不经常是协调一致的，往往会出现相互背离的现象。生产实际中出现的生态效益高、经济效益低，或是生态效益低、经济效益高，增产不增收的现象，都是这种背离的反映。例如对资源的掠夺式经营。掠夺式经营方式，对生态系统的投入少而输出多，在一定时间内，可能生产和效益都得到提高，但经过几个生产周期后，生态系统受损，经济效益逐渐降低。最终有可能使两者效益同时降低，成为生态系统的恶性循环。要实现农业的可持续发展，必须实现生态价值和经济价值的协调统一。

农业生产活动不能超过生态系统的临界值。农业生态经济系统是以生态系统为基础的，农业生产活动都是在一定的生态系统中进行的。生态系统本身具有一种内部的自我调节能力，即负反馈效能。依靠这种反馈效能，系统才能保持稳定和平衡，自动完成相关的生产活动的生物过程，降低生产成本，提高生产效率。但是，系统的这种自我调节能力不是无限的，由于结构、规模、环境条件、技术能力等方面的不同，各生态系统对外部干扰因素引起的变化有一定量的容忍程度，即临界值，或称阈值。当生态系统或其中的某个组成部分以自然或人为外界干扰而发生的变化超过这个临界值，生态系统的自我调节功能就不足以重新恢复系统的平衡，从而引体系统功能的退化和机构破坏，最终导致生态系统的溃乱和经济系统的衰落。临界值包括资源容量临界值和环境容量临界值。

要实现生态系统平衡。在农业生态经济系统中，居于主导地位的人的活动直接影响到这个系统的运动和变化。保持良好的农业生态环境，是实现农业发展目标的基本前提。然而，生态环境质量的优劣，则是要以生态系统能否平衡为保证机制的。生态平衡就是一个地区的生物与环境在长期适应的过程中，生物与生物、生物与环境成分之间建立了相对稳定的结构，整个系统处于能够发挥其最佳功能的状态。平衡的生态系统具有较强的抗干扰能力，会表现出较高的环境容量临界值。

实现生态系统和经济系统协调发展。人类在农业生态经济系统中如果能够正确的运用生态经济规律，正确的处理生态效益和经济效益的辩证关系，就会使生态系统和经济系统相互促进，相得益彰，协调发展。在农业生态经济系统中，决定的因素是人的调控作用，人能够通过对生态经济系统有效的调节控制，建立一种新的反馈机制，这种机制既不同于单纯追求经济目标的增长性机制，也不同于单纯追求生态目标的稳定性机制，而是经济与生态目标结合的“协调型”机制。在这种机制的作用下，既能满足经济增长的需要，同时又能保持生态平衡的稳定，使生态环境不断改善，获得持久的自然生产力，从而实现生态经济的协调发展。

（六）农业多功能性理论

1. 农业多功能性提出的背景

农业多功能性是指农业作为社会活动的一个重要组成部分，农业不仅具有经济功能，具有不可忽视的社会功能、文化功能和生态功能，这种多功能性是农业与生俱来的，其具体内容伴随社会经济的发展而变化。但是长期以来，人们认为农业的作用就是生产食品和工业原料，只着眼于以各种技术和手段实现农业的经济功能。

随着现代社会工业化、城市化进程的加快，特别是近年来全球贸易自由化的发展，要求农业像工业一样置于“贸易自由化”框架下参与竞争，使许多自然条件差的国家或地区农业面临不利的处境甚至出现不同程度的萎缩，这种状况已经影响到了农业在这些国家政治、社会、文化及生态等方面的功能效益，进而威胁到农村社会以至整个国家的可持续发展。在此背景下，农业的多功能、特别的非经济功能的重要性逐步突显，并逐步为人们所认识、重视和利用。农业显著的公共产品特性，使得市场失灵在农业部门表现最为突出，为政府干预农业自由贸易提供了重要的理论基础。

20 世纪 80 年代末至 90 年代初，日本提出日本文化与水稻种植密切相关，保持日本水稻生产也就保护了日本的“稻米文化”。日本于 1999 年颁布《食物·农业·农村基本法》，提出了食品稳定供应、农业多功能、农业可持续发展、农村振兴的四个理念和农产品自给率目标。

1999 年，法国通过立法制定了国家的农业战略，主导思想就是发挥农业的多功能性。实施的基本方式是国家和农民签订为期 5 年的土地经营协议。对于农业生产者，不仅有关于农产品产量、质量方面的要求，还包括自然景观、生物多样性保护、环境整治、水资源、就业、文化和社会平衡等方面的要求；政府依据这些标准确定资助强度，引导农业开发活动健康发展，并保证对农民提供持续性支持。规划制定了有关改善农民生产条件、提高农民生活水平、改进农民社会保障体制以及保证并逐步提高农民养老金金额等目标。

同年，欧盟委员会也通过了《欧盟 2000 年议程》，除了继续强调保证欧盟农业在国际上的竞争力、采取市场和收入政策外，突出强调了农业的多功能性和可持续性，强调建立欧盟共同农业政策的第二支柱，以确保欧盟农村的未来发展。欧盟共同农业政策调整和改革在朝着贸易自由化方向发展的同时，突出了非贸易关注和农业多功能对整个欧洲地区的社会经济发展，包括支持就业、环境保护、保护消费者利益等方面的积极作用。

国际上对农业的多功能性问题也存在着一些争议，其争论的出发点和落脚点主要是农产品贸易政策。2000 年有 40 个国家和地区参加的国际非贸易关注大会认为，每个国家都享有追求农业的非贸易目标的自主权，这些非贸易目标包括实现农村地区社会经济的持续发展，实现本国的粮食安全和环境的保护等。而这些目标单靠市场力量本身是难以实现的。因此，在 WTO 农业贸易谈判中，需要承认并保护建立在各国特定的生产条件、历史和文化背景基础上的不同农业类型。

2. 农业基本功能的内涵、特征

农业多功能的内涵，不同的学者有不同的观点，各自强调的重点有比较大的差异。从我国实际情况和本研究目标出发，在此主要讨论农业的农产品供给、就业和生活保障、文化传承和观光休闲以及生态调节 4 类基本功能的内涵和特征。

（1）农产品供给功能

农产品供给功能是指为全社会提供农产品，确保国家食物安全，输送工业所需的原材料与出口商品。农产品包括粮食、油料、棉花、畜产品、水产品、园艺产品等。

确保国家食物安全就是要维持一定的国内食物生产水平，以稳定地保证最基本的供应。所提供的食物要符合保证人民健康的需要，价格也应当是人民所能承受的。食物包括粮食、食用油和肉、蛋、奶等畜产品，核心是粮食（含饲料粮）。目前，我国人口中大部分还是自给自足的农民，食物安全的重点是保证有一定规模的商品性生产。

食品加工、酿酒、油脂、纺织、皮革、生物质能源、生物质材料等产业发展都需要农副产品作为原料。因此，国家的工业发展也要求农业在原材料供给方面有稳定的保障。

（2）就业和生活保障功能

就业和生活保障功能是指农业作为社会生产部门，能容纳劳动力就业和向农村人口提供生活保障。庞大的人口数量使我国一直面临着很大的就业和社会保障压力。从长远看，随着我国的工业化和城市化，农村人口和农业劳动力逐步向城市和非农产业转移是发展的趋势，也是解决“三农”问题的根本途径。但考虑到我国农村人口基数巨大，城市和工业吸纳农村人口、农业劳动力的能力有限，在今后一段相当长的时期内仍然需要由农业提供就业，减小社会就业压力。农业容纳隐性失业的能力很大，大量兼业型农户的存在可以缓冲由非农产业发展波动产生的就业问题。

我国属于发展中国家，经济实力不强，社会保障程度低。对人口众多的农村社区来说，政府及商业机构都难以在养老、医疗卫生、救灾、扶贫济困等方面提供足够的保障，在很大程度上要依赖农业、依赖土地。从我国的现实出发，在一个相当长的时期内，农业还要在许多农村地区承担主要的生活保障任务。

（3）文化传承和休闲功能

文化传承和休闲功能是指农业作为生物质产业部门，能传承农耕文化、保护文化多样性和为城市居民提供休闲服务。在我们这个有着几千年农业文明的国家，农业不仅是一种生产方式，也是一种生活方式，是许多民族文化和地域文化形成和存续的基础。农业的持续发展使多样性的文化得以传承和保护。聚居在远离自然的人工建筑群中的城市居民，通过观光或直接参与农业活动，不仅可以得到休闲，还可以获取审美和教育的效果。在健康身心的同时，建立与自然和谐发展的价值观。

（4）生态调节功能

作为具有自然再生产特征的产业部门，农业具有显著的土壤保持、水源涵养、气候调节、生物多样性维护等生态调节作用。与人类其他土地利用方式不同，农业生产利用的土地必须保持有一定时间的植被覆盖，水田则还需保持一定时期的淹水状态。因此，这些农田及相关的农业生产活动具有相应的生态调节功能。不恰当的农业发展方式，会导致土壤退化、病虫害加剧和农业生产力下降，影响农业生态调节功能正常发挥，对外部生态环境产生负面影响。

由于各国在幅员、人口、资源条件、经济发展水平、农业生产类型、历史、文化等方面存在很大的差异，农业各项功能所起的作用及人们的关注程度是不同的。我国对农业各项功能所涉及的问题一向是非常重视的。在我们这样一个农村居民占绝大多数的发展中的人口大国，农业对于广大农村地域以至整个国家的可持续发展有着至关重要的影响。

3. 农业功能分区拓展的重大意义

我国目前正处于从传统农业向现代农业转型的重要时期，统筹考虑我国农业多功能的空间差异，进行农业多功能综合分区，因地制宜地确定不同区域农业主导功能与拓展方向，制定农业功能区域政策，对发挥区域农业比较优势、规范农业发展空间秩序、加快形成农业主导功能区、扎实推进现代农业和社会主义新农村建设具有重要现实意义和长远意义。

（1）加快推进现代农业建设的需要

建设现代农业，不仅要开发农业的农产品供给功能，还要注重拓展农业的观光休闲、文化传承、生态保护等其他多种功能，向农业的广度和深度开发，促进农业结构不断优化升级，延伸农业产业链，建立现代农业产业体系。我国地域辽阔，地域分异形成不同地区在农业功能上的偏向，各地区功能实现的制约因素也各不相同，必须因地制宜地确定各地区农业功能拓展方向，明确各区域农业的主导功能与辅助功能及其实现特点，加快推进区域现代农业和社会主义新农村建设。

（2）促进农业发展方式转变的需要

作为一种高度依赖土地资源的生物质产业部门，农业具有显著的多功能性和地域差异性，应从农业发展的功能统筹与区域统筹出发，分析我国农业各基本功能的空间分异及其组合特征，划分农业主导功能区，引导农业活动在空间上的合理聚集，做大做强适宜区农业产业，减轻非适宜区农业压力，从源头上控制农业生态环境恶化，促进农业发展方式转变，实现农业可持续发展。

（3）强化农业区域政策调控的需要

开展农业功能区划，推进形成农业主导功能区，将具体细化和明确农业政策实施的空间单元，改变过去单纯按行政区或领域来制定农业发展规划与政策的方法，根据不同区域的农业主导功能，明确不同的发展要求，实行与之配套的、更具针对性的区域农业政策、绩效评价和考核标准，从而更有效地引导区域农业比较优势的发挥。

（4）完善国家主体功能区规划的需要

全国主体功能区规划初步确定将国土空间划分优化开发、重点开发、限制开发和禁止开发四类主体功能区。但该方案中对农业功能空间布局问题考虑不足，事实上四种类型区内都有农业功能如何定位和城乡如何统筹发展的问题。因此，开展农业功能分区战略研究，划分农业主导功能区，就成为完善全国主体功能区规划的基础性工作。

第三节　农业综合开发相关研究综述

一、农业综合开发投资的必要性研究

农业生产经营的特性决定了农业公共投资的必要性和重要意义。主要体现在几个方面：①农业生产面临自然和市场双重风险，比较效益偏低，决定了其行业的弱质性（胡虹文等，2002）。②农业投资具有公共物品的特性，产生外部性，可能出现“市场失灵”，需要政府选择某些领域对农业部门进行公共资本投资，增强农业的长期发展能力（钟甫宁，2010）。③国际农产品的进入对我国农业市场的冲击（廖红丰等，2005）。④农业公共支出增长对农业经济增长等具有促进作用（Huang et al.，1999；沈坤荣等，2007）。政府在农业研发、灌溉、教育和基础设施领域的投入，推动了农业产出的增长（樊胜根等，2002）。财政支农投入所起的作用甚至高于劳动投入的积极贡献（朱刚等，2000）。

农业综合开发是农业公共投资的重要内容，是我国政府支持农业发展的一项重要措施。农业综合开发的特性优势和实践成果显示出财政对其投资的重要性。农业综合开发所提供的产品主要是地方性的准公共品（刘丙申，2002）。以中低产田改造为主的土地治理项目的建设内容大多属于接近于纯公共品的农业准公共品和中间性农业准公共品，其投入主体应以政府为主，只有这样才能保证此类项目投资来源的稳定以及项目效益的最大化；多种经营项目大多属于接近私人品的农业准公共品，并有少数属于中间性农业准公共品，这就决定了多种经营项目的投资主体应基本上

为农民或企业；而农业高新科技示范项目的建设内容大多属于接近于纯公共品的农业准公共品，只有极少数项目属于接近私人品的农业准公共品。因此在目前应以政府为投资主体。朱铁辉（2004）提出，农业综合开发资金是政府财政投资行为，其目的是宏观上为农业的发展创造条件，微观上为农户的农业生产活动创造条件，带动、引导农户的投资行为。杨丹芳（2000）阐述了财政支持农业综合开发的理论依据，由于农业发展过程中存在着供给弹性与需求弹性不对称、外部效益与农业比较利益较低、地区间不公平等问题，农业仅仅依靠市场的力量很难得到快速的、可持续的发展，因此必须借助政府的扶持进行综合开发。

农业综合开发作为一种创新的政府支农形式，拓展了提供农业公共产品的思路，有效地改变了我国农业公共产品供给短缺的“瓶颈”状态，有力地促进了农业生产的发展（王金安，2000）。加强了项目区农业基础设施建设、改善了项目区农业生产环境、增强了项目区农业生产抗御自然的能力、增强了我国农业综合生产能力（黄季焜等，2001）。提高了项目区农民收入水平，为使农村成为启动内需、拉动国民经济增长的潜在市场提供了重要条件，是实行大规模引导和保护农业的一条重要途径，是实现农村家庭承包经营基本制度和构建农村大市场的必然要求，有组织的农业综合开发是实现政府调控、大流通对接的有效途径（张佑才，2000）。而且通过综合开发方式把有关部门组合起来，在一定程度上优化了农业资源配置，经济效益高于非开发区（王金安，2005）。农业综合开发有利于转变农业生产经营方式，加快农业现代化建设进程，可以引导农户合理投入，调动农民的生产积极性（侯石安等，1997）。

目前我国农业公共投资还存在较多问题，主要体现在：①农业公共投资总量不足（许传红、王元璋，2007）。我国农业投入严重不足并日趋恶化（黄明东，2000）。根本原因是政府有效农业投入不足与投入错位并存，对于农民来说是有投入能力而无投入的积极性（熊启泉等，1996）。②财政支农支出占财政支出比重偏低（廖红丰等，2005）。③农业公共支出结构不合理。与农业生产直接相关的生产性支出和基本建设支出占比过高，而农业科研和社会福利等方面的支出过低（沈坤荣、张璟，2007）。④农业公共投资的效果表现出较大的区域差异性（孙继琼，2009；樊胜根等，2002）。⑤在投资管理上存在制度性约束。中央与地方政府财政农业投资面临不同的制度约束结构，现有激励约束制度安排难以规范地方政府的农业投资行为，财政农业投资两大主体行为冲突日益突出（廖红丰等，2005）。改革开放以来，政府投资重心逐步向地方倾斜，相对于中央政府而言，地方政府更接近于市场，更加重视直接的经济利益，决策过程更加简明，对于多元投资主体的形成、强化具有更大的效用，也有利于使中央政府从抓具体的管理事务中解脱出来，用更多的精力致力于农业投资的宏观决策。但是投资重心下移存在的主要问题就是地方政府容易忽视全局整体利益（陈池波，2003）。

张苏林等（2004）提出，由于农业综合开发投入结构的特殊性，导致农业综合开发所形成的农业基础设施等资产产权模糊不清，致使一些项目区或项目管理单位只注重项目建设，而疏于建后管理，使项目区的基础设施，如渠道、抽水站、机井、树木等得不到有效管护，有的区段损毁严重，使用期限缩短，不能达到长期利用的目的，对农业综合开发长效作用的发挥形成较大影响。朱湖根等（2013）提出，农业综合开发项目没有很好地与推进农业产业带建设相结合，围绕主导产业集中投入、规模开发的思想还需进一步统一。鲁德银（2007）提出，与农业资源开发的巨大资金需求、农业可持续发展需求、提高农业综合生产能力的要求及提高国际竞争力相比，农业综合开发投资明显不足。而投资预期不高是农业综合开发投资不足的重要原因，投资预期不足的制度原因是收益低、风险高，农业公共财政制度缺位，分级财政投资体制所产生的贫困地区财政紧张、土地产权制度和农村社会保障制度及金融制度缺陷等。应从建立健全农业公共财政制度框架下的农业综合开发投资机制及开展土地产权等农业基础制度创新和改革金融制度等方面健全农业综合开发投资预期机制。黄季焜等（2001）提出，各地农业综合开发经济效果有较大差异，农业综合开发的投资效果呈下降趋势，尽管近几年来农业综合开发调整了资金的投资方向和投资比例，但中低产田改造项目的投资比例仍然占绝对的份额。农业综合开发的中低产田改造项目难度逐渐增大，新增生产能力的资金投入效果有明显下降趋势。生产“过剩”和中低产田改造投资比例过大的矛盾加剧。

二、农业综合开发分阶段政策理论研究

农业综合开发作为国家保障农产品供给、建设农业现代化的重要举措，在不同的阶段，基于国家经济、社会形势的变化，其开发的具体目标、重点，实施情况有所不同，对农业综合开发的认识及相关政策的研究也精彩纷呈。

（一）1988—1993年我国处于农业综合开发起步阶段

以实行重点区域开发为特征。开发的重点是进行大面积的中低产田改造，着力提高粮食产量，同时，适当开垦宜农荒地，实现农林牧副渔全面发展。

首先，是农业综合开发的认识问题。万宝瑞（1990）解读了国家对农业综合开发的布局、途径和基本原则。林富瑞等（1992）有创见地提出了搞好农业综合开发应当正确处理好五个方面的关系：开发农业与常规农业的关系、深度开发与广度开发的关系、开发农业自然资源与保护农村生态环境的关系、国家扶持与自力更生的

关系、资金投入与科技投入的关系以及开发区项目达标与巩固提高的关系。周庆良（1993）对农业综合开发的认识做了补充：从方法论来讲，农业综合开发的理论研究应当吸收地理学的理论方法，并且认为遵循地域分异规律和区域整体发展原则也是农业综合开发的基本方面。倪绍祥等（1993）进一步提出农业资源综合开发的具体内容大致包括五个层次，具有科学性、综合性、区域性、规模性和实用性五个基本特点。

其次，针对我国经济转轨的历史背景，一些学者研究了市场机制在农业综合开发中的作用和应对措施。周立达（1992）探讨了农业综合开发中市场机制的作用，提出应当以效益为中心，市场为导向调整农业综合开发的目标；在适应市场机制的过程中，农业综合开发应当实现4个方面的转变：由增量型开发转变为增效型开发、由全方位开发转变为基地型开发、由生产型开发转化为一体化开发和由扶贫型开发转变为致富型开发。季超（1993）认为应当通过价格政策、税收政策、投资政策和科技政策等产业政策联动来提高农业综合开发的效率。倪绍祥和张屏（1993）则认为在社会主义市场经济条件下的农业资源综合开发是农业资源深层次、多角度、全方位开发：应以市场为导向调整和优化农业产业结构和农产品结构，加强农业科技作用，走高产优质高效的路子；以流通为重点，积极利用国内外两个市场的资源转换机制，发展种养加相结合，贸工农一体化的农业经营体系，提高市场竞争能力和产业效益。

此外，不少专家、学者从技术层面探讨了一些地区农业综合开发实施措施，或对实施的经验做有益的总结。周清泉（1993）总结了我国农业综合开发实施三年来的经验，认为农业综合开发：首先是“贵在综合”；其次是仿照工业管理的办法，仿照世界银行对农业项目管理的办法，按项目进行管理；最后，农业综合开发要求各个部门同心协力、形成合力。王昕（1993）将一般项目管理的评价方法引入对农业综合开发与经济效益评价，认为可以用投资回收期法、简单投资收益率法（投资效果系数法）和折算费用法等静态计算方法和现值法、年值法和动态投资回收期法等动态计算方法。

（二）1994—1998年我国农业综合开发呈现全面开发的特征

开发的内容是在继续进行中低产田改造的同时，加大了多种经营项目的建设力度，把增产与增收结合起来，切实解决粮食总量增加导致其比较效益下降，粮食增产而农民不增收或少增收的矛盾。

首先，深化新时期对于农业综合开发的认识。侯石安等（1997）认为作为体现政府行为的农业综合开发具有更深远、更重要的意义。它弥补市场经济的缺陷，加快农业这一基础产业的发展；它有利于转变农业生产经营方式，加快农业现代化建设进程；农业综合开发强调生态农业建设，注重改善农村生产条件和生活环境；通过农业综合开发可以引导农户合理投入，调动农民的生产积极性。

其次，针对新时期的特点，继续深入探讨市场机制在农业综合开发中的作用。戴勇（1994）提出，在以“两高一优”为目标的农业综合开发中，应当积极引入市场机制，以市场导向开发代替资源导向开发，坚持市场开发与资源开发配套进行，在进一步发展农产品市场的同时，要积极培育土地、资金、劳务3个要素市场；要组织和引导农民进入市场；强化和完善政府对市场的宏观调控。万宝瑞（1997）认为在社会主义市场经济体制下，按照农业产业化的思路来组织实施项目，走产业化、规模化、系列化的开发路子，将是一条有效途径。侯石安等（1997）则关注市场经济条件下农业综合开发如何协调好中央、地方政府和农民三者的利益关系，认为解决问题的关键是突出资金的使用重点，提高综合开发资金的使用效益；支持粮食产业化的发展，尤其是支持粮食深加工的发展。

第三，针对农业综合开发过程中出现的资金来源不畅、配套不到位、使用效果不理想、使用监督不力等一系列具体问题，许多专家和学者也做了探讨。汪雁题（1995）认为，除了调整国民收入再分配格局，增加各种渠道的农业综合开发资金投入外，逐步建立滚动式、经营式、开放式开发的机制，对于缓解这些问题具有重要意义。许建斌等（1996）则认为通过进一步疏通、培植农业综合开发渠道，地方财政资金和群众集资配套资金要硬性落实，收拢资金使用范围和建立有效监督网络等，可以解决一定的问题。

最后，许多专家学者以及农业综合开发的业内人士，对各省、市、地区以及各种不同的地域的农业综合开发的经验、措施做了大量的探讨。其中尤为突出的是，鉴于我国山区面积约占国土面积的2/3、山区人口占全国人口一半以上的现实，不少专家、学者专门针对我国山区的农业综合开发做广泛的研究。何方（1998）认为山区农业综合开发的核心是林业，突破口是经济林；石山（1997）提出搞好山区综合开发必须以生态经济理论为指导；王宏祥等（1995）探讨了山区综合开发政策问题，认为深化山区林业经营体制改革，建立适应社会主义市场经济体制要求的林业经济体制、明晰的林业产权制度，改革山区农村林业经营体制是关键，并且提出应当加快调整林业产业结构与布局。张晓静（1998）初步探讨了山区综合开发效益的考核方法及考核指标，提出山区综合开发效益的考核应该遵循：目标原则、特色原则、可比性原则和实用性原则四大原则；将考核指标分为定性指标和定量指标，按5个步骤考核。

（三）1999 年之后农业综合开发指导思想开始转变

特别是“十五”以来，农业综合开发的指导思想发生两个战略性转变（张佑才，2000；高英，2000）：一是由过去的以改造中低产田和开垦宜农荒地相结合，转到以改造中低产田为主，尽量少开荒，最好不开荒，把农业综合开发与保护生态环境有机结合起来。这是实现国家长远和全局利益的需要，是实现我国农业可持续发展的需要。二是由以往追求增加主要农产品产量为主，转到积极调整结构，依靠科技进步，努力发展优质、高产、高效农业上来。就是实现农业综合开发由过去的数量型转到质量型和效益型上来，这是农业结构调整的出发点和落脚点。

张佑才（2000）首先阐述了“两个转变”的重要意义，认为加强农业综合开发既是实现经济增长方式转变的需要，也是我国发展“两高一优”农业的需要；并且强调了实现指导思想上“两个转变”的统一性：提高农业综合生产能力与保护和改善生态环境，都是农业综合开发的主要任务，都服从和服务于实现农业的可持续发展战略要求；提高农产品产量与提高农业生产的质量和效益，也是辩证的统一。高英（2000）和何成军（2000）进一步拓展了农业综合开发的基本思路，提出一方面要再创新的“综合”优势：制定综合规划、综合利用资源、采取综合措施、进行综合治理、实行综合投入、综合部门力量并取得综合效益；另一方面农业综合开发支持农业结构调整，要选准切入点，明确主攻方向。

同时，何成军还进一步提出了农业综合开发支持农业结构调整的政策思考：调整亩投入标准政策、提高中低产田改造质量，为结构调整打下扎实的物质基础；制定政策重点支持一些大型的优质农产品生产示范基地建设，直接推动农业结构调整；调整财政农发资金中土地治理项目和多种经营项目所占比重政策；调整农业综合开发中央财政资金有偿与无偿投入比例政策；制定依靠科技进步调整农业结构的政策和制度；积极创造条件制定多元化资金投入政策。

张秀芳（2005）分析了我国农业综合开发 16 年来的定位变迁及其动因，提出农业综合开发的政策定位是随着农业和农村经济的发展而使其内涵不断充实、丰富，外延不断延伸、拓展的。新阶段农业综合开发的定位在结合 WTO 规则、“三农”政策、城乡统筹和科学发展观的基础上，应突出粮食安全和农民增收。

随着我国市场经济体制日益成熟，并在资源配置中起着越来越重要的作用，许多学者对市场经济条件下农业综合开发的投资主体、产权归属等核心问题进行理论探讨。杨丹芳（2000）阐述了财政支持农业综合开发的理论依据：农业是一种具有自然和市场双重风险的弱质产业，由于农业发展过程中存在着供给弹性与需求弹性不对称、外部效益与农业比较利益较低、地区间不公平等问题，农业仅仅依靠市场的力量很难得到快速的、可持续的发展，因此必须借助政府的扶持进行综合开发。

这些学者基本上从公共产品供给视角来分析农业综合开发，认为农业综合开发因其公共产品的属性不同，投资主体和产权归属也应不同，都肯定政府在公共产品供给中的主导作用。朱铁辉（2004）则认为农业综合开发的投资主体和投资形成的固定资产的产权理所当然是农民，而不应该是政府。其观点在强调积极发挥财政投资在我国农业发展中的示范、引导、带动、促进作用，以及塑造、尊重和增强农民的市场主体地位，以市场经济关系为基础形成新型的产业组织形式和生产经营方式等方面是可取的，但其最大的缺陷在于忽略了农业产业的特殊性和农业综合开发中一些基础性开发的公共产品特性。

农业综合开发是一个实践性、时代性很强的问题，它是我国在特定的历史发展时期，为了解决我国农业发展面临的人口增加与耕地减少、粮食需求增长与粮食供给总量不足以及农副产品出口创汇比例下降与国家外汇需求的三大矛盾应运而生的（张佑才，2000）。在不同时期，农业综合开发所面临的实际问题和指导思想有所不同，其研究的重点也有所不同。所以，时效性是农业综合开发研究的重要特点之一。从研究内容看，不论在什么时期，对我国农业综合开发的研究基本上都是围绕着：综合开发的指导思想是什么，采取什么机制运作和管理，如何评价和考核开发的成果等几个方面展开的。这些研究都为当时的农业综合开发提供了有力的理论指导。

三、农业综合开发效果评价与影响因素研究

（一）农业综合开发效果评价研究

对农业综合开发效果评价的研究可分为对相关或因果关系的检验、效果量化、评价指标体系等方面。

一是相关关系的检验。郭海丽等（2012）运用1994—2010年数据，利用灰色综合关联度分析方法，分析了农业综合开发产业化经营项目各项资金投入与农业增加值增长和农民人均纯收入的不同关联度，研究结果表明，农业综合开发产业化经营项目的三种资金投入对农业增加值和农民人均纯收入都有着显著的促进作用，对农业增加值和农民人均纯收入来说，农业综合开发产业化经营项目的银行贷款有着最高的灰色综合关联度，财政投入次之，自筹资金投入最低。涂维亮等（2000）通过对农业投入与农民收入的相关研究，认为农业投入与农民收入有极大的相关性，同时又存在国家对农业投入减缓和农民用于投资的资金不足以及投入增加、收入递减等状况。提出，增加农民收入应从改善农业投资环境、增加对农业的投入并相应地改善投资结构、改革和完善农村经济体制等方面进行。为评价农业综合开发投资主

体的投资效果，运用灰色关联度模型，实证分析了1988—2008年我国农业综合开发投资主体与农村经济发展之间的关系。研究发现，农业综合开发各投资主体与农村经济发展的关系密切，关联度均大于0.6，但影响效果不同，各投资主体对农村经济增长的影响效果从大到小依次为农民自筹、中央财政、地方财政、银行贷款（张晨，2013）。

二是因果关系的量化分析和影响因素分析。郭庆旺等（2005）以1978—2003年的数据为基础，利用向量自回归和脉冲响应函数分析了我国财政总投资、财政基本建设投资和财政更新改造投资对总产出的动态影响。分析表明，我国财政投资对经济增长具有显著的促进作用，对民间投资的拉动效应很强。李焕彰等（2004）运用格兰杰因果检验法验证了财政支农支出增长和农业产出增长之间有互为因果关系，并运用生产函数测定财政支农各类支出的边际产出效应，认为应大幅度增加农业科技投入、适度增加农业基础设施投入和压缩农业事业费支出。王建明（2010）通过1986—2006年数据实证分析发现，以支农支出、基本建设支出、农村救济费和农业科研投资为代表的农业财政投资对农业经济增长有稳定的协整关系。杨峰（2012）根据我国1981—2009年数据，运用VAR模型分析表明，财政支农、农业投资是农业GDP的格兰杰原因，并存在着长期交互关系。经过脉冲响应和方差分解显示，财政支农增长率和农业投资对农业GDP的平均贡献率分别为4%和5%左右，具有滞后性和持续性。田祥宇等（2010）计量分析了农业综合开发产业化经营项目中财政资金投入对社会资金拉动效应。邢珺等（2010）基于1994—2008年数据计量分析了农业综合开发产业化经营项目投资的绩效，结果表明，农业综合开发产业化经营项目对农业GDP的提升有显著贡献，并且其作用具有滞后性。

何剑等（2005）提出，农业投资是农民收入增长的关键因素，而农民收入应对农业投资具有决定性的作用。以新疆维吾尔自治区（简称新疆。下同）为例，对农业投资因素与农民收入进行灰色关联分析，并利用联立方程计量模型分析了农民投资与主要影响因素之间的数量关系，提出了关于新疆农民收入和农业投资的结论及建议。冉光和等（2010）在分析有关中国农业投资行为的基础上，利用1983—2006年相关统计数据，运用计量经济方法实证分析了中国多元化农业投资的宏观绩效及协同效应。结果表明，多元化的农业投资确实推动了中国农业的发展，但各主体的农业投资行为却表现出极大的非协同性，并依此提出了政策建议。赵丽华等（2004）运用定性分析与定量分析相结合的方法，分析农业投资与粮食产量、农业投资与农业收入间的关系，并建立数学模型系统分析农业投资效益。韩国良（2005）运用聚类分析方法，通过对15年农业综合开发投入产出的比较研究，确定了不同地区、不同产业的比较优势，为今后农业综合开发在不同地区的投入方向提供参考依据。史美芳等（2008）通过对江苏省各期农业综合开发投入及取得的成效进行分析，然后利用聚类分析对江苏省各个地市所取得的投资效益进行分类，找出农业综合开发投资在地域和时间上存在的问题。

三是资金使用效率的分析。林江鹏等（2009）使用数据包络分析方法，并引入交叉有效排序方法对我国13个粮食主产区的土地治理项目资金使用效率进行综合评价。结果表明，我国粮食主产区在土地治理项目上的财政支出效率是逐年提高的；农业综合开发土地治理项目的资金投入和使用方面还存在问题，资金的节约余地还很大；资金使用效率呈区域化分布。汪厚安等（2010）采用数据包络分析方法发现，2004—2007年13个粮食主产区农业综合开发项目中的财政资金使用效率比较低下，整体技术效率不到0.6，进一步地从较低的投入水平、较大的地区投入差距、不完善的项目结构和管理体系等方面分析了造成主产区农业综合开发财政资金使用效率低下的问题所在。

四是评价指标体系的构建。樊继红等（2006）用层次分析法对我国农业综合开发投资进行了分析，并根据投资效果对各省份进行了排序，进而对我国农业综合开发绩效进行了评价。吴后宽、罗剑朝（2005）根据公共财政对财政投资效率评估的要求，提出了农业财政投资效率评估指标体系构建目标与原则，然后在此基础上选择指标和确定评估方法。陈海霞等（2009）基于江苏省丘陵山区农业综合开发具有代表性的五个县市开发情况的调研基础数据，结合国家和省委和省政府对丘陵山区开发的目标和要求，形成江苏省丘陵山区综合开发绩效评价综合指标体系，通过专家评价法确定各指标的权重，确定江苏省丘陵山区农业综合开发的总体水平。高永珍（2006）初步探讨了农业综合开发资金绩效评价体系的构建，认为绩效评价对象的多元化问题、绩效评价时点的差异性问题、绩效评价指标的相互衔接问题和绩效评价范围的局限性问题是评价体系的关键和仍需进一步探讨的问题。农业综合开发是涉及多学科、多方面、多部门的系统工程，对农业综合开发项目进行科学评价是一个十分复杂的过程。介绍了TOPSIS法排序原理及步骤，并以农业水利工程项目为例，讨论了TOPSIS法在农业综合开发项目评价中的应用（张熠，2005）。刘伟等（2003）在建设项目经济评价共性的基础上，从项目种类、评价层次、建设投资、资金筹措等方面，分析了农业综合开发项目经济评价的特点，最后提出中低产田改造目的的财务评价方法，为今后的农业综合开发项目经济评价提供参考。

（二）影响农业综合开发效果的重要因素

农业综合开发受到经济背景环境的影响，政策体制和投入机制也不断变化，对投资效果起着非常大的影响作用。

经济环境背景对农业综合开发的影响。霍学喜（2002）认为，以强化农业基础设施建设、推进农业产业化进程、促进农业科技进步为投资重点，以加大农业产业结构调整、增加乡村就业机会及农民收入、提高农业综合生产能力为主要目标的农业综合开发，一直是中国各级政府及财政支持农业发展的重要方面和内容。但在新形势下，中国农业运行的经济背景发生了转变，表现在市场环境转变、国际投资环境改变和政府投资机制发生转变。针对农业运行的经济背景的转变，从财政农业投资目标定位、投资流向与项目结构、投资组织与管理构思等方面，分析新形势下中国农业综合开发的投资模式。刘平青（2004）认为，在国家财政、外商资本投资农业呈下降趋势的背景下，农业企业化所需的大量资金的来源最有可能是民间资本，包括民营农业企业和民营非农业企业的产业投资，以及民间资本通过证券市场投资农业等。由于民营企业主体是中小企业，而中小企业创业和发展还面临诸多困难，加之农业类上市公司以国有企业为主，这些现实条件都阻碍着民间资本进入农业。因而，政策着力点是优化环境，让民营企业能够健康发育和成长起来。

制度安排对农业综合开发的影响。王金安（2003）在分析我国农业投入面临的现实障碍基础上，从理论视角剖析了农业综合开发投入机制的创新意义，分析了农业综合开发投入机制在实际运营过程中面临的问题，主要包括：地方财政资金配套不足；农民自筹资金不足，完不成计划；农贷资金的贷款困难。到期有偿资金回收存在较大难度。最后提出了拓展农业综合开发筹资渠道的若干思路。王杰（2004）以山东农业投资为例，分析了农业投资中政府制度安排的以“调控效应”和“拓展效应”为基础的“综合制度效应”对农业产出的影响，并得到如下结论：农业投资中的政府制度的综合效应与农业产出呈正相关关系，而总量意义上的农业投资对农业产出并没有绝对的正影响。因此，各级政府不仅要重视稳定的增加农业投资总额，还要重视通过政府制度安排优化投资结构，充分发挥农业投资中的政府制度因素效应的作用。与农业的基础地位、时代作用、时代特点相比，我国的农业投资依然处于数量不足、质量不高的不和谐状况。四大不和谐因素即奉献型的政策因素、片面型的运营因素、缺失型的激励因素、迷失型的环境因素是造成这种不和谐状况的重要原因（陈鸿，2006）。

农业综合开发投资主体的性质也较大程度上影响着投入机制和效率。陈池波等（2005）运用不完全信息条件下动态博弈理论，即动态贝叶斯纳什均衡（Bayesian Nash equilibrium）博弈，分析了我国中央政府和地方政府农业投资的行为动机和价值取向，描述了中央和地方两级政府之间农业投资的动态博弈过程，诠释了两级政府难以增加农业投资深层次原因。林仁金等（2000）从国外的普遍经验、国内的实践和形势发展趋势、政府行为与市场机制有机结合、农业投融资等角度深入地阐述了农业综合开发财政资金和信贷资金配套投入的重要性、必要性、客观性和紧迫性。陈立双（2001）分析了农户对农业投资的动机，农户作为理性的投资主体，在生存和生活条件得到改善的情况下，追逐利润的最大化是其投资的原动力。但由于农业的风险大，比较利益低下，致使农户的农业投资行为具有短期性和保守性等特征，在市场经济条件下，收入、劳动者素质、政策和土地规模等成为制约农户进行投资的主要因素。对此提出了提高农民收入水平、增加农民投入的资金来源并适当向农业和农民倾斜以及组织农民进行活劳动积累等建议。陈铭恩等（2004）对影响农户农业投资行为的非农产业替代、土地产权强度、投资边际收益等三个因素进行了实证考察，以期对农户投资行为有更为全面的认识。随着农业产业化经营的发展，农民专业合作经济组织发挥的作用越来越明显，越来越突出。现行农业综合开发政策已把积极扶持农民专业合作经济组织发展列入产业化经营项目。但目前扶持力度不大、扶持面不广，具体如何扶持、扶持范围、扶持方式等界定模糊不清，可操作性不强，各地也正处在探索中（夏鸿飞，2008）。

新时期农业综合开发投资和项目管理机制的选择是一个综合、系统的工程，应当结合实际从多方面进行研究，既要建立多元化、稳定增长的投资机制，又要优化投资结构、调整投资方向、转变扶持重点，还必须进行产权制度改革、组织体制改革和法制体系改革（胡光辉，2008）。农业开发投资是农业发展的重要资金来源，是财政支农的重要手段，当前的农业开发投资仍然存在投资总量不足、结构不合理、投资渠道窄等一系列问题。应逐步建立多元化、稳定增长的投资机制，进一步整合财政支农资金和农业项目，逐步优化投资结构，提高投资标准等对策建议，以期能对我国农业综合开发投资发展产生一定的推动作用（周良，2010）。樊继红等（2007）认为，农业综合开发实质上是通过资金投入融多项科研成果于一体的推广应用，针对研究的区域范围、资金投入、中低产田改造、农田灌溉和除涝、农产品加工与农业生产服务项目五方面进行了分析，对其投资趋势进行了预测分析，并针对中国农业综合开发投资趋势提出了相关建议。

四、国外农业开发实践与研究

国外并没有与中国相同的专门的农业综合开发项目，但类似的农业开发项目在各国都有实行，相关研究也非常多。特别是农业发达国家在农业立法、农业投入、管理机制等方面都有明显的特点，其农业开发经验值得我国借鉴和参考。

澳大利亚在农业开发建设方面的经验启示主要有：利用灵活多样的经济政策与服务方式支持了农场主的发展；实施以大型水利骨干工程为主体的农业综合开发；畜禽加工龙头企业规模壮大带动了养殖业发展（陶传友，2003）。

美国拥有世界上最发达的农业，也是农业开发程度相当高的国家。第二次世界大战前后，重点主要放在水系建设和土地整治上，从20世纪70年代末开始，美国把农业开发的重点逐渐从工程开发转移到人力资源开发上来，主要做法是通过提高农民的科技素质，增加资源开发的技术含量。至20世纪90年代初，又出台了21世纪农业系统纲要，主要内容是通过组织试验、示范农场，教育农民树立环保意识，把农业生产和环境保护统一起来，迎接世界农业带来的挑战，标志着美国农业开发进入依靠科技进行智力开发的新阶段（徐海斌等，2009）。美国农业综合开发的特点，主要体现在：依法治农是促进开发的根本，美国从建国初期开始就不断地颁布农业相关的立法，为农业开发建立了良好的法律保障体系；采取农业教育、科研和推广三位一体的发展方式，为农业综合开发提供了智力支持；农业基础设施建设采取成本共享资源，实行资源优化共享，实现土地资源、劳动力资源、生产资源和工具的市场化；为农业提供支持和服务的农资、信贷、农机的农业支持服务体系较发达，能提供便捷服务；采用高新技术维护农业的可持续发展（何利辉，2005）。

以色列是中东地区农业资源非常贫乏的国家，沙漠化严重、水资源匮乏，但其农业开发和农业生产水平却走在世界的前列，其重要原因是农业开发依赖科技进步，大量采用设施栽培、品种更新、农民培训、节水灌溉和标准化栽培等高新技术，同时重视协会建设和科研院所相结合，十几年来农业生产总值一直保持年增15%以上，不仅满足本国需求，而且农产品大量销往欧州。通常，农业发达国家的农业开发的绩效评价机制亦较为科学，一方面考核指标由过去推算新增生产能力多少、及新技术多少、抗灾能力提高多少演变为可量化的引进新品种对环境指标改善多少、生产效能多少；另一方面，更注重农民协会建设、可控标准化程度及实际产学研部门联合和开发运行机制创新，以项目开发后农产品国际竞争力、产出效益科技贡献率、体系，极具借鉴价值新专利和技术标准个数作为新的考核标准（徐海斌等，2009）。Stefan等（2015）分析了政府对农场的投资对农业结构调整的影响。采用直接协变量与双重差分（DID）估计量结合的方法，构建了专门的模型，以反映结构影响的动态性和异质性。将模型应用于澳大利亚，分析了综合管理和控制系统（IACS）从2000年到2011年98 000个农场的数据。结果显示，农场在调整牲畜养殖方面非常迅速，但是农业增长好像跟投资不太相关。影响效果往往跟特定的农场有关，如在农场规模最初增长方面，养猪的农场要远远大于养牛农场。而且，政府支持的农场投资不仅影响结构变化，而且还可能会增加生产强度，减少耕地上的多样性——也许会抵消农业环境项目的作用。

Medonos 等（2012）提出，自经济转型早期开始，资金支持被认为是提高捷克农业竞争力的主要驱动。然而，到目前为止，却很少关注对相应扶持项目实际效果的评价。他们评估了捷克农场 2007—2013 年实施“农业现代化”措施的经济和其他效果。采用反拟法研究，被扶持的生产者如果不参与项目下的情况，然后比较结果指标。并对在 2008 年到 2010 年接受了资金支持的 20 个农场进行定性调查，以补充对项目效果的定量分析。定量评估显示出资金支持在促进生产规模扩大、生产率提高方面具有显著性的好处，定性调查也支持这个结果。生产规模扩张和生产率提高是大多数农场投资的基本目标，公共投资保证了农场能实现这些战略目标。调研对象声称，虽然在利润和收入成本比率方面很难定量说明，但资金支持对农场的繁荣非常重要。

Norouz 等（2014）研究了伊朗水行业投资对经济发展的效果。运用索罗增长模型（假定规模回报固定）从生产功能看水行业投资的效果，采取国民经济核算的 1980—2010 年的经济时间序列数据，主要来自从中央银行、发展计划和监督部以及伊朗水资源管理公司。效果大小的检验采用伊朗四经济部门模型；计量经济模型采取面板数据。结果显示，人口持续增长、无差别的使用资源和低效率增强了水短缺。针对伊朗经济不同部门（农业、工业、矿业、服务业，石油部门）的索罗增长模型（基本经典模型）显示，农业部门的水投资的弹性是显著的和正向的，弹性系数为 1.3%，而其他部门都是不显著的。地下水排放的水投资的效果为 2.4%，并且极为显著。这证明增加水行业投资具有促进作用的重要观点。

Hans 等（1993）尝试定量研究政府、金融机构和农民的投资决策的内在联系，以及它们共同对农业投资和产出的影响。实证研究采用印度区级的时间序列数据，研究表明投入和产出价格在决定总的作物产出中的重要性，也证明了总产出的供给弹性较低。教育基础设施、农村银行在决定投资、投入和产出决策方面扮演了非常重要的角色。银行的存在决定肥力需求和总的作物产出方面更为重要，超过了利率的影响。农民受到基础设施的影响，而政府则分配他们的基础设施投资来应对当地农业气候环境，银行则根据农业气候和基础设施对他们的运营更有利的情况下布局他们的营业点。因此，农业产出是由一系列复杂的相互影响的过程决定的，农户、政府和中间相关者面临相同的影响因素，这深深影响着用来分析产出供应的经济计量技术。

David 等（2012）在区域环境体的合作下建立一个分析框架，用来综合集成评估环境项目。框架结合了理论与实践，为一大批在澳大利亚维多利亚州北部中心地区环境资产项目的严格评估提供了一个务实、高效的方法。该方法被编入环境资源投资框架（INFFER）。该分析帮助环境机构将环境项目打造为商业案例，以吸引资金资助。该研究的主要优点在于：决策者和利益相关者广泛参与，全面的项目信息整合，不确定性和信息方面的差距的明确评估，以及每个项目的最适当的政策机制分析。应用框架的过程包括4个步骤：识别在该地区约300项重要的环境资产；过滤那些不太可能提供具有成本效益的公共投资的机遇的资产清单；对资产的一个子集的项目的开发和详细评估；以及项目资助谈判。对土地利用政策的启示包括：环境项目在成本效益方面变化多样，如果要环境效益实现最大化，需要谨慎的资金资助范围定位。许多现有的环境项目使用简化的分析来支撑决策，导致错失了能实现丰富的、更大的环境收益机会。

Mark 等（1998）分析了印度尼西亚的粮食作物供应的影响因素，包括技术、价格和投资对大米、玉米、大豆和木薯的产出增长的影响。研究得出了按作物种类的面积、产量和投入需求参数，适合于评估价格和投资政策，研究表明，农业科研、推广和水利方面的公共投资对产出增长有长期的巨大影响，取消肥料补贴和通过财政存款向科研、推广和水利灌溉方面再投资能产生巨大益处。

Pardey 等（2014）认为，公共和私人部门在有关食品和农业的科研开发方面进行的投资的全球格局变化剧烈。私人 R&D 大多在高收入国家，私人运作的 RD 继续为高收入国家创造大量实质性的创新优势。通过公共投资 R&D，中等收入国家在农业创新方面的相对重要性在提高。由于长期以来，低收入国家的投资不足和高等收入国家投资萎缩，这种格局更得到了加强。充分的证据显示，投资农业和食物 R&D 有非常高的回报，强有力地启示了世界性的投资不足。

Matthew A. Andersen（2015）认为，更好地理解公共农业 R&D 投资和生产率提高之间的关系，对于提高农业 R&D 公共资助以及保证未来农业生产率的提高是非常关键的。他提出了一种方法，用来估计科研投资、生产率提高和产生的经济利益之间的关系。得出，美国农业 R&D 投资真实的回报率估计是每年10.5%；然而，近几年公共农业 R&D 投资增长的减少，使对未来几十年生产率提高的关注提高，因为需要保证充足的粮食供应满足需求增长。

Schader 等（2013）提出，财政扶持有机农业的经济效率一直受到经济学家和政策制定者的质疑。他们计算了扶持有机农业与其他农业环境措施相比实现环境政策目标的成本效益。农业环境措施的成本效益可以理解为政策实施功能，环境效果和公共支出。将瑞士农业部门作为实证案例研究，计算了扶持有机农业和其他单项农业环境措施的成本效益。代表部门的 PMP 模型 FARMIS 扩展为 3 个模块，包括：①根据 SALCA 方法，化石能源的使用，多样性和富营养化的生命周期评估。②公共支出，包括政策相关的交易成本。③农业环境措施的实施。计算揭示了扶持有机农业的政策成本相对较高，要实现环境指标平均提高 1%，每公顷需投入 14 瑞士法郎；而 3 个单项农业措施是 11 瑞士法郎/公顷，包括粗放的耕地和草地。鉴于瑞士平均农业公共支出是 2 500瑞士法郎/公顷，这些差别可以看做是边际的。敏感性分析证明了扶持有机农业的成本效益跟结合的农业环境措施非常类似。而且，模型反映了当在有机农场实施而不是非有机农场时，特定的农业环境措施的成本效益更高。

Ward（2012）提出，气候变化和周期性的干旱，在世界许多干旱地区激励寻找具有经济吸引力的方法来保护水源。研究分析了美国北部的格兰德在灌溉农业方面的水资源保护实践。构建了一种评估方法，灌溉农业中通过公共补贴农民从表面灌溉改为滴灌后的水节约。方法解释了影响农民在灌溉技术、作物种类、水应用和水消耗方面的选择。结果显示，当滴灌具有更低的经济成本时，农民就会投资这项减少水利用的技术。对滴灌的补贴增加了农场收入，增加了食物产出价值，减少了作物的水用量。然而，得到的结果是，水保护补贴，促进采用滴灌，能增加作物消耗的水需求。结果显示，只要有水权利存在，水权利管理者将需要保卫增加的水消耗，面对不断增加的滴灌补贴。

第二章　农业综合开发历史回顾与实施现状

第一节　农业综合开发的历史回顾

一、农业综合开发实施背景

中共十一届三中全会后，家庭联产承包责任制在我国农村普遍推行，解放了农村生产力，极大地调动了广大农民生产积极性。在此后的数年间，我国农业和农村经济迅猛发展，粮棉油等主要农产品产量大幅增加（表2－1）。其中，粮食产量从1978年的30 476.50万吨增加至1984年的40 730.50万吨，年平均增长幅度为4.95%，分别在1982年和1984年突破35 000万吨和40 000万吨大关；棉花产量从1978年的216.70万吨增加至1984年625.84万吨，年平均增长幅度为19.33%；油料产量从1978年的521.79万吨增加至1984年的1 190.95万吨，年平均增长幅度为12.51%。但是，在1985年之后，由于受到农业投入不足、农业基础设施薄弱等诸多因素的限制，我国粮棉油等主要农产品产量增长放缓，甚至出现倒退。粮食、棉花和油料产量分别维持在40 000万吨、400万吨和1 500万吨左右的水平。1985年粮食产量37 910.80万吨，人均粮食占有量362.70千克；1986年粮食产量39 151.20万吨，人均粮食占有量367.00千克；1987年粮食产量40 297.70万吨，人均粮食占有量373.36千克；1988年粮食产量39 408.10万吨，人均粮食占有量357.73千克。1988年人均粮食占有量比1984年减少35.07千克。1988年棉花和油料产量分别为414.87万吨和1 320.27万吨，人均占有量分别为3.77千克和11.92千克。1988年人均棉花占有量比1984年减少2.23千克，人均糖料占有量也仅仅增加0.48千克。造成这段时期农业生产徘徊不前的主要原因包括：长期农业和农村投入不足，一些地区的农业基础设施遭到破坏，农业生产条件不断恶化，耕地资源也不断减少。

粮食问题关系国计民生，备受政府的关注和重视。1986年6月，邓小平同志指出："农业，主要是粮食问题。……粗略估计一下，到2000年，以十二亿人口每人八百斤计算，粮食产量要达到九千六百亿斤。从现在起，每年要增产一百多亿斤才能达到这个目标。……总的目标始终不要离开本世纪末达到九千六百亿斤粮食的盘子。要避免过几年又出现大量进口粮食的局面。”1986 年 11 月，时任国务院副总理的田纪云同志在中央农村工作会议上指出：“粮食生产情况的好坏，对整个改革和建设的发展具有决定性的影响。我们一定要继续认真执行‘决不放松粮食生产，积极发展多种经营’的方针，争取粮食有较大幅度的增产。”

表 2-1　1978—1988 年我国主要农产品产量

（单位：万吨）

时间	粮食	棉花	油料	肉类
1978	30 476.50	216.70	521.79	
1979	33 211.50	220.74	643.54	1 062.40
1980	32 055.50	270.67	769.06	1 205.40
1981	32 502.00	296.76	1 020.52	1 260.90
1982	35 450.00	359.85	1 181.73	1 350.80
1983	38 727.50	463.70	1 054.97	1 402.10
1984	40 730.50	625.84	1 190.95	1 540.60
1985	37 910.80	414.67	1 578.42	1 926.50
1986	39 151.20	354.04	1 473.76	2 112.40
1987	40 297.70	424.51	1 527.78	2 215.50
1988	39 408.10	414.87	1 320.27	2 479.50
年平均增长率	2.60%	6.71%	9.73%	9.87%

数据来源：中国农村经济统计大全（1949—1986）；中国农业统计资料（1987—1988）

粮食产量持续徘徊不前，实际上反映了当时农业投入不足、农业基础设施薄弱和农业发展后劲不足等一系列的问题，是当时农业和农村经济深层次矛盾的集中体现。据有关资料统计，国家对农业基本建设投资占基本建设投资总额的比重，1980 年以后呈直线下降的趋势，从 1980 年的 9.3% 下降到 1984 年的 5%，1985 年又骤降至 3.3%，之后仍在持续降低，1988 年仅占 3%。农业基建的投入严重不足，使得农业生产条件持续退化，水库、机电井、田间渠道等基础设施老化失修。1980—1987 年与 1971—1979 年相比，农业成灾面积增加 55.3%，抵御自然灾害的能力明显减弱。同时，农业自然资源的数量也日益减少，1978—1988 年，全国耕地面积减少了 5 501万亩，平均每年减少 500 万亩；全国水土流失面积高达 29.1 亿亩，约占国土面积的 1/5。

为了扭转农业生产徘徊不前的局面，提高我国农业综合生产能力，增加粮棉油等主要农产品的有效供给，保障我国粮食安全，党和国家下定决心加大对农业的投入。1987 年 10 月，田纪云同志在一篇文章中指出："下决心增加对农业的投入，增强农业发展后劲"，"农民生产积极性只有同物质投入相结合才能促进农业生产力的发展。要抓好大江大河治理、开垦荒地、改造中低产田、支农工业和农副产品商品基地建设等"，"国务院已决定将耕地占用税收入给地方一半，用于发展农业，中央这一半也主要用于农业"，"要考虑建立农业发展基金，使农业投入有一个稳定的可靠的资金来源"。

1988 年年初，在总结以往农业开发特别是商品粮棉油基地建设经验的基础上，国务院决定设立国家土地开发建设基金，并成立了相应的领导机构和管理机构，这即是国家农业综合开发基金的前身。自此，有组织、有计划、有规模的国家立项的农业综合开发拉开序幕。

二、农业综合开发发展阶段

农业综合开发从 1988 年开始实施到现在，已经走过了 20 多个年头。但是，迄今关于农业综合开发的发展阶段的划分，由于认识的角度不同，结果很不一致。目前比较通行的有两阶段论、三阶段论和四阶段论。两阶段论，主要是以 1999 年 5 月召开的国家农业综合开发联席会议第二次会议为标志，将农业综合开发历史划分为两个阶段，即 1988—1998 年为第一阶段，1999 年以后为第二阶段。持这种观点的人认为：在第一阶段，我国对农业和农村经济的判断仍为"农产品短缺"的特征，即粮棉油肉糖等主要农产品供给不足，特别是粮食产量不足，不能满足当时社会经济发展的需要。在这一认识指导下，这一时期农业综合开发以增加粮食等大宗农产品产量为主要目标，同时兼顾促进农民增收。具体措施包括进行大面积的中低产田改造和适当开垦宜农荒地。在第二阶段，由于我国农业和农村经济发展步入了崭新的阶段，我国主要农产品实现了由长期短缺到总量基本平衡、丰年有余的历史性转变，这一时期农业综合开发的主要指导目标由增加粮棉油肉糖等主要农产品产量转变为以提高农业综合生产能力和增加农民收入为主。

两阶段划分方法固然有其道理，但是其划分标准过于宽泛，不能很好地体现农业综合开发在各个时期发展的历史任务和主要目标，局限性比较大。农业综合开发的发展阶段的划分应该充分体现农业综合开发的在各个时期的主要内容和主要目标。因此，作者主要根据扶持重点和方式的变化将农业综合开发划分为 5 个阶段。

第一阶段：1988—1993 年

我国粮食产量长期徘徊不前，直接影响到了我国粮食安全。这一时期农业综合开发的主要任务是进行大面积的中低产田改造，着力提高粮棉油肉糖等主要农产品产量。同时，适当开垦宜农荒地，实现农林牧渔全面发展。根据增加主要农产品产量这一要求，农业综合开发投入主要集中在增加粮食产量上。

从资金使用上看，在这一时期内，我国农业综合开发共投入资金 293.22 亿元。其中，中央财政资金投入 78.41 亿元，地方财政配套资金为 66.13 亿元，银行贷款 53.16 亿元，自筹资金 95.52 亿元。经过约六年的农业综合开发，改造中低产田 14 351.81万亩，生态综合治理［主要是草原（场）建设］1 200.57万亩，开垦宜农荒地 1 826.52万亩。从取得的效果上看，新增和改善灌溉面积 12 667.26万亩，新增和改善除涝面积 6 849.39万亩，增加林网防护面积 10 994.51万亩；新增粮食产量 2 520.02万吨，新增棉花产量 61.32 万吨，新增油料产量 106.05 万吨，新增糖料产量 1 295.23万吨，新增肉蛋奶水产品等产品 112.21 万吨。这一阶段农业综合开发的实施，取得了显著的成绩，结束了我国粮棉油等主要农产品产量长期徘徊不前的局面，实现了粮食产量的不断增加，为突破束缚我国农业长期问题做出了重大贡献。

第二阶段：1994—1998 年

通过几年的农业综合开发，粮棉油肉蛋奶等主要农产品产量不断增加，但是粮食等主要农产品生产的比较效益再下降，出现了粮食增产而农民收入不增或反而下降的问题，即“谷贱伤农”的问题。所以，从 1994 年开始，建设内容从重点进行中低产田改造转变为在继续进行中低产田改造的同时，加大多种经营项目建设力度，并把农业增产与农民增收结合起来，以解决由于粮食总量增加，粮食比较效益下降，农民增产不增收的问题。

从资金使用上看，在这一时期内，农业综合开发总共投入资金 568.71 亿元，其中，中央财政资金 143.69 亿元，地方财政配套资金 136.60 亿元，银行贷款 82.29 亿元，自筹资金 206.14 亿元。这五年中完成了改造中低产田 11 849.41万亩，生态综合治理［主要是草原（场）建设］1 242.65万亩，开垦宜农荒地 1 077.85万亩（表 2－2）。从取得的效果上看，新增和改善灌溉面积 11 142.27万亩，新增和改善除涝面积 5 406.41万亩，增加林网防护面积 8 074.92万亩；新增粮食产量 2 368.38万吨，新增棉花产量 48.09 万吨，新增油料产量 134.89 万吨，新增糖料产量 81.23 万吨，新增肉蛋奶水产品等产品 254.15 万吨。

表 2－2 农业综合开发第二阶段与第一阶段的投入比较

	分类	开垦宜农荒地（万亩）	经济林、蔬菜、药材等种植面积（万亩）	水产养殖面积（万亩）	农产品加工和农业生产服务项目（个）
第一阶段	总计	1 826.52	419.79	101.63	358.00
	年平均	304.42	69.97	16.94	59.67
第二阶段	总计	1 077.85	730.72	217.06	1 911.00
	年平均	215.57	146.14	43.41	382.20
第二阶段/第一阶段	总计	0.5901	1.74	2.14	5.34
	年平均	0.7081	2.09	2.56	6.41

注：本研究除特别注明外，基础数据来自历年《中国农业综合开发年鉴》和《中国财政年鉴》

与第一阶段明显不同的是，这一期主要任务减少了开垦宜农荒地，增加了农业多种经营和农民增收。从投入上看，农业综合开发项目对开垦宜农荒地的投入力度明显减少，经济林、蔬菜、药材、水产品等农业多种经营项目数量快速增加。第二阶段年平均开垦宜农荒地为 215.57 万亩，仅为上阶段年平均开垦量 304.42 万亩的 70.81%。同时，这一时期里，农业综合开发年平均新建经济林、蔬菜、药材等种植面积为 146.14 万亩，是上阶段年平均新建量 69.97 万亩的 2.09 倍；年平均新建水产养殖面积为 43.41 万亩，是上阶段年平均新建量 16.94 万亩的 2.56 倍；年平均农产品加工和农业生产服务项目 382.20 个，是上阶段年平均量 59.67 个的 6.41 倍。从取得的效果上看，这一时期在新增粮棉油糖等主要农产品生产能力基本维持上一时期水平，但肉蛋奶、水产品、果蔬等新增生产能力却有大幅提高。其中，禽蛋和奶类年平均新增生产能力是上一期的 10 倍以上；肉类、水产品、果蔬等年平均新增生产能力都是上一期的 2 倍以上（表 2－3）。

表 2－3 农业综合开发第二阶段与第一阶段的效果比较

		新增主要农产品生产能力（万千克）								
		粮食	棉花	油料	糖料	肉	蛋	奶	水产品	果品蔬菜药材等
第一阶段	总计	2 520.02	61.32	106.05	1 295.23	90.22	1.79	1.12	19.08	131.55
	年均	420	10.22	17.68	215.87	15.04	0.3	0.19	3.18	21.92
第二阶段	总计	2 368.38	48.09	134.89	811.28	159.9	16.22	14.41	63.61	608.17
	年均	473.68	9.62	26.98	162.26	31.98	3.24	2.88	12.72	121.63
第二阶段/第一阶段	总计	0.94	0.78	1.27	0.63	1.77	9.06	12.92	3.33	4.62
	年均	1.13	0.94	1.53	0.75	2.13	10.87	15.50	4.00	5.55

第三阶段：1999—2005 年

1999 年以后，农产品供需关系发生较大变化。粮食产量稳步提高，1996 年全国粮食产量突破 5 亿吨，1998 年粮食产量更是达到历史最高水平——51 229.53万吨，主要农产品供需实现了由长期短缺向总量基本平衡、丰年有余的历史性转变，粮食短缺已不再是我国农产品供需的主要矛盾。农业生产结构与市场需求结构不相适应成为新的农产品供需关系的主要矛盾。这一时期农业生产的主要问题是农业增效和农民增收，明确地提出将提高农业综合生产能力和调整农业产业结构、增加农民收入为主要目标。农业综合开发工作按照新的形势要求，将调整农业产业结构，把增强农业综合生产能力和农民收入放在更加突出的位置上。

在 1999 年 5 月召开的国家农业综合开发第二次联席会议上，温家宝明确地指出农业综合开发在指导思想上应坚持“一个前提”，实现“两个转变”。坚持“一个前提”，就是把“坚持加强农业基础设施建设，改善农业基本生产条件，提高农业综合生产能力”作为新阶段农业综合开发工作的根本方向。实现“两个转变”，就是“要从过去以改造中低产田和开垦宜农荒地相结合，转到以改造中低产田为主，尽量少开荒甚至不开荒，把提高农业综合生产能力与保护生态环境有机结合起来；由以往追求增加主要农产品产量为主，转到积极调整结构，依靠科技进步，努力发展‘优质、高产、高效’农业上来”。在 2001 年 7 月召开的国家农业综合开发联席会议第四次会议上，温家宝同志确定了新阶段农业综合开发的指导思想——“两个着力、两个提高”，即以农业主产区为重点，着力加强农业基础建设和生态环境建设，提高农业综合生产能力；着力推进农业和农村经济结构的战略性调整，提高农业综合效益，增加农民收入。

1999 年到 2005 年，农业综合开发共投入资金 1 631.39亿元。其中，中央财政资金 536.18 亿元，地方政府配套资金 408.61 亿元，银行贷款 144.75 亿元，自筹资金 541.84 亿元。共完成草原（场）建设 1 950.76万亩、小流域治理 189.64 万亩、土地沙化治理 112.17 万亩，建设优质粮食基地 2 558.06万亩，建设优质饲料粮基地 529.43 万亩。经济林、蔬菜、药材等种植面积 892.55 万亩，水产养殖面积 392.42 万亩，农产品加工和农业生产服务项目 3 386个。

第四阶段：2006—2012 年

第四阶段主要是围绕新农村建设和现代农业发展，农业综合开发促使农业向更加集约化、高效化发展。根据 2006 年发布的中央一号文件《关于推进社会主义新农村建设的若干意见》精神，农业综合开发在“十一五”期间主要是围绕建设社会主义新农村建设的目标和要求，大力发展现代农业，为新农村建设提供强有力的产业支撑。确定的工作思路是："围绕建设社会主义新农村的目标和要求，较大幅度增加农业综合开发投入；以粮食主产区为重点，以提高农业综合生产能力为核心，着力加强农业基础设施建设，改善农业生产条件和生态环境；大力扶持农业产业化龙头企业，发展农业产业化经营，促进农民增收。同时，推进农业综合开发机制创新，切实加强资金和项目管理，确保资金安全运行和有效使用。通过推进农业综合开发，为提高农业综合生产能力、增加农民收入、推进社会主义新农村建设、构建和谐社会做出新贡献。"2011 年，为建立科学合理的农业综合开发项目资金绩效评价体系，完善激励约束机制，提高资金使用效益，提升农业综合开发工作水平，国家农业综合开发办公室制定了《国家农业综合开发项目资金绩效评价办法（试行）》，进一步完善了农业综合开发资金管理体系。2006 年到 2012 年，农业综合开发共投入资金 3 139. 31亿元。其中，中央财政资金 1 244. 56亿元，地方政府配套资金 730. 96 亿元，银行贷款 123. 25 亿元，自筹资金 1 040. 57亿元。

第五阶段：2013 年至今

自 2013 年起，农业综合开发进入大幅度的改革探索阶段，在项目内容、扶持方式、管理机制、评审机制等方面进行了多项改革。

在扶持重点上，发展现代农业园区示范群，引导龙头企业带动发展农业产业链。大力推进优势特色产业带建设。以高标准农田建设和农业产业化发展为基础，支持区域优势显著、主导产业明确、引导示范作用突出的现代农业综合开发优势特色产业带建设，培育和延长产业链条，打造优势特色产业集群。充分发挥农业综合开发产业化经营项目的示范引领作用，积极引导农业生产面向市场需求，大力支持各地发展绿色农业、特色农业和品牌农业，培育壮大区域主导产业。

在项目内容上，2013 年起开展现代农业试点项目，包括国家农业综合开发现代农业园区、龙头企业带动产业发展、"一县一特"产业发展试点项目。

2013 年开始实施《国家农业综合开发扶持龙头企业带动产业发展和"一县一特"产业发展试点项目》。根据区域优势产业发展需要，重点支持农业产业化龙头企业开展农业基础设施、良种繁育、污染物防治、废弃物综合利用和社会化服务体系等公益性项目建设，以及新产品新技术推广应用、农产品精深加工、流通体系及品牌建设；同时，支持与龙头企业建立紧密利益联结机制的合作化组织开展农业基础设施、规模化标准化种植养殖基地等项目建设。通过支持完善和延伸产业链条，做大产业规模，提升产业整体竞争力，促进主导产业优化升级和集聚发展。

2013 年起开展了现代农业园区项目试点。其目标是，通过现代农业园区试点，加大现代农业综合开发力度，用规模化理念开发农业、低碳化理念改良农业、标准化理念提升农业、产业化理念发展农业、工业化理念装备农业、市场化理念经营农业，通过三年时间达到：园区内建设规模较大的旱涝保收、高产稳产、节水高效的高标准农田，形成运作规范、组织带动力强的农民合作社、专业大户或家庭农场，培育带动能力强、与农民建立紧密利益联结机制的重点产业化龙头企业，发展高产、优质、高效、生态、安全、市场竞争力强的优势特色产业，建成规模优质高产粮食生产基地、名特优新经济作物（或林果业）规模种植基地、规模化标准化畜禽（或水产）养殖基地、粮食等农产品加工、农产品流通、生态观光、农村居民安置和休闲等各类功能区，在全国打造成一批规模化、生态化、标准化、机械化、科技化、信息化、专业化、集约化、市场化水平高的国家农业综合开发现代农业园区。2013年现代农业园区试点项目完成投资7 133.09万元，其中，财政投资3 343.19万元，自筹资金3 789.90万元。2014年继续推进为期三年的国家农业综合开发现代农业园区试点，并将试点项目从2013年的17个扩大到52个。

鼓励和引导部门项目支持发展现代农业。加大以油茶、核桃、油用牡丹为主要品种的木本油料高标准示范基地建设，选择部分省份开展木本油料“一县一品”试点工作。推动完善秸秆养畜项目设计，进一步提高资源利用率，减缓养殖污染。进一步加大产销对接项目扶持力度，巩固完善龙头企业与联合社、农民合作社的利益联结机制，促进产业链的有机联结，实现助农增收、稳供保价。

在扶持方式上，探索增加农民财产权利的实现形式。2014年国家农发办提出选择10个左右省份进行农业综合开发财政补助资金形成的资产交由合作社持有和管护、农民广泛享有的试点。在评审机制上，大力推进地方农业综合开发项目结构性评审，把生态环境资源的评估作为评审重要内容。

在管理机制上，2014年全面推行项目年度滚动计划编制管理。印发项目年度滚动计划编制管理办法，做好宣传解释和培训工作。指导省级、中央农口部门农发机构开展项目年度滚动计划编制管理工作，加强督促检查，及时跟踪执行情况。按照财政中期滚动规划编制原则和方法，积极研究设计农业综合开发中期滚动规划框架体系和具体方案，并做到与年度滚动计划有机衔接。

2015年，进一步推进改革创新，更新发展理念，用改革的办法解决发展中的问题。一是发挥综合优势，积极牵头实施“以高标准农田为平台开展涉农资金整合试点”，探索土地治理和产业化经营两类项目结合新途径，最大限度发挥农业综合开发资金的集成和示范效应。印发《关于农业综合开发推进适度规模经营的指导意见》，以高标准农田建设和农业产业化经营，推进农业适度规模经营发展步伐。二是发挥队伍优势，推进简政放权、责权结合。明确各级机构职责，简化管理程序，在管理机制和政策上“松绑”。2015 年起农业综合开发各类项目审批权限全部下放至省级农发机构，一系列管理权限交由各省立足实际研究确定。在扶持重点和业务上“瘦身”，鼓励各地因地制宜，先行先试，大胆创新。三是发挥机制优势，提升开发效益。完善投入机制，充分发挥财政资金“四两拨千斤”的作用；完善分配机制，让想干事、能干事、干成事的地方得到更多支持；完善建管机制，确保项目长期发挥作用；完善监督机制，守好防线，确保资金、项目、干部安全。推进财政补助资金“先建后补”管理方式改革。在做好《国家农业综合开发资金和项目管理办法》（财政部令第 60 号）修订工作基础上，全面梳理现行农业综合开发规章和规范性文件，研究确立新的制度框架，建立制度建设定期报告反馈机制。围绕加强管理和改革创新，建立健全科学完备、衔接配套、规范高效的政策制度体系。

三、农业综合开发的主要作用

（一）改善农业生产条件，提高农产品产出水平

20 余年的农业综合开发，极大地改善了我国农业生产条件，特别是粮食主产区的农业生产条件，提高了我国农业综合生产能力。从农田基础设施改善情况看，1988—2015 年，农业综合开发累计新增和改善灌溉面积 73 921. 11万亩；新增和改善除涝面积 28 586. 07 万亩；新增林网防护面积 39 685. 23 万亩；新增机耕面积 2 420. 49万亩；新增农机总动力 2 341. 83万千瓦。可见，农业综合开发项目的实施，改善了全国农业生产条件，为农民增收、农业增产提供了强有力的保障（表 2 –4）。

表 2 –4　1988—2015 年全国及粮食主产区农业生产条件改善情况

项目	新增和改善灌溉面积（万亩）	新增和改善除涝面积（万亩）	增加林网防护面积（万亩）	新增机耕面积（万亩）	新增农机总动力（万千瓦）
全国合计	73 921. 11	28 586. 07	39 685. 23	2 420. 49	2 341. 83

农业综合开发在改善农业生产条件的具体措施上，主要包括水利、农业和林业 3 个方面。在水利措施方面，1988—2007 年农业综合开发累计修建小型水库 11 955座；完成灌排渠系建设 169. 02 万千米；新打和配套完善机电井 122. 71 万眼。其中，在 13 个粮食主产区共修建小型水库 9 824座，完成灌排渠系建设 111. 61 万千米，新打和配套机电井 108. 71 万眼，分别占总数的 82. 17%、66. 03% 和 88. 59%。在农业措施方面，1988—2007 年农业综合开发改良土壤面积 27 161. 91万亩；完成机耕路 67. 56 万千米，购置农机 105. 41 万台（套）。其中，13 个粮食主产区改良土壤面积

16 435.09万亩，机耕地50.04万千米，购置农机79.36万台（套），分别占总数的60.51%、74.07%和75.28%。在林业措施方面，1988—2007年农业综合开发累计造林6 224.45万亩，其中，粮食主产区造林4 163.93万亩，占总量的66.90%（表2－5）。

表2－5　1988—2007年农业生产条件改善措施完成情况

主要措施	项目	全国	粮食主产区	主产区所占比重
水利措施	修建小型水库（座）	11 955	9 824	82.17%
	灌排渠系建设（万千米）	169.02	111.61	66.03%
	新打和配套完善机电井（眼）	1 227 146	1 087 136	88.59%
农业措施	改良土壤（万亩）	27 161.91	16 435.09	60.51%
	机耕路（万千米）	67.56	50.04	74.07%
	农机购置（万台套）	105.4099	79.3569	75.28%
林业措施	造林（万亩）	6 224.45	4 163.93	66.90%

农业综合开发提高了农产品产出水平，有助于缓解国家粮食安全压力。1988—2015年，农业综合开发累计新增粮食生产能力11 597.2万吨；新增棉花生产能力212.3万吨，新增油料生产能力577.3万吨，新增糖料3 014.8万吨（表2－6）。

表2－6　1988—2015年新增主要农产品生产能力

地区	新增主要农产品生产能力（万吨）			
	粮食	棉花	油料	糖料
全国合计	11 597.2	212.3	577.3	3 014.8

1988—2015年其他农产品也增产显著，为丰富膳食结构，满足食品消费需求提供保障。其中，新增肉类产量704.8万吨，新增蛋产量117.1万吨，新增奶类产量303.1万吨，新增水产品产量257.3万吨。新增干鲜果品、蔬菜和药材等其他农产品产量2 679.5万吨（表2－7）。

表2－7　1988—2015年新增其他农产品产量和产值

地区	新增其他农产品产量（万吨）				
	肉	蛋	奶	水产品	干鲜果品、蔬菜、药材等
全国合计	704.8	117.1	303.1	257.3	2 679.5

按区域来比较，各省区农业综合开发新增农产品生产能力略有差异。从新增粮食生产能力来看，1988—2015 年累计新增粮食生产能力最多的地区为黑龙江、山东、河南三省，分别为 1 012.8万吨、792.7 万吨和 736.7 万吨，分别占全国累计新增粮食生产能力的8.73%、6.84%和6.35%；其他新增粮食生产能力较高的地区为河北、四川、吉林、江苏、安徽、内蒙古自治区（简称内蒙古。全书同）、江西、湖南、湖北、辽宁、黑龙江农垦、陕西、浙江；新增粮食生产能力较少的地区分别为西藏自治区（简称西藏。全书同）、上海、青海、新疆生产建设兵团、北京、甘肃，这些地区主要处于经济较为发达的城市圈和农业自然生产条件较差的边缘地区，粮食增产潜力较小。从新增肉类产量来看，1988—2015 年累计新增肉类产量最高的地区是吉林、四川、湖南、安徽，新增肉类产量分别为 61.9 万吨、61.8 万吨、61.6 万吨和 49.3 万吨，分别占全国新增肉类产量的 8.19%、8.18%、8.14%和 7.00%；其他新增肉类产量较多的地区是河北、辽宁、山东、内蒙古、江苏、江西、河南，这些地区全都是我国粮食的主产区，粮食产量高、饲料充足，发展畜牧业潜力较大。

（二）促进农业产业化发展

农业综合开发是国家支持农业产业化的重要方式。通过农业综合开发，科学利用了各地区的农业资源优势，在农业综合开发项目区内，发展了一批以农副产品加工为主的龙头企业和专业批发市场、流通企业，建成了集中连片的农副产品加工基地，促进了农产品的深度开发和多层次加工增值。据国家农业综合开发办公室公布的资料显示，项目区直接受益农民人均增收额达 350.36 元。作者在调查中发现，有的农业综合开发项目区农民人均纯收入比非项目区高 260 元左右，多的达 500～600 元，最高的超过 1 000元。

（三）实现农业可持续发展

为了实现农业生产经营的可持续发展，每年农业综合开发都在农业生态治理方面下了大力气。通过农业综合开发，建设农田防护林、防风固沙林、水土保持林、水源涵养林、小流域治理水土保持工程、人工草场、改良草原等工程，基本完成了项目区的农田林网建设。

农业综合开发实行农业生态环境治理，主要是通过土地治理项目平台来实施的。从生态治理的效果上看，1988—2015 年通过农业综合开发累计完成草原（场）建设、土地沙化治理等农业生态治理面积 6 766.19万亩。其中，草原（场）建设面积 7 363.08万亩，占农业生态治理总面积的 79.40%；小流域治理面积 1 519.44万亩，占总面积的 16.39%；土地沙化治理面积 390.73 万亩，占总面积的 4.21%（表 2 -

8）。农业生态条件得到了治理，改善了田间小气候和农业生态环境，使得田间面貌焕然一新。

农业综合开发具有区域性、综合性的特点，通过统筹规划，实行山水田林路综合治理，加强农田林网建设，支持退耕还林还草，开展防沙治沙，治理水土流失，有效地保护和改善农业生态环境，是促进我国农业可持续发展的一个重要推动力量。

表2－8　1988—2015年农业综合开发生态综合治理完成情况

年份	生态综合治理（万亩）			合计
	草原（场）建设	小流域治理	土地沙化治理	
全国合计	7 363.08	1 519.44	390.73	9 273.25
比例	79.40%	16.39%	4.21%	100.00%

（四）推动农业现代化

农业综合开发通过不断提高科技的投入比重，推广先进适用的农业技术，加速农业科技成果转化，加强对农民的技术培训，提高农民科技素质，为我国农业科技进步发挥示范和带头作用，加快农业现代化进程。

按照项目划分，农业综合开发用于农业科技进步的费用主要来源于农业科技示范项目和土地治理项目中的科技推广费。科技示范项目是农业综合开发的主要组成部分，通过科技示范项目平台，1988—2015年全国农业综合开发科技示范经营项目累计投入资金354 761.52万元，占农业综合开发项目累计资金总投入量的0.93%。科技示范项目的资金来源中，中央和地方财政资金210 619.89万元，占科技示范项目总投入的59.37%；银行贷款46 379.83万元，占总投入的13.07%，自筹资金97 761.80万元，占总投入的27.56%（表2－9）。

表2－9　1988—2013年全国农业综合开发科技示范项目投资完成情况表

	科技示范项目（单位：万元）			
	财政资金	银行贷款	自筹资金	小计
全国	210 619.89	46 379.83	97 761.80	354 761.52
各项比例	59.37%	13.07%	27.56%	100.00%

科技示范项目主要内容包括农业高新科技示范、农业科技推广综合示范和农业现代化示范。从任务完成量来看，1988—2013年累计完成农业高新科技示范建设96.14万亩，农业科技推广综合示范建设362.81万亩，农业现代化示范建设

9.00 万亩。通过科技示范项目平台，累计完成 3 357个品种和 1 202项技术工艺的技术引进；累计完成 1 284个品种、1 263项技术的技术示范工作，示范面积 85.77 万亩；累计完成 1 369个品种和 2 011项技术的技术推广，推广面积 677.74 万亩。通过土地治理项目技术推广平台，扶持农技服务站 34 324个，技术培训 14 499.67 万人次。

农业综合开发科技示范项目的实施，使得项目区农业技术和物质装备水平得到显著改善，农民的科技文化素质和接受新技术的能力明显提高，建成了一批经济和科技发展水平高、综合实力强的农业现代化示范区。

四、农业综合开发发展特点与趋势

（一）发展特点

在科学规划、集中开发、综合利用当地农业资源的基础上，农业综合开发采取水利、农业、林业、生物等综合措施，实行资金、物质、劳务、技术等综合投入，进行山、水、田、林、路的综合治理，实现了项目区农业生产要素的优化组合，取得了显著的经济、社会和生态效益，为发展“高产、优质、高效”农业，推动农业可持续发展发挥了重要作用。农业综合开发发展具有资金规模快速增长、开发范围不断扩大、开发内容更加丰富、资金和项目管理趋于规范等特点。

1. 资金规模快速增长

从 1988 年农业综合开发实施以来，农业综合开发资金投入一直保持快速增长的趋势，增速高于同期财政支出和国家经济发展的增速。农业综合开发的资金由 1988 年的 17.84 亿元增加到 2015 年的 795.44 亿元，年平均增幅达到 14.52%（表 2－10）。

表 2－10　1988—2015 年全国农业综合开发资金投入情况表

（单位：亿元）

年份	合计	中央财政资金	地方财政配套资金	银行贷款	自筹资金
1988	17.84	5.03	3.73	2.33	6.74
1989	34.78	10.09	7.77	6.12	10.80
1990	49.56	14.06	11.38	9.67	14.45
1991	56.69	15.25	13.97	11.15	16.32
1992	62.29	15.77	13.91	10.93	21.67
1993	72.07	18.21	15.37	12.96	25.53

（续表）

年份	合计	中央财政资金	地方财政配套资金	银行贷款	自筹资金
1994	68.27	18.21	16.79	11.18	22.09
1995	87.17	23.52	22.69	12.21	28.74
1996	119.85	30.53	25.89	19.73	43.70
1997	129.17	29.31	30.28	19.98	49.59
1998	164.25	42.11	40.94	19.18	62.01
1999	188.77	47.26	46.84	21.02	73.66
2000	197.23	67.68	57.20	12.06	60.29
2001	206.51	70.86	59.47	18.27	57.91
2002	237.40	76.19	61.59	25.57	74.05
2003	237.99	86.71	62.50	20.37	68.41
2004	256.70	85.65	58.30	21.34	91.41
2005	306.78	101.83	62.71	26.13	116.11
2006	336.74	109.90	74.15	23.50	129.19
2007	363.35	121.06	79.86	24.11	138.32
2008	392.59	132.44	90.55	22.03	147.56
2009	452.26	165.90	97.78	25.64	162.93
2010	509.77	195.12	114.02	16.22	184.40
2011	518.33	230.22	130.00	7.58	150.53
2012	566.28	289.91	144.58	4.17	127.63
2013	630.81	327.45	158.86	4.37	140.14
2014	754.05	359.71	181.82	4.75	207.78
2015	795.44	392.23	194.78	5.05	203.38

农业综合开发资金投入整体呈上升趋势，从资金构成来看，中央财政资金由1988年的5.03亿元增至2015年的392.23亿元，年平均增长幅度17.51%，地方财政配套资金由1988年的3.73亿元增至2015年的194.78亿元，年平均增长幅度15.77%；银行贷款由1988年的2.33亿元增至2015年的5.05亿元，年平均增长幅度2.9%；自筹资金由1988年的6.74亿元增至2015年的203.38亿元，年平均增长幅度13.45%。自筹资金和中央财政资金一直是农业综合开发资金最重要的来源，两者累计投入占农业综合开发历年总投入的70.62%，其中，自筹基金累计投入占31.17%，中央财政资金累计投入占39.45%。1988—2015年间，自筹资金投入占农业综合开发资金总投入的比重都在23%～39%；中央财政资金投入占农业综合开发

资金总投入的比重在23%～52%，2013年达到最大，占总投入52%；地方财政配套投入占农业综合开发资金总投入的比重在20%～29%；银行贷款占农业综合开发资金总投入的比重最小，累计占比5.35%，且波动较大，在1%～20%，1991年占总投入的19.68%，2011—2015年都只占1%（图2－1）。

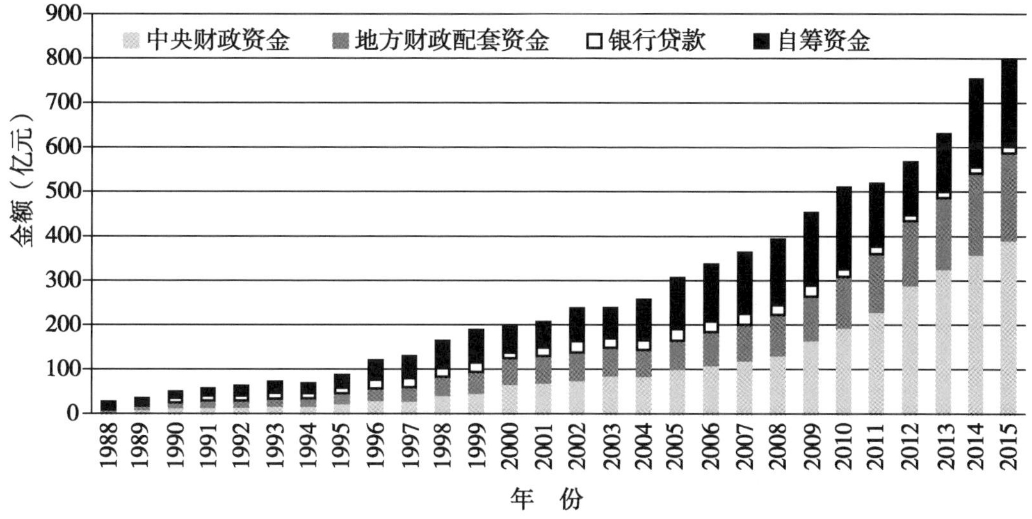

图2－1 1988—2015年全国农业综合开发资金投入

从财政资金投入情况来看，各级财政农业综合开发投入的积极性不断提高。随着各级政府对农业综合开发的重要性的认识不断加深，各级财政用于农业综合开发的资金呈快速增长的趋势。2015年，各级财政用于农业综合开发的资金投入为587.01亿元，是1988年农业综合开发各级财政资金8.76亿元的67.01倍，年平均增长幅度为16.20%（图2－2）。1988—2015年，各级政府累计用于农业综合开发的资金为4 959.94亿元。2012年，农业综合开发财政资金投入占同期国家财政资金用于农业支出的3.51%。可见，农业综合开发已成为国家财政支农的重要渠道（表2－11）。

表2－11 国家财政用于农业支出与用于农业综合开发资金比较

（单位：亿元）

年份	国家农业综合开发财政资金	国家财政用于农业的支出	占比
1988	8.76	214.10	4.09%
1989	17.86	265.90	6.72%
1990	25.44	307.80	8.27%
1991	29.22	347.60	8.41%
1992	29.68	376.00	7.89%

（续表）

年份	国家农业综合开发财政资金	国家财政用于农业的支出	占比
1993	33.58	440.50	7.62%
1994	35	533.00	6.57%
1995	46.21	574.90	8.04%
1996	56.42	700.40	8.06%
1997	59.59	766.40	7.78%
1998	83.05	1 154.80	7.19%
1999	94.1	1 085.80	8.67%
2000	124.88	1 231.50	10.14%
2001	130.33	1 456.70	8.95%
2002	137.78	1 580.80	8.72%
2003	149.21	1 754.50	8.50%
2004	143.95	2 337.60	6.16%
2005	164.54	2 450.30	6.72%
2006	184.05	3 173.00	5.80%
2007	200.92	4 318.30	4.65%
2008	222.99	5 955.50	3.74%
2009	263.68	7 253.10	3.64%
2010	309.14	8 579.70	3.60%
2011	360.22	10 497.70	3.43%
2012	434.49	12 387.60	3.51%
2013	486.31		
2014	541.53		
2015	587.01		

近些年，农业综合开发资金渠道越来越广。利用世界银行贷款，加快了农业综合开发的力度，为我国农业综合开发事业发展做出了巨大的贡献。2007 年，农业综合开发利用世界银行贷款 47 237.40万元，带动地方配套资金 40 354万元，自筹资金 35 850.99万元，在 123 个项目县中共完成农业综合开发投资 123 442万元，当年农业综合开发通过利用世界银行贷款在兴修水利设施上，修建灌排渠系 9 712.70千米，新打和配套完善机电井（眼）7 983个；在农业措施上，改良土壤面积 191.30 万亩，修建机耕路 4 309.09千米，农机购置 1 932台（套）；在林业措施上，造林 10.20 万亩，在科技措施上，扶持农机服务站 94 个，技术培训 22 473.49人/月；在农民组织化建设方面，帮助建设农民专业协会 51 个，农民合作经营试点 4 个；此外，还改造中低产田面积 254.00 万亩，建立用水协会 336 个。

在利用世界银行贷款的同时，农业综合开发还积极扩大利用外资的渠道和途径。2005—2007 年，农业综合开发利用英国国际发展部实施贫困人口农村水利改革项目，

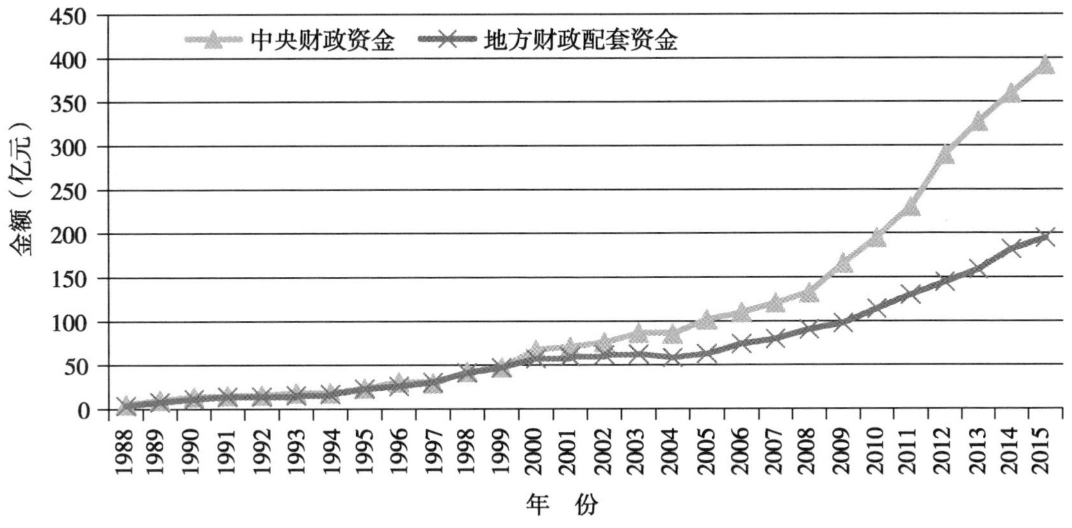

图 2－2 1988—2015 年各级财政投入农业综合开发项目资金

按照英国国际发展部赠款与地方财政配套资金 1 : 1 的原则，累计完成投资 5 250. 92 万元，其中，英国国际发展部赠款 2 624. 69万元，地方财政配套资金 2 669. 63万元，在全国 6 个省（自治区）建立用水协会 250 个。

2. 开发范围不断扩大

1988 年农业综合开发刚开始时，只有河北、山东、河南、江苏、安徽五省的黄淮海平原，东北的三江平原、松辽平原，浙江省杭嘉湖平原和金衢盆地以及新疆维吾尔自治区、广西壮族自治区（简称广西。全书同）两个自治区的棉花、糖料基地等 11 片地区立项进行开发。1989 年，国家又在四川、湖北、湖南、江西、宁夏、内蒙古、海南及黄河三角洲等 8 片地区立项进行开发。从 1990 年开始，国家又把其他一些资源条件比较好的地区，后发优势明显的缺粮省、区中具有粮食增产潜力和优势的地方，列入开发项目区进行开发，同时支持山区建设保水、保土、保肥的稳产高产农田。截至 2015 年年底，农业综合开发已在全国范围内展开，涉及 31 个省、自治区、直辖市和 4 个计划单列市的 2 306个开发县（市、区、农场），是 1988 年农业开发县（市、区、农场）总数 746 个的 3. 09 倍（图 2－3）。

3. 开发内容不断丰富

农业综合开发的建设内容由单一到多样，层次不断提高。我国大规模的农业综合开发刚开始时，主要是进行大面积的中低产田改造，着力提高农业综合生产能力，增加粮食产量。同时，适当开垦宜农荒地，实现农林牧副渔全面发展。从 1994 年开始，建设内容有所转变，并进一步丰富，从重点进行中低产田改造转变为在继续进

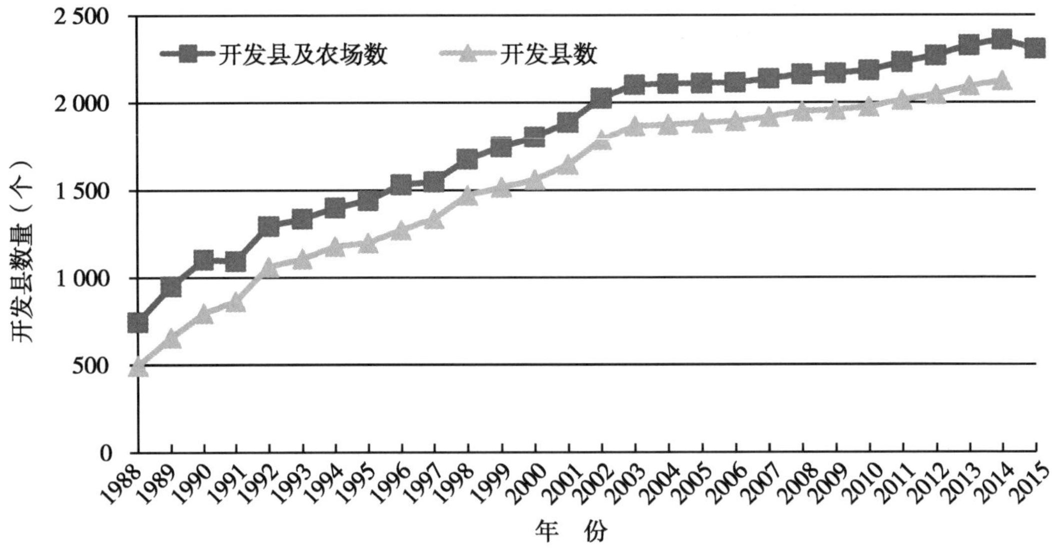

图2－3　1988—2015年农业综合开发县与农场数量

行中低产田改造的同时，加大多种经营项目建设力度，并把农业增产与农民增收结合起来，以解决由于粮食总量增加，粮食比较效益下降，农民增产不增收的问题。从1999年开始，全国农业面临新的情况，粮食供求关系发生了逆转，由供不应求变成供求基本平衡，有些地区甚至出现结构性过剩。这时，根据党中央、国务院的战略部署，农业综合开发又适时调整了建设重点和内容，由过去以改造中低产田和开垦宜农荒地相结合，转到以改造中低产田为主和保护生态环境上来；由过去追求增加主要农产品产量为主，转到发展优质、高产、高效农业上来。坚持改造中低产田，努力改善农业基本生产条件，提高农业综合生产能力。重点建设大型优质高产粮食生产基地，优质饲料作物生产基地，发展节水灌溉，建设生态农业。加大农业高新技术示范推广力度，建设农业综合开发专项科技示范项目。以支持和促进农业结构战略性调整为主要任务，努力发展优质、高产、高效农业。从2005年开始，在产业化经营项目的基础上，又创新投入机制，拿出部分财政资金对重点龙头企业实行参股经营，扶优、扶大、扶强具有带动农民增收致富的农业龙头企业。现在，为了积极响应党中央、国务院关于“发展现代农业、建设社会主义新农村”号召，在坚持农业综合开发基本任务的前提下，结合实际情况，积极支持农业综合开发新农村示范区建设工作。2013年开始试行现代农业试点项目，探索农民持股形式，切实增加农民分享增值收益。

4. 资金和项目管理趋于规范化

多年来，农业综合开发注重发挥财政管理资金的职能，实施综合因素法，科学分配中央财政农业综合开发资金；不断规范财务制度，坚持财政资金专人管理、分账核算、专款专用；全面推行财政无偿资金县级报账制，建立以财政报账为核心的资金监管机制。在项目管理上，从项目申报、评估、立项，到实施、监督、奖惩等，各环节有机衔接，程序透明，信息公开。一是扎实做好项目前期准备工作。县、地、省3级都按要求建立了项目库，并实行逐级入库；规范项目进出库程序，对入库项目定期更新，动态管理。二是公开发布项目申报指南。地方各级农业综合开发办根据国家政策、市场变化和入库项目情况，有的放矢，择优选项。三是实行项目专家独立评审制。充分论证项目可行性，科学立项，择优立项，严把项目立项关。四是精心组织项目实施。建设中期，组织进行综合性检查，发现问题，及时纠正；建成竣工后，地方全面组织验收，国家农业综合开发办对地方验收工作进行考评。五是严肃查处检查验收中发现的违规行为。强化财政违法行为责任追究，并建立了地区及单位的利益追究机制，即一个单位骗取农业综合开发资金，整个辖区不能申报农业综合开发项目。六是开展绩效考评。定期考核地方管理工作质量，并把考核结果与中央财政资金分配挂钩，奖优罚劣，有效调动各地区做好工作的积极性。正因为有着严格的管理制度和运行机制，所以尽管农业综合开发资金有限，但使用效果却很好，得到了各地党政领导的充分肯定和高度评价。

（二）发展趋势

1. 农业保护功能加强

农业在国民经济中地位的基础性和市场竞争中的弱质性，决定了政府必须对农业进行支持和保护。首先，农业有着特殊重要的地位，尤其是在我国，它关系到13亿人口的食品保障问题，关系到农村和整个社会的稳定问题，关系到能否实现全面建设小康社会目标问题。在全面建设小康社会目标的进程中，“三农”是重点，政府支持和保护“三农”的政策功能将逐步加强，扶持农业的财政投入将会逐步增大。其次，农业无论在产品市场竞争中，还是在经济资源竞争中，常常处于软弱和不利的地位。随着工业化的推进，这种弱势地位会快速放大。因此，农业在国家的宏观调控中是需要加以保护的产业。第三，当今世界，竞争非常激烈，在农产品国际贸易中，各国政府为了各自的政治目标，都对本国农业采取了种种保护措施，扭曲了国际市场。我国加入WTO后，农业面临着机遇和挑战。特别是以生产土地密集型农产品的地区，农业将面临更加严峻的考验。如果不采取措施，中国加入WTO后农产品进口增加所带来的冲击，将在一定程度上抵消中国现行增加农民收入各项政策的效应。

农业综合开发是政府财政支农的一种重要形式，在市场经济条件下，政府财政支农资金更多地投向农业基础设施，改善农业生产和生态环境，进行农业科技推广等。所投资金不会扭曲产品的市场价格，这是WTO规则所允许的。实践充分说明，通过农业综合开发对农业进行支持，是最符合世贸组织要求的“绿箱政策”。所以，对农业的扶持，对农产品的保护，通过农业综合开发这个渠道，是最科学的，也是效率很高的。此外，我国用于农业的补贴才达3%左右，远未达到世贸组织规定要求的8.5%，“黄箱政策”空间还非常大。可以预见，农业综合开发将是政府充分利用WTO规则，支持和保护农业的一个重要途径。

2. 管理模式趋于市场化

农业综合开发项目开始时，党中央、国务院就非常重视组织管理工作，成立了国家农业综合开发领导小组（后改为联席会议），成员单位包括国家计委、财政部、水利部、农业部、林业部、国家土地管理局、中国人民银行、农业银行等部门，国务院主管农业的领导同志任组长。下设国家农业综合开发办公室，属国家农业综合开发联席会议的一个办事机构，具体负责农业综合开发日常工作。这种政府主抓的管理模式极大地促进了我国农业综合开发事业的发展，但是随着投资与建设规模的不断扩大，这种管理模式的弊端也在不断显现。

一是我国农业综合开发项目主要由国家农业综合开发主管部门制定评价标准并组织评价，农业开发部门既是运动员又是裁判员，没有中介机构的参与，难以做到评价结果的客观和公正。

二是我国农业综合开发项目在后期运行管理方面，由于农业开发形成的国有资产产权不明晰，管理主体不明确，农业综合开发项目设施的管护不利，影响农业综合开发效果。

这主要是由于农业综合开发项目是一个准公共项目，在项目评审、后期管理等方面存在政府失灵，需要引入市场来运作。

基于此，2015年农业综合开发产业化经营项目在评审机制上改为由省级农发机构组织项目申报和审核批复，并及时报国家农业综合开发办公室（以下简称国家农发办）备案，国家农发办不再组织专家进行抽查审核和文件核准。在今后农业综合开发项目管理中将逐渐加大市场参与农业综合开发项目管理的力度。只有这样，才能进一步界定产业管理部门与项目管理部门的职能，使中央到地方的农业综合开发管理体制更加符合市场经济要求，关系将逐步得到理顺，职能将有所加强，行政效率将更高，管理成本将更少，从而更好地保证农业综合开发事业快速向前发展。

3. 管理方式更加科学、合理

农业综合开发项目经过20多年的发展，在管理方法方面越来越科学，主要体现在项目管理和资金管理两个方面。

农业综合开发项目管理主要有前期准备（制定规划、建立项目库、项目建议书、项目可行性研究、项目评估论证）、申报审批（项目设计、扩初设计、年度实施计划）、项目实施、监督检查（实施管理、计划管理、质量管理）、竣工验收、运行管理、跟踪评价等环节。

在农业综合开发实践中逐渐形成了公开招投标、政府采购、工程监理、专家评审等一系列科学的项目管理制度。项目公开招投标政策：在项目实施过程中土建工程和设备采购实行公开招投标，可以保证财政资金有效地用于项目建设。政府采购：对于项目所采用的政府采购目录中的设备和工程严格按照政府采购程序执行，防止财政资金的流失。工程监理：在项目实施中，坚持效益最优原则下的目标管理，选择具有良好资质的建设单位，严格保证工期和施工质量。专家评审：在项目选择上采用专家评审制度，并逐渐完善结构化评审制度，在完成项目建议书、编制可研报告的基础上，进行专家评估论证，然后由管理部门择优选项。

农业综合开发财政资金在使用过程中实行严格的资金管理制度，以保证专款专用，提高财政资金的使用效率。在目前农业综合开发项目管理中实行财政资金县级报账制，这种资金管理方式可以有效地保证资金不至于因中途沉淀而出现萎缩，并有利于形成对资金使用者的约束机制，促使其选准、选好项目，提高资金使用效益。

4. 更加重视农业产业化

农业综合开发在农业产业化进程中发挥着越来越重要的作用。在财政投入比例、引导作用、管理办法、开拓创新等方面均具有极大的提高。

农业综合开发产业化经营项目财政资金投入占项目总投入的比例越来越高。从财政资金投入方面来看，农业综合开发资金占农业产业化总投入的比重越来越大。2004 年中央财政安排用于农业综合开发产业化经营项目的资金为 23 亿元，2013 年达到 36 亿多元。农业综合开发已经成为了国家投入农业产业化的资金主渠道，成为了推动我国产业化经营迅速发展的主力军。

农业综合开发在推进农业产业化发展方面的引导作用越来越大。农业综合开发借鉴世界银行项目管理的成功经验，实行资金按比例配套投入的政策。通过这种资金形成机制和综合投入机制，实行了农业综合开发总资金、总投入的迅速扩张。在中央和地方财政资金的引导下，吸引了银行贷款和企业自筹资金对农业产业化的投入。农业综合开发资金所带动的银行贷款和企业自筹资金等社会资金从 1988 年的 9.08 亿元增加到 2015 年的 208.43 亿元（图 2－4）。

农业综合开发不断探索财政扶持农业产业化经营的新路子。农业综合开发工作

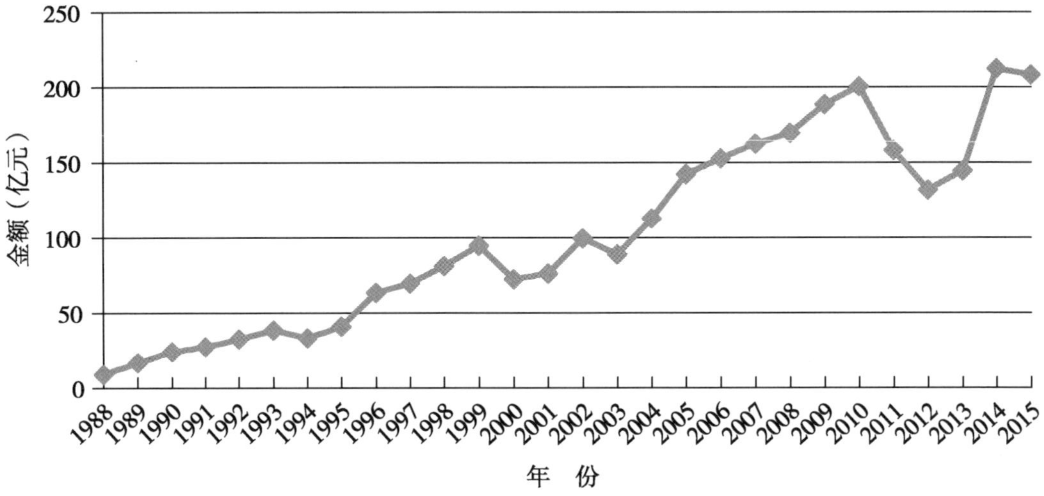

图 2-4　农业综合开发资金所带动的社会资金

按照社会主义市场经济和公共财政管理体制要求，不断改革，创新机制，积极探索扶持农业产业化经营的新路子。

一是适时调整资金投入政策。紧紧围绕党中央国务院“三农”工作的战略部署，根据发展优质高产高效农业、稳粮增收、实现全面小康、建设新农村、发展现代农业等不同阶段的要求，农业综合开发产业化经营项目的资金政策经历了以有偿为主、到注重财政投资参股、再到全部无偿的变化。

二是构建财政多元化扶持农业产业化经营的政策框架。为适应中国特色社会主义市场经济体制，农业综合开发产业化经营项目积极探索财政支持农业产业化发展的有效方式，努力构建财政支持农业产业化经营发展多元化的政策框架。经历了全部有偿，有偿无偿相结合，有偿无偿相结合、投资参股经营，有偿无偿相结合、投资参股经营和贷款贴息，补贴、贷款贴息 5 个阶段。

1994—2000 年，中央财政全部有偿。2001 年开始为有偿无偿相结合阶段。2001—2002 年，中央财政 85% 有偿；2003 年，中央财政 80% 有偿。2004 年有偿无偿相结合、投资参股经营阶段。有偿无偿相结合。多种经营项目更名为产业化经营项目，并下设产业化龙头和多种经营两类项目。其中，产业化龙头项目中央财政 80% 有偿，多种经营项目中央财政 75% 有偿，投资参股经营。2004 年安排中央财政资金 2.98 亿元，在四川、河南等 8 个省份扶持了 27 个项目，开始了试点工作。2005—2008 年为有偿无偿相结合、投资参股经营和贷款贴息阶段。2005—2008 年，中央财政 75% 有偿；继续实施投资参股经营；贷款贴息按“先贷款、后贴息”的原则，2006 年对 2005 年落实贷款的 163 个项目，按 5.58% 的贴息率，共安排中央财政贴息资金 1.61 亿元。2009 年开始补贴和贷款贴息阶段。

三是突出扶持重点。农业综合开发产业化经营项目扶持重点体现在产业和项目、扶持方式、扶持对象等方面，是一个变化的过程，近年来，坚持突出两个重点：①重点扶持具有明显竞争优势和辐射带动作用的产业化经营项目，促进优势农产品基地和区域主导产业建设，筑牢农民增收和新农村建设的产业基础；②扶优扶大扶强，重点扶持国家级、省级产业化龙头企业和中央财政投资较大的重点产业化经营项目。

四是探索农业产业化经营新的组织形式。为提高农民的组织化程度，积极探索扶持以产品或产业为纽带组织起来的农民专业合作社的有效形式：①引导农民专业合作社申报项目，并明确在同等条件下，对农民专业合作社申报的项目优先立项扶持；②在扶持农民专业合作社项目的同时，注重组织形式创新，倡导“农民 + 专业合作社 + 龙头企业”的农业产业化经营新模式，建立多方共赢的利益联结机制，保护农民的应得利益。

第二节　农业综合开发项目情况

一、项目概述

农业综合开发项目，是指“在一定的时间和确定的区域范围内，为获得预期的经济、社会和生态效益，经农业综合开发管理部门批准，由项目建设单位组织实施，通过综合投入，运用综合措施，对农业资源进行综合开发的投资活动”。

“十二五”以来，农业综合开发累计投入财政资金 2 070.86亿元，年均增长 11.99%，新增粮食生产能力亩均 100 千克以上，每年新建农业综合开发项目直接带动受益农民约 5 500万人，其中，通过实施高标准农田建设项目每年亩均增收近 300 元，通过实施产业化经营项目人均增收近 500 元。

2015 年，农业综合开发共投入资金 795.44 亿元，其中，中央财政资金 392.23 亿元，地方财政配套资金 194.78 亿元，银行贷款 5.05 亿元（不包括贷款贴息项目撬动的银行贷款），自筹资金 203.38 亿元。1988—2015 年农业综合开发财政资金累计投入 4 959.94 亿元，其中，土地治理项目投入财政资金 3 308.57 亿元，占 80.87%，产业化经营项目投入财政资金 736.75 亿元，占 18.01%，其他项目投入财政资金 45.75 亿元，占 1.12%（图 2 - 5）。

农业综合开发项目的实施范围为全国农业综合开发县（市、区、旗，县级国有农场、牧场、团场）。2015 年全国农业综合开发县及农场数为 2 306个，其中，农业

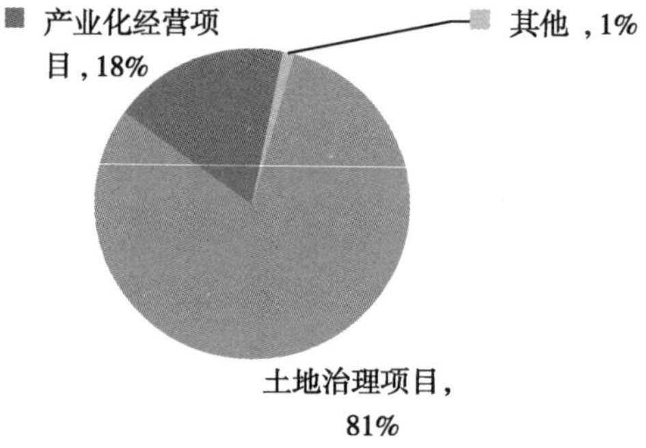

图2－5　1988—2015年农业综合开发分项目累计财政资金投入比例

综合开发县2 139个。新增开发县的条件是：农业自然资源丰富，农业灌溉水源有保证，农田防洪有保障，水利灌排骨干工程基本具备；耕地资源比较充足，平原地区的耕地面积在20万亩以上，丘陵地区的耕地面积在10万亩以上，待开发治理的耕地相对集中连片；牧业县草场面积达到100万亩以上；种植业、养殖业资源优势明显，具备一定产业基础；开发后有利于提高农业综合效益，增加农民收入；县级人民政府和有关部门重视农业综合开发工作，从事农业综合开发工作的人员配备适应工作的需要；地方财政配套资金有保障（政策规定不承担配套任务的县除外，下同）；农民群众自愿搞开发的积极性高，农民筹资投劳有保证。

通过比较分析，农业综合开发项目实施的范围基本涵盖了我国大部分农业生产区域，成为支持农业发展涉及范围最广、扶持时间最长、受惠群众最多的财政支农项目。

按项目内容划分，农业综合开发包括土地治理项目和产业化经营项目两大类。在此基础上，由于农业综合开发中管理权属等性质的不同，还出现了部门项目、科技示范项目和外资项目等类别。国家自1988年起开始立项实施农业综合开发。1988—1993年统称农业综合开发项目。自1994年起，农业综合开发项目分为两类，即土地治理项目和多种经营项目；自1999年起，农业综合开发项目增设科技示范项目；2004年不再设科技示范项目，分为土地治理项目和产业化经营项目。1998年起，为借鉴国际先进的农业发展理念和管理手段，加大农业综合开发投入力度，农业综合开发开始组织实施外资项目。实施农业综合开发部门项目，则是为了发挥部门行业技术优势，为农业综合开发项目区提供示范、服务、保障作用。为加快现代农业发展、优化农业综合开发布局，2013年开始开展国家农业综合开发现代农业园区试点，是土地治理和产业化项目结合实施的探索。后面章节将重点对土地治理项目、产业化经营项目和部门项目进行分析。

（一）土地治理项目

土地治理项目，主要是以土地资源为对象，运用工程、生物、科技等措施，加强农业基础设施建设和生态环境建设，改善农业生产和生态条件，以促进农业资源的合理利用和保护，实现农业可持续发展，保证国家粮食安全和提高农业综合效益。土地治理项目的内容，包括中低产田改造、草场改良和工矿废弃地复垦，发展节水农业、生态农业，建设优质商品粮生产基地、优质饲料作物生产基地等。

（二）农业产业化经营项目

农业产业化经营项目，主要是立足当地资源优势和产品特色，面向市场、依靠科技，通过扶持具有带动作用的农民专业合作社和龙头企业等经营主体，建设有地方特色的优质农产品基地，发展区域主导产业，促进农业产业化发展和农村经济的结构调整，最终实现农民增收、农业增效。产业化项目主要包括经济林及设施农业种植、畜牧水产养殖等种植养殖基地项目，农产品加工项目，储藏保鲜、产地批发市场等市场流通设施项目。为更好地发挥农业综合开发带动产业化发展的作用，近几年对项目扶持形式进行探索，实行了财政补助龙头企业带动产业发展试点项目、“一县一特”产业发展试点项目。2015 年出台了《农业综合开发扶持农业优势特色产业促进农业产业化发展的指导意见》，从 2016 年开始，农业综合开发产业化经营项目集中支持区域农业优势特色产业，在各农业综合开发县扶持 1 ~ 2 个优势特色产业。

（三）部门项目

农业综合开发部门项目，是指为了发挥部门行业技术优势，为农业综合开发项目区提供示范、服务、保障作用，经国家农业综合开发办公室批准，由中央农口部门组织实施的项目。中央农口部门包括国土资源部、水利部、农业部、国家林业局、供销合作总社组织。扶持内容主要包括：水利部组织实施的中型灌区节水配套改造项目、水土保持项目，国土资源部土地复垦项目，国家林业局的林业生态示范项目、名优经济林花卉示范项目，农业部的良种繁育项目、优势特色种养示范项目，以及供销总社的新型合作示范项目等。

（四）其他

农业综合开发项目还包括农业综合开发外资项目和科技示范项目。

1. 外资项目

外资项目，主要是指农业综合开发利用外资实施的项目。为借鉴国际先进的农业发展理念和管理手段，加大农业综合开发投入力度，自 1998 年起，农业综合开发开始利用世界银行贷款、英国国际发展部赠款和全球环境基金赠款等外资实施项目。

1998 年起，农业综合开发利用世界银行贷款组织实施了加强灌溉农业二期项目，项目实施范围为河北、河南、山东、安徽、江苏 5 省以及国家农业综合开发信息管理与培训中心，建设期为 1998—2002 年。项目实施期间，累计投入各类资金 71.81 亿元，其中，利用世界银行贷款 3 亿美元（折合人民币 25.35 亿元），国内配套资金 46.46 亿元，共改造中低产田 2 300万亩。从 2006 年起，农业综合开发组织实施利用世界银行贷款加强灌溉农业三期项目和利用世界银行贷款农业科技项目。加强灌溉农业三期项目实施范围为河北、内蒙古、吉林、江苏、安徽、山东、河南、重庆、宁夏、云南 10 省（自治区、直辖市）以及国家农业综合开发办公室，建设期为 2005—2009 年。项目总投资 39.41 亿元，其中，利用世界银行贷款 2 亿美元（折合人民币 16.22 亿元），地方财政配套和农民自筹资金 23.19 亿元。农业科技项目实施范围为陕西、湖南、安徽和黑龙江 4 省，项目建设期为 2005—2009 年。项目总投资 18.19 亿元，其中，利用世界银行贷款 1 亿美元（折合人民币 8.27 亿元），国内配套资金 9.92 亿元。项目建设内容涉及种植业、养殖业、加工业、新产品新技术推广、综合类等 5 大类 74 个子项目。

从 2004 年起，农业综合开发利用英国国际发展部赠款组织实施面向贫困人口农村水利改革项目，项目实施范围为河北、山东、河南、甘肃、江苏、安徽、四川、新疆 8 省（自治区）以及国家农业综合开发办公室，项目实施的主要内容为在农业综合开发赠款项目区组建农民用水户协会，建设期为 2004—2008 年。总投资为 7 440.40万元，其中，利用英国国际发展部赠款 450 万美元（折合人民币 3 721.50万元），国内配套资金 3 718.90万元。

从 2008 年起，农业综合开发组织实施利用全球环境基金赠款适应气候变化农业综合开发项目，项目实施范围为河北、江苏、安徽、山东、宁夏、河南 6 省（自治区）以及国家农业综合开发办公室，项目建设期为 2009—2012 年 6 月底。项目旨在将适应气候变化理念引入水资源管理和农业发展领域，并通过总结在黄淮海地区农业生产实践中实施适应气候变化一系列活动的经验教训，为适应气候变化理念在农业综合开发项目中的推广提供试点与示范。项目建设内容是开展适应性措施的示范活动和强化意识、宣传培训和课题研究等能力建设，提高黄淮海地区农业生产应对气候变化的能力。2012 年至今主要实施世界银行贷款可持续发展农业项目和亚洲开发银行贷款农业综合开发项目，2015 年建设高标准农田 39.8 万亩，改造中低产田 61 万亩。

2. 科技示范项目

科技示范项目，主要是在农业基础设施较为完善的农业综合开发项目区内，依靠技术依托单位，围绕市场，引进、示范和推广高新科技成果和农业先进适用技术，加速科技成果转化，因地制宜地培育和发展主导产业，促进产业化经营，实现农业增效和农民增收。科技示范项目包括农业高新科技示范、科技推广综合示范、农业现代化示范。

农业高新科技示范，是1999年开始设立的，以市场为导向，效益为中心，省级以上（含省级）综合实力较强的农业科研、教学单位为技术依托单位，在改善农业基本生产条件的基础上，引进2项以上农业高新技术，并与其他常规技术组装配套，探索形成不同区域优势产业先进适用技术支撑体系的项目高新技术及品种示范应用面积。农业科技推广综合示范，是2000年开始设立的，着力进行农业先进适用成熟技术的大面积推广应用，促进区域优势产业升级，同时适当引进先进成熟技术进行示范，为今后推广应用增加必要技术储备的项目先进成熟适用技术及品种推广应用面积。农业现代化示范，是2002年开始设立的，以加强基础设施、投入要素、农业科技和经营管理体制建设为主要内容，推进当地农业现代化建设的项目先进成熟适用技术、品种示范推广面积与产业基地建设面积之和。2004年起，农业综合开发不再设立科技示范项目，到2008年，2004年以前建设的科技示范项目全部完工。

二、土地治理项目

农业综合开发工作以粮食主产区为重点，加强改造中低产田和中型灌区节水配套改造，提高农业综合生产能力，为确保粮食安全和主要农产品供给、发展农业产业化经营带动农民持续增收、推广农业种良法和节水灌溉技术发展现代的农业、改善农业和农村生态环境等方面发挥了重要作用，是政府支持和保护农业的一种有效手段，是发展农业、繁荣农村、富裕农民的一项重大措施。土地治理项目作为我国农业综合开发项目重要组成部分，在加强农业生产基础设施建设和农业生态环境建设方面发挥了重要作用，是农业综合开发工作的重中之重。

（一）土地治理项目的发展历程

国家农业综合开发是土地治理项目的起源可以追溯到20世纪60年代，当时我国的科研人员对华北平原盐碱土及淮北平原砂礓黑土的成因和治理做了大量的调查研究。1965年在河南省封丘县开辟了10万亩试验区，1966年在山东禹城创建了14万亩旱涝碱综合治理试验区，将井灌井排和农业措施相结合的综合治理旱涝盐碱技术首先应用于这个地区。与此同时，在河北邯郸地区、山东德州地区、山东聊城地区、河南封丘县等地开展了农业区划和旱涝碱综合治理区划工作。1988 年，国家土地开发建设基金成立，将东北三江平原和黄淮海平原列入国家农业重点开发区，进行大规模的治理开发。

1988 年农业综合开发工作正式开展，土地治理项目作为其中的一个重要部分，其内容也不断完善和充实，为提高农业综合生产能力，促进农业可持续发展做出了重要的贡献。从农业和农村经济大的发展阶段出发，并结合农业综合开发的标志性事件，可将土地治理项目的发展分为 3 个阶段。

第一阶段：1988—1998 年，土地治理项目重点进行大面积的中低产田改造，同时依法开垦宜农荒地。这一阶段农业综合开发以提高大宗农产品的产量为主要目标，同时兼顾促进农民增收。因此，这一时期的土地治理以“改田、增粮”为主要目标，措施是重点进行大面积的中低产田改造，同时依法开垦宜农荒地。1988—1998 年，共改造中低产田 2. 62 亿亩，开垦宜农荒地 2 904. 37万亩。同时，针对当时草场退化严重的状况，设立了草原（场）建设项目，重点支持内蒙古、青海、新疆等地进行人工种草、天然草场改良、划区轮牧、饲草（料）基地建设。1989 年，在我国率先实施了长江中上游流域水土保持项目和防护林体系建设项目。

第二阶段：1999—2005 年，土地治理项目以改造中低产田为主，把保护生态环境有机结合起来。这一阶段农业综合开发坚持“两个着力、两个提高”，将提高农业综合生产能力与增加农民收入作为主要目标。因此，这个时期的土地治理实行“一个坚持”（坚持改造中低产田）和“四个重点”（优质粮食基地，优质饲料粮基地，节水农业，坡改梯），着力加强农业基础建设和生态环境建设。1999—2005 年，共改造中低产田 2. 05 亿亩，建设优质粮食基地 2 127. 41 万亩，建设优质饲料粮基地 529. 43 万亩，增加农田林网防护面积 1. 13 亿亩。这一阶段极大地丰富了中低产田改造的内涵，使其向着建设旱涝保收、稳产高产、节水高效的高标准农田目标迈进。1997 年经国家农业综合开发联席会议研究决定，农业综合开发水利骨干工程项目建设全面启动。2004 年正式更名为农业综合开发中型灌区节水配套改造项目。

第三阶段：2006 年至今，陆续出台了一些重要措施，谋划全新的思路，农业综合开发进入一个崭新的阶段，2009 年，农业综合开发启动了高标准农田建设示范工程，这对于保持和提升农业综合开发的核心竞争力，充分发挥农业综合开发集中资金办大事的推动作用，进一步彰显农业综合开发的综合优势，加快推进项目区农业向高产、优质、高效、生态、安全、现代农业发展具有重大意义。2013 年，《国家农业综合开发高标准农田建设规划》经国务院批复。通过实施《规划》，到 2020 年，改造中低产田、建设高标准农田 4 亿亩，其中，通过农业综合开发资金投入完成 3. 4

亿亩，通过统筹和整合农业、水利等相关部门财政性资金完成0.6亿亩；完成1 575处重点中型灌区的节水配套改造；亩均粮食生产能力比实施农业综合开发前提高100千克以上。

2015年8月，财政部与国家开发银行发布《关于创新投融资模式加快推进高标准农田建设的通知》，贯彻2015年中央1号文件关于充分发挥财政资金的引导和杠杆作用、国家开发银行要创新服务"三农"融资模式的政策落实，进一步加大对农业农村建设的中长期信贷投放的要求，通过财政资金、信贷资金与社会资金的结合，加快推动高标准农田建设。截至2016年6月，试点项目已获得银行贷款近4亿元，另有41个项目拟申请贷款22亿元，预计可建设高标准农田250万亩。2016年6月发布《关于开展农业综合开发高标准农田建设模式创新试点的通知》，力争通过3年创新试点，形成适度规模形式多样、产业链条完整、业态丰富、与农民利益联结紧密、一二三产业深度融合的高标准农田建设新模式。

（二）土地治理项目内容

农业综合开发土地治理项目，包括稳产高产基本农田建设、粮棉油等大宗优势农产品基地建设、良种繁育、土地复垦等中低产田改造项目，草场改良、小流域治理、土地沙化治理、生态林建设等生态综合治理项目，中型灌区节水配套改造项目。2009年开始，高标准农田建设示范工程作为农业综合开发土地治理项目的单独一类项目，与中低产田改造、生态综合治理、中型灌区节水配套改造相并列（表2-12）。

表2-12　农业综合开发土地治理项目类型概览

项目类型	主要建设内容
高标准农田建设示范工程	通过田水路林山综合治理这项系统工程，将中低产田建设成为高标准农田，提高农业综合生产能力
中低产田改造项目	通过水利、农业、林业、科技等措施综合治理，改善其基本生产条件和生态环境，使之成为高产稳产农田
中型灌区节水配套改造项目	对灌溉面积5万~30万亩的灌排骨干工程设施，进行以节水配套改造改造，能够为项目区直接提供外部水利灌排条件
生态综合治理项目	为保护和改善农牧业生态环境所进行的建设项目
草场改良	为保护和建设草原（场）所进行的人工种草、天然草场改良、划区轮牧、饲草（料）基地建设以及支持草原畜牧业发展的配套设施建设
小流域治理	在水土流失较为严重的丘陵山区和黄土高原地区以小流域为单元进行综合性治理，主要包括坡耕地治理、沟道治理、小型蓄排水工程、成片造林、封山育林、退耕还林（草）、沼气池等建设内容
土地沙化治理	在农牧交错区和黄河故道沙区对沙化土地进行综合性治理

数据来源：2015年《国家农业综合开发项目年度滚动计划编制管理试行办法》

1. 高标准农田建设示范工程

国家农业综合开发高标准农田建设项目，是指“实行水利、农业、道路、林业、科技等综合措施，进行综合治理，将中低产田改造成为‘田地平整肥沃、水利设施配套、田间道路通畅、林网建设适宜、科技先进适用、优质高产高效’的旱涝保收高标准农田”。

高标准农田建设示范工程优化配置和合理开发利用水、土、肥等农业资源，以更高的标准对农田进行修复、整治和改良，有力地促进农业生产条件的改善和农业综合生产能力的提高。建设标准与中低产田改造项目相差不大，只是其财政资金补助标准为：各省高标准农田建设项目亩均财政资金投入标准提高到以省为单位加权平均为1 100～1 300元；新疆生产建设兵团、黑龙江省农垦总局和广东省农垦总局高标准农田建设项目亩均中央财政资金投入标准提高到900～1 100元。

2. 中低产田改造项目

中低产田改造项目是对现有中低产田，通过水利、农业、林业、科技等措施综合治理，改善其基本生产条件和生态环境，使之成为高产稳产农田。其建设标准为：①井灌工程做到地下水资源合理利用，水质符合农田灌溉用水标准，采补平衡；机井和泵站的水工建筑物、机电设备配套齐全。渠系建筑和田间灌溉设施配套齐全。管道输水长度每亩均为5米以上。②农田工程做到土地平整，集中连片，平原地区以路、渠为基准形成格田，格田面积为200～400亩；丘陵山区建成等高水平梯田（地），地面平整；土壤活土层厚度不小于25～30厘米，田间宽度要达到3米以上。田间道路布局合理，顺直通畅。通过施用农家肥、秸秆还田、土壤改良等措施，土壤耕作层有机质含量提高0.1个百分点以上，耕作层达到20厘米以上。平原地区主要作业环节基本实现机械化，丘陵山区农业机械化水平在原有基础上有较大提高。③林业措施做到因地制宜，平原地区加强农田防护林网建设，丘陵山区要积极营造水土保持林、水源涵养林，要适时、适地、适树进行植树造林，防护林网格面积与格田面积一致。④科技措施做到积极推广先进适用技术，重点是农产品质量安全、标准化生产等方面的技术，并对项目区农户进行先进适用技术培训。

3. 中型灌区节水配套改造项目

中型灌区节水配套改造项目是能够为项目区直接提供外部水利灌排条件、设计控制灌溉面积5万～30万亩已有中型灌（排）区的灌排骨干工程设施，进行以节水配套改造为主的建设项目。地方切块中型灌区节水配套改造项目是由省级农发机构与省级水利部门协商后，利用国家农业综合开发办公室切块给地方的中央财政资金安排扶持、并以农发办名义申报的中型灌区节水配套改造项目。项目实施原则是立足水土资源条件，合理开发利用，遵循农业可持续发展要求，打造我国粮食生产核心区。紧紧围绕《国家农业综合开发高标准农田建设规划》，为农业综合开发高标准农田建设提供坚实的灌排骨干工程支撑保障条件，与农业综合开发高标准农田建设规划衔接紧密、互为依托，实现有机结合、相互促进。适应农业综合开发改革创新和高标准农田建设的需要，实现传统灌区向现代化灌区的转变。

项目主要建设任务：干支渠（沟）道开挖疏浚（流量不小于 0.1 立方米/秒）；干支渠道衬砌防渗（流量不小于 0.1 立方米/秒）；干支渠（沟）系建筑物（农桥、涵洞、水闸、渡槽、倒虹吸管、隧洞等）配套完善和更新改造；输水管道、暗渠制作安装、建设；水源及渠首工程改建、维修及加固；泵站（总装机容量不超过 5 000 千瓦）及配套输变电工程（电压等级不超过 35 千伏）新建、改造；工程管护设施、量水设施设备及信息系统新建、改造；施工临时工程设施、土壤流失防治及环保工程措施等建设。

4. 生态综合治理项目

生态综合治理项目是指为保护和改善农牧业生态环境所进行的建设项目，主要包括草原（场）建设、小流域治理、土地沙化治理等建设内容。单个生态综合治理项目区的治理面积，天然草场不低于 5 000 亩、人工草场不低于 1 000 亩，小流域治理和土地沙化治理各不低于 5 000 亩。生态综合治理项目的亩投入标准分别是，原则上草原（场）建设亩投入标准不低于 180 元，小流域治理亩投入标准不低于 900 元，土地沙化治理可根据实际情况确定。

草原（场）建设是指在主要牧区省份为保护和建设草原（场）所进行的人工种草、天然草场改良、划区轮牧、饲草（料）基地建设以及支持草原畜牧业发展的配套设施建设。其建设标准为：项目区相对集中连片，天然草场成片面积在 5 000 亩以上，人工草地在 1 000 亩以上；人工草地覆盖度达到 95% 以上，亩产优质青干草达 250 千克以上；天然草场退化草地改良治理后，优良牧草占 40% 以上，牧草产量在原基础上提高 30% 以上，草地覆盖度达到 90% 以上；沙化草地经治理后，草地覆盖度达到 90% 以上，优良牧草占 40% 以上，亩产育干草达到 150 千克以上；天然草场划区轮牧，牧草产量增加 20% 以上，载畜量提高 0.8 倍以上；饲料基地亩产青贮饲料 2 500 千克以上，精饲料 200 千克以上，多汁饲料 3 000 千克以上；草籽繁育基地亩产草籽 18 千克以上。其中，水利措施：①灌溉人工草地，饲料基地和草籽繁育基地，有可靠的水源和配套齐全的灌溉设施。采用节水灌溉方法与技术，灌溉人工草地灌溉保证率在 50% 以上，饲料基地、草籽繁育基地灌溉保证率在 75% 以上。②天然草场改良，在有条件的地方建小塘坝、集雨工程等，以适时对退化及沙化草地实施灌溉。③划区轮牧区的牧道和饮水点设置合理，一般轮牧区采用固定和移动饮水方式，固定饮水点与放牧场适宜距离为1.5千米左右。草业措施：①围栏。网围栏符合ZBB92001－003环扣式镀锌钢丝网围拦标准，围栏高度在1.1～1.3米；生物围栏采用密实种植，宽度1.5～2.0米；划区轮牧小区利用网围栏、太阳能、风能围栏或活动围栏进行分隔保护。②耕作。选择适宜的播期、播深和播量，精耕细作，采取有效措施保证苗全、苗齐、苗壮。旱作人工草地原则上采用免耕播种等保护性耕作技术。③良种。选择适合当地水土条件，抗旱、抗寒、抗逆性强、产量高、营养价值高的优质牧草和饲料作物品种，牧草种子和饲料作物种子的纯净度达到85%以上，发芽率达到95%以上。1 000亩以上的草籽繁育基地，根据需要配置仓库、晒场和种子精选设备。④畜牧基础设施。标准化棚圈符合当地统一设计标准，砖木结构，建筑面积按一个羊单位0.5平方米计算，但不少于150平方米；配套活动场院面积按一个羊单位3平方米计算，但不少于600平方米；配套贮草棚面积按一个羊单位0.6平方米计算，但不少于180平方米；青贮窖就地取材，坚固耐用，内壁光滑，防冻，不透气，青贮体积按一个羊单位0.1立方米计算，但不少于30立方米；药浴采用洗浴池和移动淋浴式，洗浴池坚固耐用，防冻，长度在15米以上。⑤牧业机械化。地势相对平坦的草场作业基本实现机械化，小丘陵和沙丘作业实行机械和人工相结合。科技措施：①技术推广。普遍推行牧草免耕播种、划区轮牧、天然草地补播、牧草混播、优质牧草选育、鲜草捆包、牧草综合加工，节水灌溉、胚胎移植、疫病防治等先进适用技术，使项目区科技贡献率比当地平均数提高5个百分点。②技术培训。在项目建设期内，对基层干部、技术人员进行先进适用技术培训3次，对家庭牧场户培训2次，每个项目区至少有2名科技骨干。

小流域治理指在水土流失较为严重的丘陵山区和黄土高原地区以小流域为单元进行综合性治理，主要包括坡耕地治理、沟道治理、小型蓄排水工程、成片造林、封山育林、退耕还林（草）、沼气池等建设内容。其建设标准为：采取生物与工程相结合的措施，进行综合治理，项目区治理面积不低于1 000亩，治理程度达70%以上。其中：①坡耕地治理。梯田的田面宽度在3～5米以上，防御暴雨标准不低于10年一遇，3～6小时最大降雨，做到田、路、沟、渠配套。②沟道治理。做到大、中、小型工程相互配套。谷坊工程防御标准为10～20年一遇，3～6小时最大暴雨。小型淤地坝应做到土坝与溢洪道或土坝与泄水洞配套，淤积年限一般为5年；中型以上的淤地坝应做到坝体、溢洪道、泄水闸配套齐全，淤积年限不小于5年。设计洪水标准，中型坝按10～30年一遇确定，大型坝按30～50年一遇确定。③小型蓄排水工程。坡面、路旁、沟底小型蓄排水工程布局合理，截水沟的间距为20～30米，防御暴雨标准不低于10年一遇，24小时最大降水量。④成片造林。造林面积在30亩以上，当年人工造林成活率和3年后保存率达到85%以上，林地内不存在连片面积1亩以上宜林的无林地块。⑤封山育林。每个封育区面积不小于500亩，南方地区5年、北方地区7年后林草覆盖率达到90%以上，不存在1亩以上无林草地块。⑥退耕还林（草）。25°以上坡地必须退耕还林还草，当年造林种草成活率和三年后保存率达到85%以上；16°~25°坡地，土壤侵蚀严重的地段必须退耕还林还草，林木或林草覆盖率达到50%以上。坡面较长的坡耕地，沿等高线方向种植固定的草带（或灌木带），草带（或灌木带）间距离12~20米。⑦农村能源生态建设。因地制宜发展以沼气池为基本建设内容的农村能源生态建设，完善推广“四位一体”（即沼气池、猪圈、厕所、日光温室四位一体，主要适用于北方地区）、“五配套”（即在“四位一体”模式基础上加建10立方米水窖，主要适用于西北干旱缺水地区）、“猪沼果（菜）”（即建设畜禽舍、沼气池、果园或菜地等，主要适用于南方地区）等能源生态模式和技术，沼气池内壁坚固，保温性能和封闭性能良好，容积不小于6立方米，有安全通道与农户厕所、畜禽棚圈等相连接，能够有效地利用秸秆、人畜粪便等生产沼气，为农户生产、生活提供必要的光、热等能源。

土地沙化治理指在农牧交错区和黄河故道沙区对沙化土地进行综合性治理。其建设标准为：水土条件相对较好、地势平坦、土层厚度在30厘米以上、治理潜力较大，年度单个项目区治理面积不低于5 000亩；周边植被盖度0.2以下的地带，林草覆盖率要达到80%以上；周边植被盖度0.2~0.4的地带，林草覆盖率要达到90%以上。

（三）土地治理项目完成情况与主要问题

1. 土地治理项目任务完成情况

长期以来，土地治理项目立足我国基本国情和农业发展实际，坚持以改造中低产田为重点，加强农业基础设施建设，综合运用工程、科技、生物等措施，解决制约农业生产的主要障碍因素，提高现有耕地的产出率和水资源利用率，建设稳产高产、旱涝保收、节水高效的高标准农田。在突出中低产田改造为重点的同时，土地治理项目也进一步加快中型灌区节水配套改造项目的建设步伐，并兼顾生态综合治理项目。

1988—2015年，全国农业综合开发土地治理项目累计完成投资总额4 206.71亿元，共改造中低产田61 711.16万亩，高标准农田示范工程9 100.32万亩，完成草原（场）建设5 703.94万亩，完成小流域治理面积1 519.44万亩，完成土地沙化治理面积151.87万亩，完成中型灌区节水配套改造项目182个，开垦基地13 966.60万亩。

土地治理项目取得了明显的成效，1988—2015 年累计新增和改善灌溉面积 73 921.11万亩，新增和改善除涝面积 28 586.07万亩，增加林网防护面积 35 976.24 万亩，新增机耕面积 2 420.49万亩，新增农机总动力 21 148 300千瓦。项目区农业综合生产能力显著提高，大大增强了农产品生产能力。

“十二五”时期，农业综合开发共建设高标准农田 1.4 亿亩，占同期全国建成高标准农田的 35%，亩均新增粮食生产能力 100 千克以上，完成 650 处重点中型灌区节水配套改造。

农业综合开发土地治理项目在以改造中低产田为重点的同时，加强农田林网建设，保护和改善生态环境，促进了农业可持续发展。项目区增加农田林网面积从 1988—2013 年累计共增加农田林防护面积 3.60 亿亩。同时，科技措施投入和生态技术的推广应用，还有效解决了农业生产中的一些环境污染问题，促进了农业资源的循环利用。

农业综合开发土地治理项目在改善生产条件的同时，从农村道路、人畜饮水、发展沼气等多方面兼顾改善农民生活条件，以农田治理带动农村环境整治和其他社会事业发展，在开展科技培训、扶持合作经济组织、加强工程管护等一系列工作中，逐步增强了农民科技素质和民主管理意识，有力推进了社会主义新农村建设。

2. 土地治理项目存在的主要问题

（1）项目投资不足

相对于土地治理项目建设标准，土地治理项目投资标准低。中低产田改造项目投资标准（含农民自筹）：平原地区为每亩 910 元，山区丘陵地区为每亩 1 180元；高标准农田项目的投资标准约为 1 200元/亩，低于同期在项目区由国土部门组织实施的土地整理项目 2 400 ~ 2 600 元/亩的投资标准。生态治理项目中，草原（场亩）建设投资标准为每亩 180 元以上，小流域治理投资标准为每亩 900 元以上。当前的项目投资与建设目标要求相比偏低，再加上通货膨胀等因素，难以完成土地治理项目的建设目标任务。

中低产田改造的道路标准低。国家仅允许高标准农田示范工程项目中修建沥青和水泥路，其他的土地治理项目的农田道路硬化标准控制很严格，建设砂石路不适应新农村建设的要求，砂石路容易受损，寿命短，保养难，影响项目效益的长期有效发挥。建议国家放宽田间道路建设标准的限制，允许田间主干路因地制宜修建高标准硬化道路。

管理费用偏低，不能满足实际需要。土地治理项目管理费不足，不能满足实际需求。江苏省实地调查发现，项目管理所发生费用在县级具体反映在四个主要方面：

第一，项目前期工作。在项目选项规划时，需组织相关业务人员和当地镇水利站3～5人到项目规划地实地勘测（考察），支出费用约需近1万元；进行可行性研究和初步设计，委托有资质的设计单位编制项目可研、项目初步设计，另外聘请有关专家论证、评审，需支出费用7万～8万元。第二，项目工程招标。在媒体发布招投标信息需要1万～2万元；如农发办自己组织评标领导小组进行招标，需支出经费2万元；如交由招标代理公司等中介机构招标，需按标底的2%～2.5%支出费用，500万元的标底约需支出2万～3万元中介费。第三，项目和资金管理公示及宣传。宣传组织发动群众搞农业综合开发项目建设，需召开群众座谈会，支出宣传资料及公示牌等费用3万～5万元。第四，项目检查及验收。项目建设期间需派或聘请业务骨干2～3人常驻施工现场督促检查、组织平时常规检查、中期检查，需支出相关费用2万～3万元；省、市检查验收需支出相关费用2万～3万元。另外如制作项目档案资料、图片资料、影像宣传片等还需5万～8万元。一个财政投资为500万元的项目按规定能提取管理费17.5万元，而实际需要21万～31万元，管理费大大超出规定。以广西全州县为例，2009年该县高标准农田建设项目财政总投资为1 500万元，其中水利措施的财政投资是955.44万元，根据财政部令第29号精神，可以计提管理费用27.5万元。而按照目前广西水利工程执行的概预算定额标准（2007版），该项目的工程设计收费基价至少应为31万元，招标代理服务费为8.3万元，仅这两项费用就已超过了允许计提标准。

对占用耕地的补偿资金安排不完善。按照“统筹规划、集中资金、连片开发”的原则，高标准农田建设要打破原有农田划块，重新调整农田分配，集中开发，连片治理。在项目实施过程中会发生占用耕地、损失青苗的情况。国土部门实施的土地复垦项目却有专门的青苗、迁坟、占用耕地等补偿政策，但现行的土地治理项目政策中，没有安排占用耕地、损失青苗等的补偿资金，使得工程建设经常因为侵害部分农民的利益而受到影响。

群众自筹部分资金难以落实到位。为了适应项目实施的需要，土地治理项目自筹资金的比例近几年来不断下调，但是自筹资金的问题没得到根本的解决。一是实际筹劳比较困难。目前农村青壮年劳动力基本都流向大中城市，农村劳动力流失严重，农民投工投劳实际难以实现，部分地区为落实自筹均折资代劳，这对经济欠发达地区来说往往难以落实到位。二是项目筹资投劳总量突破了“一事一议”上限。以江苏省为例，按照农村“一事一议”政策规定，每个劳动力每年筹劳一般为5～8个工日，人均筹资年不得超过20元。按照江苏省“一事一议”规定以资代劳价格（苏北地区10元，苏中地区12元，苏南地区15元）计算，苏北地区每年每人“一事一议”上限为100元，苏中地区上限为116元，苏南地区上限为140元。按高标准农田示范工程项目测算，亩均需自筹120元（折算到人均约140元）。已接近或超过了省里确定的“一事一议”上限。三是随着工程招标制的推行和农业综合开发工程标准的提高，项目工程由专业队伍施工，要比农民投工投劳效果好。同样是挖掘地下防渗管道沟，由农户自行开挖，不但宽度深度难以统一，而且沟的走向不直，而用专业的挖沟机开挖，不但标准质量高，效率更是人工的好几倍。

（2）项目管理程序缺乏灵活性

项目管理要求高、程序偏复杂。

一是前期工作程序较多、时间偏紧。县级从建立项目库到确定备选项目，需要经过多重程序，根据土地治理项目管理流程图，土地治理项目管理分4个阶段、14个步骤，特别是项目前期工作中就有6个步骤，上述这些步骤完成最少得半年时间。使得基层农发办前期工作时间紧、程序过多、任务重、压力大。

二是项目计划调整变更权限需完善。项目立项后，由于种种因素影响，难免出现部分工程不能实施或不能全部施工，项目需要变更调整，随着投资规模、投资标准的增大，现有的调整、变更等权限规定已不适应工作需要和客观实际，上报与等待批复时间较长，影响施工进度，束缚了县级开发部门工作，需要进一步完善。

三是工程招投标规定有待完善。其一，施工协调难度加大。实行公开招标后，有不少外地企业中标，施工过程中遇到调田、移树、毁坏庄稼等情况时，外地施工队协调起来阻力较大，纠纷严重时，甚至会导致工程进度延滞或工程无法完成。其二，招投标过程中相关费用没有落实。现在涉及财政投资项目工程都要求进行公开招投标，但在招投标过程中发生的相关费用（进招标中心的费用、招标代理费用、评标费、公证费等）从有限的项目管理列支明显不够。

四是项目检查验收环节重复。目前的土地治理项目验收是层层验收，县级进行单项验收，市级全面验收，省级抽验，国家再综合检查。一般1个县需要经历2～3次检查验收，多的达4～5次，每次验收项目单位都必须做充分的准备，县级也疲于应付上级检查验收，时间跨度较大、工作量太大，人力、财力、物力消耗较大。同时，项目审计工作较重。工程预决算审计、竣工审计、中介审计、各类专项审计等，程序较多，环节复杂。

存在同类项目的竞争。高标准农田建设由农业综合开发而起，无论是管理上，还是实施经验上，农业综合开发都比国土部门有着先天优势，但由于投资强度和标准的原因，开始受到别部门项目的冲击。同样是建设高标准农田，国土部门的投资就比农业开发投资标准要高出许多，亩财政投资为2 000元，且没有农业、林业、科技推广等措施，也不用提取有关费用，直接导致了有些地方宁愿实施国土整理项目，不愿意实施农业开发项目。

项目考核时间和实际不适应。土地治理项目都是跨年度实施的，从验收上来看，当年国家批复的项目要到次年的7月左右才能够完成市级验收，而且由于南北方气候的差异，全省各地的项目完成的时间差异较大；从项目统计时间上来看，每年国家农业综合开发项目统计的时间截至当年的12月31日，而在统计数据中，由于项目没有完成，不得不将大量的项目资金结转到下年，同样当年的统计结果中又包含着上年的结转数据，如此便导致统计数据实际上并没有真实地反映当年项目的实施效果。

（3）政府基层部门参与度有待提高

目前国家农业综合开发管理体系包括中央、省、市、县4级，农发项目资金实行县级报账制，从项目的选项到招投标都由县级农发机构来实施。乡镇不是项目实施主体，没有工作经费，因此，乡镇普遍对农发项目积极性不高。但是，乡镇在项目建设中承担着田亩调整分配、筹资投劳、协调施工企业和农民关系、占地和迁坟、督查施工进度和质量等大量工作，同时还负责工程的建后管护，作用至关重要。缺少了乡镇的支持，县级农发办事机构协调农村、农民等方面的关系缺乏效率，因此需提高基层部门参与的积极性。

三、产业化经营项目

农业产业化经营是以市场为导向，以龙头企业或农业经济组织等中介组织为纽带，结合本地区实际，发展本地的重点产品，通过建立各参与主体的共同经济体，将农业再生产过程产前、产中、产后各个环节联结成一个完整的产业系统，从而实现种养加、产供销、贸工农一体化经营。

农业产业化是我国在深入农村经济体制改革实践中创造出来的，是我国继家庭联产承包责任制和乡镇企业之后的又一次重大的农村改革，也是适应市场经济新的需要的一种新的农村经济运行体制和管理体系。我国的农业产业化经营开始于20世纪70年代末。当时，我国农村普遍推行了家庭联产承包责任制，生产关系顺应了生产力发展的要求，农业生产力迅速得到恢复和提高。进入80年代中期，随着农村改革的深入和商品经济的进一步发展，农业和农村经济发展进程中出现了一些新矛盾、新问题，特别是农业市场化的要求与现行经济体制之间存在着种种不相适应的矛盾和问题，严重影响了农业和农村的发展。各地在实践中，逐步探索出解决上述矛盾的一些新的思路和途径，其中重要的一条就是农业产业化经营。

农业不同于其他产业，除了要面对社会和市场风险外，还有自然风险，这就造成了农业的弱质地位。形成弱质地位的主要原因之一就是农业长期处于提供初级产品地位，得不到加工、储藏、销售等环节的增值效益。而以公司＋农户为主要形式的农业产业化经营则结束了农业仅仅提供初级产品的历史，它把现代工业、商业、运输业乃至金融业、保险业等产业同农业紧密结合在一起，构成一种利益共享、风险共担的企业共同体，使农业在家庭承包经营的基础上实现了社会化、专业化和一体化，从而把农业的产前、产中和产后紧密连接在一起，促进了资源合理搭配，提高了资源利用率和产出率，提高了农业生产效益。

经过30年的发展，农业产业化经营在我国取得了巨大的成绩。农业产业化经营由组织数量的增长发展到以质量和数量并重，由组织结构相对松散的产加销有机结合逐步形成企业与农户双赢的利益共同体，由个别地区个别领域的局部探索到全国农林牧渔业各个领域的全面推进。目前已成为我国农业结构战略性调整的主要推动力，也是提高我国农业竞争力的主要措施，更是适应社会主义市场经济体制发展的必然趋势。

农业综合开发产业化经营项目是国家财政支持农业产业化的主要渠道，是现阶段推动我国农业产业化发展的主要力量。1994年，国家农业综合开发办公室从农业综合开发资金中抽出一部分资金，专门用于扶持农业产业化经营项目以来，农业综合开发产业化经营项目通过对农业产业化龙头企业和专业批发市场等经营主体的扶持和建设，延长农业产业化链条，推进农业和农村经济结构的战略性调整，提高农业综合效益，增加农民收入。按照农业综合开发项目“国家引导、配套投入、民办公助、滚动开发”的要求，在获得中央财政支持的同时，地方财政按照一定比例进行配套。通过这种农业综合开发资金按比例配套投入的方式，放大了中央财政资金用于农业产业化项目的作用。2015年，农业综合开发产业化项目共投入资金213.88亿元，其中财政资金83.05亿元，带动银行贷款4.24亿元，自筹资金126.59亿元。农业综合开发产业化项目已成为推动我国产业化经营发展的主力军。

（一）产业化经营项目内容和扶持方式

1. 产业化经营项目类型

产业化经营项目分为种植养殖基地项目、农产品加工项目和流通设施项目。种植养殖基地项目，主要扶持建设经济林及设施农业种植、发展畜牧水产养殖等；农产品加工项目，主要扶持产业化龙头企业扩大生产规模，提高粮油、果蔬、畜禽等主要农副产品加工能力；流通设施项目，主要扶持建设储藏保鲜、产地批发市场等市场流通设施。

扶持对象为国家级和省级农业产业化龙头企业（含省级农发办事机构审定的龙头企业），同时适当扶持正在成长上升、确能带动农民致富、较小规模的龙头企业及农民专业合作经济组织等，2015 年扩大到涵盖家庭农场、专业大户等更多新型农业经营主体。

2015 年，产业化经营项目共完成经济林、蔬菜、药材等种植面积 110.74 万亩，水产养殖面积 14.13 万亩，畜禽养殖 50 592.94万头（只），新建及改扩建加工项目 913 个，农业生产服务项目 342 个。

2. 产业化经营扶持方式

农业综合开发经营项目扶持方式，主要包括有偿无偿相结合项目、投资参股经营项目、财政补助项目和贷款贴息项目。目前采用的扶持方式为财政补助和贷款贴息。

（1）有偿无偿相结合

有偿无偿相结合项目，是农业综合开发产业化项目最初的项目扶持方式。在扶持对象的选择上，有偿无偿相结合项目原则上对具有一定规模和条件、资金需求量适中、经济效益较好、能够按期归还财政有偿资金的项目单位，采取有偿无偿相结合的扶持方式。2007 年农业综合开发共建成产业化经营有偿无偿相结合项目 1 220 个。其中，重点项目 342 个，一般项目 878 个。这些项目中，建设种植项目 155 个、养殖项目 309 个、农产品加工项目 693 个、储藏保鲜项目 40 个，产地批发市场项目 23 个。项目共建成经济林等种植基地 35.77 万亩，占全年产业化项目种植基地建设面积的 96.23%。其中，经济林 25.39 万亩，设施蔬菜 5.34 万亩，设施花卉 0.4 万亩，药材 4.64 万亩；建成水产养殖基地 13.08 万亩；畜类年出栏 224.86 万头（只）、年末存栏 78.67 万头（只），禽类年出栏 17 743.9万只、年末存栏 3 219.1 万只。

（2）投资参股经营

投资参股经营项目，始于 2004 年，虽然实施时间较短，但已取得十分明显成效。通过投资参股经营项目，在扶持农业产业化发展的同时，又实现了国家资产的保值增值。在扶持对象的选择上，投资参股经营项目原则上对投资规模较大、企业基础较好、带动能力强、资金需求量大、愿意国有资本参股的项目单位，采取投资参股经营的方式进行扶持。2007 年农业综合开发共建成投资参股经营项目 77 个，其中：种植项目 1 个、养殖项目 4 个、农产品加工项目 71 个、流通设施项目 1 个。建成各类种植基地 0.7 万亩，大牲畜年出栏 30 万头、年末存栏 15.17 万头。

（3）财政补助

受2008年下半年开始的美国金融危机的影响，我国中小企业特别是农业企业开始出现融资困难，为了解决这一问题，从2009年开始国家综合开发办开始实施财政补贴项目。财政补贴项目扶持的范围跟有偿无偿相结合项目一样。财政支持资金全部为无偿资金，同时为了扩大补贴范围，提高受益企业的个数，每个项目财政补贴的额度有所减少。地方财政按政策规定相应落实配套资金。2013年起财政补助项目开展现代农业试点项目，包括国家农业综合开发现代农业园区、龙头企业带动产业发展、“一县一特”产业发展试点项目。

（4）贷款贴息

贷款贴息项目，也是最近几年农业综合开发改革创新探索出的新的项目扶持方式。贷款贴息项目主要针对融资能力较强、能够从金融机构取得一定规模的固定资产贷款、符合农业综合开发产业化经营项目立项要求的项目单位，一般采取贷款贴息的扶持方式。2015年实施了326个产业化经营贷款贴息项目，中央财政共贴息3.53亿元，撬动固定资产贷款33.23亿元，流动资金贷款77.19亿元。产业化经营贷款贴息项目3 490个中，包括种植基地项目23个，养殖基地项目33个，新建加工项目65个，改扩建加工项目165个，产地批发市场项目25个，储藏保鲜项目15个①。

此外按照项目施行的时间长短，可以分为短期项目（一般2年以内）、中期项目（2~5年）和长期项目（5年以上）；还可以按照投入财政资金回收与否，分为有偿项目、无偿项目和有偿与无偿相结合项目。

（二）产业化经营项目发展历程

农业综合开发产业化经营项目的发展历程按照不同时期产业化经营项目的扶持重点，可以分为4个阶段。

1. 自发和探索阶段（1988—1993年）

这一阶段农业和农村经济发展仍然表现为“短缺”的特征，即粮棉油肉糖等主要农产品社会供给不足，特别是粮食产量不足。因此，农业综合开发以改造中低产田和开垦宜农荒地为主要任务，以提高粮、棉、油、糖等主要农产品产量为主要目标。项目建设虽也涉及部分多种经营内容，但不是当时农业综合开发工作的重点，因此，多种项目经营也未单列出来。在80年代中后期，受山东等地农业产业化经营

① 注：贷款贴息项目的统计较正常统计年份上溯1年，如2007年统计的项目，实际建设期是在2006年，报账在2007年

实践取得初步成效的影响，部分地方农业综合开发项目区结合土地治理项目，安排了少量高效种植、养殖基地和农产品初加工项目。这一阶段中央财政虽未明确安排产业化经营项目资金，但通过项目建设，为农民开辟了增收致富的新渠道，为下一阶段调整、完善农业综合开发政策提供了实践基础。

2. 政策引导和起步阶段（1994—1998 年）

进入 90 年代以后，随着粮食产品的增加，不少地方出现了“卖粮难”的现象，农民种粮的比较效益逐渐下降，出现了粮食增产而农民不增收或增收有限的问题，大宗农副产品低水平过剩的情况开始逐步显现。同时，1993 年 11 月召开了党的十四届三中全会，确立了我国的经济体制由计划经济转向社会主义市场经济，市场在社会资源配置中发挥主导作用。为了应对农村社会主义市场经济的需要，解决农户“卖粮难问题”，提高农民种粮的比较效益，增加农民收入，1994 年国务院办公厅转发了财政部《关于农业综合开发的若干政策》（国办发〔1994〕72 号），政策中明确指出农业综合开发要在重点开展土地治理项目的同时，以市场为导向发展多种经营，以龙头项目带动农产品的系列开发，把保证粮棉油肉糖等农产品的稳定增长与增加农民收入的目标结合起来，从政策和投入上对农业综合开发支持产业化经营项目建设做出了明确规定，并出台了相关管理政策。在政策投资的引导下，1994 年农业综合开发办出台了《国家农业综合开发项目管理办法》，提出“多种经营及龙头项目带动农产品的系列开发，包括农林牧副渔各业优质高效产品的贸工农一体化、产加销一条龙的开发。”据此，从 1995 年起农业综合开发单独设立了多种经营及龙头项目，1998 年规范项目名称为多种经营项目，2004 年又更名为产业化经营项目。这一时期，农业综合开发扶持产业化经营项目的思路日渐清晰，财政投入逐年增加，项目安排逐渐增多，效益初步显现。

3. 有序发展阶段（1999—2002 年）

这一阶段我国农业和农村经济发展进入了崭新的阶段，我国主要农产品实现了由长期短缺到总量基本平衡、丰年有余的历史性转变。粮食市场价格自 1996 年下半年以来呈现持续下跌趋势，农产品供求关系中的主要矛盾从供给短缺逐步转化为供求之间因品种和品质不适应而形成的结构问题，形势要求必须将农业和农村经济结构的战略性调整放到更加重要的位置。农业综合开发为适应农业和农村经济发展新阶段的要求，在指导思想和工作思路上实现了“两个转变”，强调调整结构，优化品种，提高质量，发展优质高产高效农业。2001 年，温家宝同志在国家农业综合开发第四次联席会议上提出了农业综合开发要在坚持“两个转变”的基础上，做到“两个着力”，实现“两个提高”。在温家宝总理所提的“两个着力，两个提高”的要求中，其中第二个“着力”和“提高”，即是“着力推进农业和农村经济结构战略性调整，提高农业综合效益，增加农民收入”，这主要依靠发展产业化经营来体现。根据“两个着力，两个提高”的指导思想，农业综合开发产业化经营项目的地位和作用得到认可，产业化经营项目在政策的引导下平稳有序的发展。

4. 改革探索阶段（2003—2012 年）

2003 年，财政部出台了《关于改革和完善农业综合开发若干政策措施的意见》（财发〔2003〕93 号），明确了产业化经营项目要从政府主导向政府引导转变，从计划经济管理体制为主向市场经济管理体制为主转变，从单一扶持方式向多元化扶持方式转变等改革创新思路，产业化经营项目从政策到投资扶持方式进行了一系列的改革和创新。在项目申请上，为了广泛动员社会力量参与农业综合开发，在更大范围内择优选项，提高选项透明度，2004 年农业综合开发产业化经营项目改变了内部封闭运行的做法，实行公开选项，取得了较好的效果。在扶持方式上，根据项目单位的发展需要和带动农民增收的实际效果，农业综合开发产业化经营项目扶持方式从单一的有偿无偿相结合发展到目前的无偿和贷款贴息两种扶持方式。

5. 模式和机制创新阶段（2013 年至今）

2013 年起实施龙头企业带动产业发展、“一县一特”产业发展试点项目，探索项目中合作社或农民持股方式，使农民更多分享农产品增值收益。2015 年出台了《农业综合开发扶持农业优势特色产业促进农业产业化发展的指导意见》，重点实现“三个转变”。一是扶持定位从项目向产业转变。通过集中投入、合力支持区域优势特色产业，实现节本降耗、提质增效。二是实施主体从单一化向多元化转变。加大对适度规模经营的新型农业经营主体的扶持力度，并推行同一产业多主体共同申报、协同发展机制。三是项目资金从“主导”向“引导”转变。以项目为平台，发挥财政资金的引导和杠杆作用，吸引金融资本和社会资本等其他资金的投入，扩大资金盘面，合力支持和发展优势特色产业。

（三）产业化经营项目的主要作用

近年来，农业综合开发产业化经营项目大力支持发展优势农产品，积极支持优势农产品产业带建设，积极探索支持农业产业化龙头企业和农民专业合作组织的有效形式，重点支持有市场、有效益、带动效应大、农民直接受益的龙头企业和农民专业合作组织，引导和组织千家万户农民进行标准化生产，使生产与市场有效对接，促进农民收入持续稳定增加。

农业综合开发农业产业化经营的目标为：首先，根据各地区不同的资源优势，发展农业产业化经营，因地制宜形成各具特色的区域主导产业，促进区域经济的协调发展。其次，通过在项目区实施产业化经营，改造传统农业产业，实现产加销一体化、生产区域化、专业化、产品优质化、农业现代化。再次，通过增加科技投入，提高产业化链条的整体水平，增强农业的市场竞争力。另外，通过在项目区发展产业化经营，促进农村组织创新，构筑符合市场经济体制要求的微观基础，建立新的农场经济运行机制。最后，项目区发展产业化经营，要在确保农业综合生产能力稳定增长的基础上，合理利用农业资源，调整产业及产品结构，提高农产品质量，增加农民收入，改善生态质量，实现农业可持续发展。

产业化经营项目在促进农业发展中的作用，主要包括以下方面。

1. 引导资金投入，促进农业组织化、产业化发展

在中央财政资金的引导下，吸引了地方财政、银行贷款和企业自筹资金对农业产业化的投入。2013 年各级财政资金用于农业综合开发产业化经营项目的资金为 35. 88 亿元，带动银行贷款和自筹资金 75. 38 亿元。同时，2013 年通过贷款贴息的中央财政贴息额 26. 21 亿元，撬动银行贷款额 1 101. 33亿元。充分发挥了财政资金的引导作用，吸引和带动银行信贷资金投入到农业综合开发产业化经营项目中去。在各级财政资金的带动下，非财政资金在农业综合开发产业化项目资金结构中所占比重已达到了 60% 以上，成为农业产业化经营项目重要的资金来源。

提高了农业生产的组织化程度。为提高农民的组织化程度，农业综合开发产业经营项目不断加大对农民专业合作社的扶持力度。一是引导农民专业合作社申报产业化经营项目，并明确在同等条件下，对农民专业合作社申报的项目优先立项扶持；二是在扶持农民专业合作社项目的同时，注重组织形式创新，倡导“农民 + 专业合作社 + 龙头企业”的农业产业化经营新模式，建立多方共赢的利益联结机制，保护农民的应得利益。以黑龙江安达市丰桥农机合作社发展为例，丰桥农机合作社于 2004 年年底批准立项，2005 年 3 月正式开始建设，共投入农业综合开发财政资金 200 万元，镇政府投入现金和实物折资 67 万元。合作社首批入股农民 212 户，入股土地 5 000亩。2008 年入股农民增加到 347 户，入股土地增加到 8 300亩。合作社经营土地后，土地由一家一户经营变为连片规模经营，每亩收入近 750 元，比农民个人经营增收 200 元。与此同时，入股农民还从土地上解放出来，纷纷外出打工和开办其他产业。据统计，2003—2007 年，黑龙江共投入农业综合开发财政资金 2. 7 亿元，吸引社会资金 2. 4 亿元，组建农机合作社 70 个，新增大型拖拉机和大型收割机械 1 218台，新增农机总动力 14. 16 万千瓦，促进粮食增产 10% 以上。

龙头企业是农业产业化的核心，也是连接千家万户的农户与大市场的纽带，是农业产业化发展的重要组成部分。因此，农业综合开发产业化经营项目在扶持龙头企业方面下足了功夫，不断创新投入机制，提高资金利用效率。在有偿无偿相结合项目中，农业产业化经营项目按照“扶优、扶大、扶强”的原则，集中资金，重点扶持示范带动作用强、有利于优势产业发展的重点产业化龙头企业，推动项目区农业产业化的发展。2006 年，农业综合开发共拨付中央财政资金 20.24 亿元，占当年中央财政产业化经营项目资金总额的 67.31%，扶持中央财政投资 300 万元（不含直辖市、计划单列市）以上的重点农业产业化龙头企业 391 家。

这些项目的实施，培育了大批在全国拥有较高知名度、具有较强竞争力和带动能力的龙头企业。目前，这些龙头企业已经成为我国农业和农村经济发展中最具活力和成长性的部分。例如，山东省滕州市鲁南牧工商公司，当初是一个资产不过千万元，年产值刚过 3 000万元的小厂，在中央财政资金扶持的基础上，2008 年即达到资产逾 5.7 亿元，年销售收入 14.39 亿元，年利税达到 4 400万元的国家级重点农业产业化龙头企业，共带动肉鸡、肉兔农民专业养殖户 2 万户，安排农村剩余劳动力 3 万多人，有力地推动了当地农业和农村经济的发展。

2. 促进项目区经济发展

建设社会主义新农村，繁荣农村经济是中心、培植农业产业是基础。农业综合开发产业化经营项目就是为了解决我国农业、农村经济发展过程中缺乏有效的产业支撑政策而设立的。农业综合开发产业化经营项目通过扶持高效种植养殖基地项目、农副产品加工及流通项目等，有力地带动了项目区农业和农村经济结构的调整和优化，培育了区域优势主导产业；通过扶持流通设施项目，完善了农业产业化服务体系。这些领域的投资，都增强了项目区农村经济实力，提高了项目区农业产业化水平，推动了农业和农村社会的发展。2015 年中央财政农业综合开发安排 49.33 亿元，带动地方财政投入资金 25.84 亿元，引导项目单位自筹、银行贷款等资金 103.85 亿元，计划扶持农业产业化经营项目 4 238个，其中，种植基地项目 1 445个，养殖基地项目 1 369个，加工项目 914 个，流通设施项目 290 个，龙头企业带动产业发展试点项目 92 个，“一县一特”产业发展试点项目 128 个。这些项目实施将有力推动当地经济发展（图 2－6）。

促进农民增收，解决农村劳动力就业。通过项目建设带动农民增加收入，始终是农业综合开发扶持产业化经营项目的根本目的。农业综合开发产业化经营项目的实施，不仅提高了农业综合生产能力和综合效益，而且为农民增收开辟了一条切实可行、持续稳定的渠道。不仅通过“公司＋基地”和“公司＋基地＋农户”等形式，引导龙头企业与农民形成“利益共享、风险共担”的利益共同体，不仅使农民

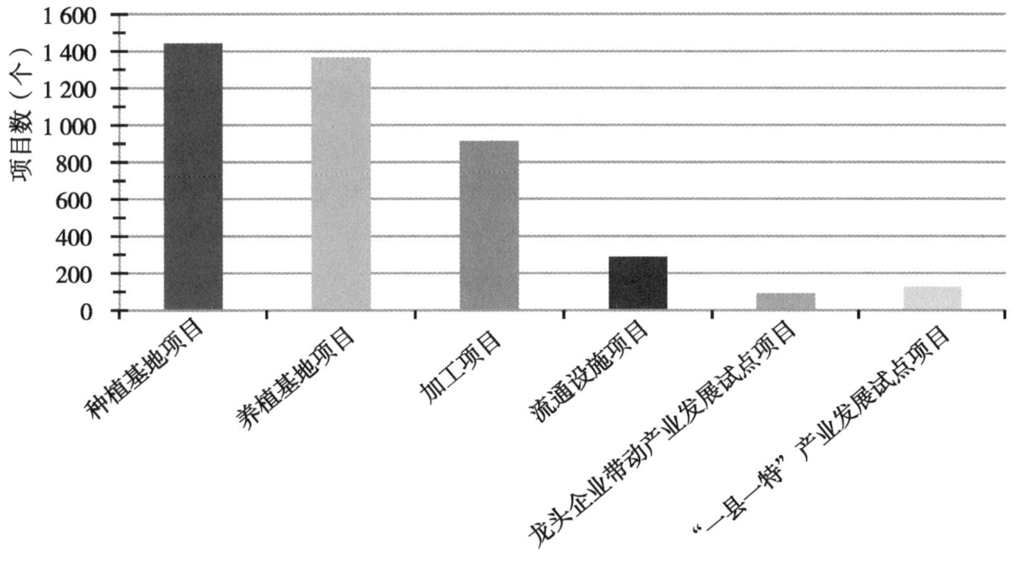

图 2－6 2015 年农业综合开发产业化经营计划项目数

从事种植、养殖业生产的利益得到保障，而且使农民可以分享到加工销售环节的部分利润；同时，通过扶持农产品加工企业，增加了农民就业机会，转移了农村剩余劳动力，直接增加农民的现金收入。

在农业综合开发产业化经营项目的实施下，龙头企业与项目区农民之间的利益联结机制进一步完善。2014 年通过产业化经营贷款贴息项目的实施，年直接受益农户数达到 296.21 万户，年直接受益农民年收入增加共 72.61 亿元（表 2－13）。

表 2－13 2012—2014 年农业产业化经营贷款贴息项目带动情况

年份	年直接受益农户数量（户）	年直接受益农业人口数（人）	直接受益农民年收入增加总额（万元）	年新增就业人数（人）	其中：年新增农村劳动力就业人数（人）
2012	17 673 932	55 445 526	12 888 945.07	821 877	695 000
2013	11 009 703		3 391 604.48	543 944	490 201
2014	2 962 071	9 993 720	726 077.36	158 797	136 917

3. 促进农业产业结构优化

农业综合开发产业化经营项目的设置本就是应我国农村社会主义市场经济发展的需要，农业产业化经营项目的主要任务之一就是通过扶持农副产品的开发推动项目区农业产业结构调整优化，促进农业产业化发展。2015 年，农业综合开发产业化经营项目建成经济林、蔬菜、药材等种植基地 110.74 万亩；建成水产养殖基地 14.13 万亩，畜禽养殖 50 592.54万头（只），新建及改扩建加工项目 913 个，农业生产服务项目 342 个（表 2 - 14）。与 2004 年相比，年新增种植面积和农业生产服务项目数量明显增多。通过项目建设，推进农业专业化、规模化、标准化生产，加快农业科技进步，将有力地促进农业结构的战略性调整，提高农产品市场竞争力，增加农业生产效益。

表 2 - 14　农业综合开发产业化经营项目任务完成情况

年份	经济林、蔬菜、药材等种植面积（万亩）	水产养殖面积（万亩）	畜禽养殖（万头、万只）	新建及改扩建加工项目（个）	农业生产服务项目（个）
2004	56.51	56.36	14 929.14	387	42
2012	70.32	7.78	69 939.55	552	224
2013	121.94	10.72	40 829.41	570	244
2014	97.42	8.25	154 115.03	903	284
2015	110.74	14.13	50 592.54	913	342

（四）产业化经营项目管理模式

项目管理（Project Management，简称 PM）是管理科学与工程学科的一个分支，是介于自然科学和社会科学之间的一门边缘学科。它起源于第二次世界大战时期的美国曼哈顿计划，在随后的二三十年间被广泛地应用在国防建设部门和建筑公司。20 世纪 50 年代我国著名的数学家华罗庚教授将项目管理引进中国（由于历史原因叫统筹法或优选法）。项目管理的定义是指在有限的资源约束下，项目的管理者运用系统的观点、方法和理论，对项目涉及的全部工作进行有效地管理。即从项目的投资决策开始到项目结束的全过程进行计划、组织、指挥、协调、控制和评价，以实现项目目标。

通常来说，现在的项目管理有两种方法：①传统方法。在传统的项目管理方法中，项目的开发被分成项目启动、项目策划、项目生产、项目监测、项目完成等 5 个阶段。但是，不是每个项目都必须经过以上每一个阶段，因为有些项目可能会在达到完成阶段之前被停；有些项目不需要策划或者监测；有的项目需要重复多次阶段（如项目策划、项目监测等）。②敏捷软件开发方法。该方法将项目看作一些相对小的任务，而不是一个完整的过程，项目开发的目的是用尽量小的管理费用来制定标准、审核、文档、报告、会议和许可。

为了确保顺利实现项目目标，项目管理包括九个方面的主要内容：①项目范围管理。为了实现项目的目标，对项目的工作内容进行控制的管理过程。它包括范围的界定、范围的规划、范围的调整等。②项目时间管理。为了确保项目最终按时完成的一系列管理过程。它包括具体活动的界定，如：活动排序、时间估计、进度安排及时间控制等项工作。③项目成本管理。为了保证完成项目的实际成本、费用不超过预算成本、费用的管理过程。它包括资源的配置，成本、费用的预算以及费用的控制等项工作。④项目质量管理。为了确保项目达到客户所规定的质量要求所实施的一系列管理过程。它包括质量规划、质量控制和质量保证等。⑤项目人力资源管理。为了保证所有项目关系人的能力和积极性都得到最有效地发挥和利用所做的一系列管理措施。它包括组织的规划、团队的建设、人员的选聘和项目的班子建设等一系列工作。⑥项目沟通管理。为了确保项目信息的合理收集和传输所需要实施的一系列措施，它包括沟通规划、信息传输和进度报告等。⑦项目风险管理。涉及项目可能遇到各种不确定因素。它包括风险识别、风险量化、制订对策和风险控制等。⑧项目采购管理。为了从项目实施组织之外获得所需资源或服务所采取的一系列管理措施。它包括采购计划、采购与征购、资源的选择以及合同的管理等项目工作。⑨项目集成管理。为确保项目各项工作能够有机地协调和配合所展开的综合性和全局性的项目管理工作和过程。它包括项目集成计划的制订、项目集成计划的实施、项目变动的总体控制等。

农业综合开发产业化经营项目管理，是指各级农业综合开发产业化经营项目管理部门为实现农业综合开发产业化经营项目目标，依据农业综合开发有关政策、制度规定，采取一定的手段和方法，对农业综合开发产业化经营项目全过程实行计划、组织、实施、控制和评价等一些系列活动的概括。

1. 产业化经营项目管理的组织形式

项目组织管理是项目目标能否实现的关键。按照统一组织、分级管理的原则，农业综合开发产业化经营项目由国家农业综合开发办公室、省农业综合开发办公室审批，各省（自治区、直辖市）和中央农口部门农业综合开发办公室组织实施。

（1）项目决策层

主要包括国家、省级农业综合开发办公室。一是指国家农业综合开发办公室，主要负责制定项目管理的方针、政策、规程及制度，确定和批准项目的总体计划，检查项目的进展和做出一些重要决策。二是指省级农业综合开发办公室，主要负责拟订本省（自治区、直辖市）中长期农业综合开发规划，制定项目管理办法及实施细则，接受国家农业综合开发办公室委托，审定和批复部分农业综合开发项目。

（2）项目管理层

主要包括省级和地（市）级农业综合开发办公室。主要工作是贯彻执行和宣传国家农业综合开发方针、政策及规章制度，汇总编报和下达年度项目计划，组织指导项目实施，根据项目决策层批准的目标，通过质量控制、进度控制和投资控制，在项目进展中进行动态的目标控制，以保证项目目标的实现。

（3）项目实施层

主要包括地（市）级和县级农业综合开发办公室，主要工作是承担项目目标所需要的具体工作和任务的组织层次。

2. 产业化经营项目管理程序

农业综合开发的项目管理借鉴了世行项目和基本建设项目管理办法，将其项目管理大致分为项目前期工作阶段、项目申报批复阶段、项目实施阶段和项目验收管护阶段等4个阶段。

（1）项目前期工作阶段

主要工作包括国家农业综合开发办公室发布农业产业化经营项目的申报指南；项目申报单位通过地方农业综合开发办公室，将申报材料逐级申报至省级农业综合开发办公室；省级农业综合办公室建立项目库，对拟申报项目进行初步筛选。

（2）项目申报批复阶段

主要工作包括国家农业综合开发办下达申报项目通知、指导性投资控制指标；省级农业综合开发办对重点项目进行申报，同时组织对项目的评审工作，国家农业综合开发办组织下达立项通知和正式投资指标；项目申报单位编制初步计划，并由省级或地（市）级农业综合开发机构组织审定，或委托相关技术部门审定，省级农业综合开发办编报项目备案材料；省级农业综合开发办批复项目，国家农业综合开发办提出项目备案意见。

（3）项目实施阶段

主要工作包括项目的具体实施工作，如工程的实施、项目的年度统计、项目的监督检查等；对所投入资本的运营和管理。

（4）项目验收阶段

主要工作包括各级农业综合开发部门的检查验收、项目的考评等。就贷款贴息方式的农业产业化经营项目，还包括项目实施一年以后，根据立项通知、借款合同、借款凭证等材料，按要求实行县级报账。

3. 产业化经营项目管理主要内容

农业综合开发产业化经营项目管理的主要内容包括范围管理、资金管理、沟通管理、人力资源管理等。具体讲包括以下几个方面。

（1）范围管理

是指为达到农业产业化经营项目的目标对项目工作内容范围保持控制所进行的一系列系统管理活动。范围管理包含三层含义：一是国家对农业综合开发范围实行控制，如对新增农业综合开发县实行严格把关；二是国家根据宏观产业政策对农业综合开发内容实行科学规划，合理布置各类项目；三是地方各级农业综合开发管理部门对农业综合开发产业化经营项目实行严格管理，项目变更应按规定程序报批。

（2）资金管理

是指为确保完成农业综合开发产业化经营项目资金保值增值所进行的一系列系统管理活动。农业综合开发项目资金控制与项目实施管理和项目资金管理密切相关，因此，应认真做好农业综合开发项目资金管理工作，并精心组织实施。

（3）沟通管理

是指为确保农业综合开发产业化经营项目信息的合理收集和传输所进行的一系列系统管理活动。农业综合开发产业化经营项目沟通管理的重要性：一是项目管理与技术性工作和其他管理工作不同，项目管理工作比较综合。二是农业综合开发产业化经营项目管理涉及财政、银行、农业、林业、水利、国土、农业综合开发办公室等多个部门，组织协调工作比较繁重，也非常重要。三是农业综合开发系统内部，也应加强信息交流与管理。实行计算机联网，建立全国农业综合开发信息网络，加强农业综合开发系统的沟通。

（4）人力资源管理

是指为保证农业综合开发产业化经营项目顺利实施和人力资源得到最有效利用而进行的一系列系统管理活动。农业综合开发项目管理的综合性，决定了项目人力资源管理的重要性，各级农业综合开发办公室应该配备农业、林业、水利、财务等方面的专业技术人员。

四、部门项目

农业综合开发部门项目是经国家农业综合开发办公室批准，由中央农口部门组织实施的项目。部门项目是国家农业综合开发的重要组成部分。部门项目的实施一方面可以发挥部门的行业特点和技术优势，一方面能够发挥财政部门的资金管理优势。通过项目建设，可以示范和服务地方农业综合开发项目，改善农业基础设施和农业生态环境，对于促进项目区良种良法推广、提高项目区科技含量、引导农业结构调整和增加农民收入起到十分重要的作用。

（一）部门项目的构成

农业综合开发部门项目是根据当时农业和农村经济发展的需要，经由国家农业综合开发领导小组（联席会议）批准设立的，由农业部部门项目、国家林业局部门项目、水利部部门项目和供销总社部门项目组成。

1. 农业部部门项目

根据2015年《国家农业综合开发项目年度滚动计划编制管理试行办法》，农业部部门项目包括良种繁育项目和优势特色示范项目，以下内容主要参考《农业部良种繁育年度滚动计划项目编制细则》和《农业部优势特色示范年度滚动计划项目编制细则》。

（1）良种繁育项目

农业部良种繁育项目是指为了发挥农业部门行业技术优势，通过良种繁育体系建设，为种植业提供优质良种，为农业综合开发项目区品种改良提供服务、保障作用，经国家农业综合开发办公室（以下简称国家农发办）批准，由农业部组织实施、地方农业综合开发机构（以下简称农发机构）参与管理的农业综合开发项目。农业部良种繁育项目包括良种繁育与加工、原原种扩繁、草种繁育、脱毒马铃薯良种繁育、园艺类良种繁育与生产示范基地5个专项。

项目的区域重点是《全国现代农作物种业发展规划（2012—2020年）》确定的主要粮食作物和重要经济作物种子生产优势区域、《全国优势农产品区域布局规划（2008—2015年）》确定的12个优势农产品的分布区域、《特色农产品区域布局规划（2008—2015年）》确定的10大类特色农产品优势区域，以及农业部发布的各类作物发展建设规划确定的具体品种优势区域。

良种繁育及加工基地项目。为贯彻落实《国务院关于加快推进现代农作物种业发展的意见》（国发〔2011〕8号）和《全国现代农作物种业发展规划（2012—2020年）》精神，着力提升农作物种子生产和加工能力，不断提高种子企业综合实力和竞争力，加快推进现代农作物种业发展，确保国家粮食安全和农业用种安全。项目应具备的条件为：区域布局应符合国家种子生产基地有关规划布局或种子生产优势区要求，建设地点在农业部认定的国家级种子生产基地范围内的优先支持，鼓励项目单位通过土地流转形成稳定的种子生产基地。作物布局应重点支持玉米、水稻、小麦、大豆、棉花、油菜等主要农作物种子生产基地建设，适当兼顾其他作物；项目建设内容应符合先进适用原则，在本区域或本领域具有先进性或示范引导性。

原原种扩繁基地项目。根据2013年中央一号文件精神，按照农业部优势农产品区域布局规划要求，2014年重点支持优势农产品区域内的优质水稻、专用小麦、优质高产专用玉米、高油大豆等主要粮食作物新品种的原原种、原种扩繁；兼顾其他地区具有一定优势和特色的棉花、双低油菜、花生、薯类、小杂粮等其他经济作物，及牧草种子原原种、原种扩繁。

重点区域包括：东北优质粳稻、高产玉米、高油大豆优势区域；黄淮海优质玉米和小麦优势区域；长江流域、东北平原及东南沿海等水稻优势区域；长江中下游专用小麦、双低油菜优势区域；同时，适当兼顾北方棉花、小杂粮及牧草种子等优势区域。

脱毒马铃薯良种繁育基地项目。根据《全国优势农产品马铃薯区域布局规划(2008—2015年)》和我国马铃薯种薯生产实际需要，拟在河北、山西、内蒙古、黑龙江、湖北、湖南、重庆、四川、贵州、云南、西藏、陕西、甘肃、青海、宁夏、新疆（含兵团）等省（区、市）开展脱毒马铃薯良种繁育基地项目建设。

优先选择马铃薯脱毒种薯生产优势区域进行项目建设。项目资金重点用于脱毒原种薯田间扩繁、种薯质量检测、储藏基础设施建设，根据需要也可适当补充完善部分微型薯（原原种）和良种薯生产所需相关基础设施建设。

牧草种子繁育基地项目。申报品种及区域重点要求：拟繁育的品种须符合种草养畜和生态建设需要，市场前景良好；拟繁育的品种须已经全国草品种审定委员会审定通过；须在拟繁育品种的制种优势区内进行基地建设；每个项目原则上只可繁育一个品种，并需在项目名称上体现；根据扶持发展苜蓿产业的需要，对申报苜蓿种子繁育基地项目同等条件下优先扶持。

园艺类良种繁育及生产示范基地项目。重点扶持位于优势区域（或重点区域）的蔬菜、水果、茶叶、食用菌、花卉、蚕桑、中药材、麻类、热带作物等园艺产品的良种（种苗）繁育基地、标准化生产示范基地项目。其中，蚕种场改造项目以浙江、江西、湖北、广东、安徽、云南、四川等省为重点；茶树良种苗木场建设项目以浙江、福建、湖北、江西、贵州、陕西、广东、四川等省（区）为重点。

（2）优势特色示范项目

农业部优势特色示范项目是指为发挥农业部门行业技术优势，通过扶持畜禽及水产良种繁育基地、秸秆养畜示范基地，为畜禽及水产业提供优质良种，为农业综合开发项目区提供部分良种保障，并发挥示范作用，经国家农业综合开发办公室（以下简称国家农发办）批准，由农业部组织实施、地方农业综合开发机构（以下简称农发机构）参与管理的农业综合开发项目。农业部优势特色示范项目包括畜禽良种繁育、水产品苗种繁育和秸秆养畜 3 个专项。

项目主要布局在《特色农产品区域布局规划（2008—2015 年）》确定的 10 大类特色农产品优势区域，大宗水产品品种、优势品种和地方特有品种所在区域，黄淮海肉牛肉羊优势产业带，东北肉牛奶牛优势产业带，西北、西南肉牛肉羊集中生产地区；农业部发布的相关养殖业发展建设规划确定的具体品种优势区域。

畜禽良种繁育项目。重点扶持国家级和省级畜禽遗传资源保护目录中畜禽品种的开发利用，以开发促保护，其中国家级畜禽遗传资源保护名录的 138 个畜禽品种优先。

水产品苗种繁育及养殖示范场项目。申报品种及区域重点：繁育基地及健康养殖示范场项目。

秸秆养畜项目。①秸秆养畜联户示范项目。黄淮海肉牛肉羊优势产业带、东北肉牛奶牛优势产业带为重点区域，西北、西南肉牛肉羊集中生产地区为次重点区域。②秸秆养畜示范场项目。黄淮海肉牛肉羊优势产业带、东北肉牛奶牛优势产业带为重点区域，西北、西南肉牛肉羊集中生产地区为次重点区域。③秸秆青黄贮饲料专业化生产示范项目。黄淮海肉牛肉羊优势产业带、东北肉牛奶牛优势产业带为重点区域。

根据最新发布的《2016 年农业综合开发农业部项目申报指南》，2016 年主要安排良种繁育和农业可持续发展示范两类项目，良种繁育包括农作物良种生产及加工基地、园艺类良种繁育及生产示范基地、畜禽良种繁育 3 个方向，农业可持续发展示范项目包括区域生态循环农业示范、农副资源饲料化利用和稻渔综合种养基地 3 个方向。

2. 水利部部门项目

水利部项目由中型灌区节水配套改造项目和水土保持项目组成。

（1）水利部中型灌区节水配套改造项目

根据水利部办公厅、国家农业综合开发办公室关于印发《2014 年农业综合开发中型灌区节水配套改造项目申报指南》的通知（办农水〔2013〕167 号），中型灌区节水配套改造项目是指对灌溉面积 5 万～30 万亩中型灌区的灌排工程进行节水配套改造的项目，主要为农业综合开发改造中低产田、建设高标准农田提供灌排工程支撑条件。通过加强农田水利基础设施建设，改善农业生产条件，提高农业特别是粮食综合生产能力，为保障国家粮食安全做出贡献。中型灌区项目以粮食主产区为重点，同时兼顾非粮食主产区，更好地体现为农业综合开发高标准农田建设服务、提供水源保障的原则，在项目安排上，强调与高标准农田建设的有机结合。

（2）水利部水土保持项目

水利部水土保持项目是指为了发挥水利部门行业技术优势，通过治理水土流失、保护和改善生态环境，为农业综合开发项目区提供生态保障，并发挥示范作用，经国家农业综合开发办公室（以下简称国家农发办）批准，由水利部组织实施、地方农业综合开发机构（以下简称农发机构）参与管理的农业综合开发项目。项目自1989年开始实施，最开始名称为长江上中游水土保持项目，在长江上中游8个省（市）实施，1999年增加了黄河上中游地区6个省（区），更名为农业综合开发水土保持项目。2002年以前，水土保持项目区涉及11个省（区、市）的125个县（市、区），其中，长江流域涉及云、贵、川、渝、鄂、豫、陕、甘8省（市）的108个县，黄河流域涉及宁、晋、青、豫、陕、甘6省的17个县。自2003年起进行较大的实施区域调整，将农发水保项目与水利部实施的水利基建投资水保工程，在项目实施县上分开；将项目实施的重点区域从国家生态建设项目比较集中的长江上游向水土流失治理任务较重、投资较少的中游调整，黄河流域从其他生态建设项目集中的区域向项目少、任务重的区域调整。长江流域以三峡库区、嘉陵江中下游和洞庭湖水系为主，涉及江西、湖南、重庆、四川等4省（市）。黄河流域主要以宁南山区、小浪底库区上游为重点，涉及山西、陕西、宁夏3省（区）。

水土保持项目的指导思想是遵循新时期国家农业综合开发工作向现代农业、高效生态农业、优势特色农业转变的部署，以基本农田建设和坡面水系建设为基础，培育发展适合山丘区自然条件的特色产业为重点，以小流域为单元，山、水、田、林、路、村统一规划，工程、植物、农业技术措施科学配置，形成综合治理开发体系，推进长江和黄河上中游、东北黑土区、西南岩溶区等生态脆弱地区水土流失防治进程，改善农业生产条件和生态环境，提高农业综合生产能力，促进农业增产、农民增收、农村经济发展，为全面建设小康社会提供基础和保障。

根据2015年《水利部水土保持年度滚动计划项目编制细则》，水土保持项目在资金和项目安排上以水土流失比较严重、生态环境脆弱、治理需求迫切、具有综合开发潜力的地区为重点，集中部署在粮食主产区和老少边穷地区。涉及省份包括山西、内蒙古、辽宁、吉林、黑龙江、江西、湖北、湖南、广西、重庆、四川、贵州、云南、陕西、甘肃、宁夏等16个省（区、市）和黑龙江省农垦总局。

3. 国家林业局部门项目

国家林业局部门项目分为林业生态示范项目和名优经济林等示范项目两类。

(1) 林业生态示范项目

国家林业局林业生态示范项目是指为发挥林业部门行业技术优势，通过增加林草植被和防治土地荒漠化，为农业综合开发项目区提供生态保障，促进生态文明建设，经国家农业综合开发办公室（以下简称国家农发办）批准，由国家林业局组织实施、地方农业综合开发机构（以下简称农发机构）参与管理的农业综合开发项目。结合林业发展“十二五”规划，围绕推进现代农业建设，着力构建我国农业主产区、生态脆弱区生态安全屏障，加强农业生态环境保护，提升农业可持续发展能力。根据农业综合开发战略调整的基本原则和总体目标，从发展理念、规划布局、目标任务、实施管理和后期运行等方面，充分发挥林业生态示范项目在项目区生态综合治理方面的优势，开展人工造林、封山（沙）育林、低产低效林改造等工程措施，改善项目区农业生产条件，提供防护保障。

建设范围包括长江流域防护林体系建设工程、太行山绿化工程、重点地区沙化（地）治理。

长江流域防护林体系建设工程。项目启动于1989年，建设范围为长江中上游地区。2002年将建设范围调整为长江中下游及淮河流域。重点采取人工造林、封山育林、低效防护林改造等多种治理措施，营造水源涵养林和水土保持林；在适宜地区和确保生态效益的前提下，适当发展竹林等经济效益较好的品种，实现生态环境改善和农民增收双赢，提高农民群众的造林积极性。

太行山绿化工程。为从根本上改善太行山区生态环境，1984年，根据中央领导同志的指示，国家林业局组织编制了《太行山绿化总体规划》，同年12月，国家计委批准了这一规划。从1987年起，国家林业局先后在40个县开展了工程试点建设。1994年，经国家农业综合开发联席会议批准，国家农发办当年安排1 000万元（全部无偿）资金，支持太行山绿化重点示范项目建设。重点建设太行山区生态屏障，搞好海河源区的水源涵养林保护和建设，通过植树造林、封山育林、低效林改造等恢复植被，建立乔灌相结合的防护林体系。因地制宜、适当发展生态经济林，提高林区林农收入。

重点地区沙化（地）治理。项目于1998立项，先在内蒙古、陕西两省区试点，逐步扩大到西部省区，2002年重点转移到黄河故道沙地综合治理。①黄河故道沙地综合治理。以改良土壤和遏制土地沙化为重点，造林种草。大力营造农田防护林、速生丰产林，并在确保生态效益的前提下，适当发展高效经济林，通过林粮、林果、林草等间作，改良沙化土地，提高农业综合生产能力，促进可持续发展。②重点地区沙地治理，重点保护现有林草植被，采用封沙育林与人工造林结合的方式，加强乔灌草植被建设，建立以森林为主体、乔灌草相结合的防风固沙体系，预防土地沙化，治理沙化土地。支持全国防沙治沙综合示范区建设，发挥示范带动作用，巩固治沙成果。

根据《2016 年农业综合开发林业项目申报指南》，林业生态示范项目包括国家储备林项目和防沙治沙项目。国家储备林项目区为：安徽、福建、河南、湖北、湖南、云南等省（区、市）。防沙治沙项目区为：河北、山西、内蒙古、辽宁、吉林、黑龙江、西藏、陕西、甘肃、青海、宁夏、新疆等省（区、市）及新疆生产建设兵团。

国家储备林项目建设内容为：结合国家储备林建设规划和省级国家储备林规划，主要采取人工造林、现有林改培等集约经营措施，着力培育中短周期速丰林、大径级用材林和珍稀树种。营造林必须采用省级以上审定认定的 2 年生以上良种壮苗。人工造林投入标准不低于 2 000元/亩，现有林改培投入标准不低于 1 000元/亩，单个地块集中连片面积不低于 300 亩。项目申报要编制 3 年总体规划，批复后分 3 年建设完成，每年根据建设任务安排投资。

防沙治沙项目建设内容为：结合全国防沙治沙规划重点区域，主要采取人工造林（草）、封山育林（草）、低产低效林改造、工程固沙等措施，治理水土流失，建立防风固沙体系。单个地块集中连片面积不低于 300 亩，投入标准根据营造林工程实际合理确定。

（2）名优经济林等示范项目

国家林业局名优经济林等示范项目是指为了发挥林业部门行业技术优势，以高标准名优经济林示范基地建设为主线，重点扶持油茶、核桃、油用牡丹等木本油料生产示范基地，经国家农业综合开发办公室（以下简称国家农发办）批准，由国家林业局组织实施、地方农业综合开发机构（以下简称农发机构）参与管理的农业综合开发项目。结合全国林业发展规划以及《全国油茶产业发展规划（2009—2020 年）》《国务院办公厅关于加快林下经济产业发展的意见》《全国优势特色经济林发展布局规划（2013—2020 年）》等，聚焦木本粮油，保障国家粮油安全，扶持地方名优特色经济林发展，提高林产品有效供给能力，提升林业市场竞争力，促进农民持续增收。

以高标准经济林等示范基地建设为主线，重点扶持油茶、核桃、油用牡丹等木本油料生产示范基地，兼顾主要木本粮食及区域特色名优经济林和花卉等示范基地、林下资源的利用与开发。

木本油料示范基地建设。重点建设油茶、核桃、油橄榄、油用牡丹基地，在适宜地区适当发展长柄扁桃、山桐子等其他木本油料基地建设。

主要木本粮食及区域特色名优经济林示范基地建设。在适宜地区，重点发展具有区域特色的枣、板栗、榛子、香榧、枸杞、蓝莓等干鲜果品以及竹笋等森林食品等，建设优质高效示范基地。切实加强区域特色经济林产品的科技成果转化和应用，不断提升产品产量和品质，打造名优品牌，增强市场竞争力。

林下资源开发和利用。在严格保护和不影响林木正常生长的情况下，充分利用林地资源和林荫空间，发展林药、林菌等林下种植业，提高林业综合效益，解决农民经营林业经济收益低的问题，实现近期得利、长期得林、以短养长、长短协调的良性循环，调动农民发展林业的积极性。

4. 中华全国供销合作总社部门项目

2002 年，经国务院领导批准，国家农业综合开发办公室将供销合作总社列入国家农业综合开发联席会议成员单位。2009 年，国家农发办正式将供销合作总社纳入部门管理，设立专项资金支持供销合作社系统的农民专业合作社和龙头企业实施农业综合开发产业化经营项目。2010 年，为进一步突出供销合作社的部门项目特点，国家农发办同意从 2011 年开始，以新型合作示范项目作为供销合作总社部门项目名称。

供销合作总社新型合作示范项目是指为发挥供销合作社在带动农民合作经济组织发展、促进农业产业化经营等方面优势，经国家农业综合开发办公室（以下简称国家农发办）批准，由中华全国供销合作总社（以下简称供销合作总社）组织地方供销合作社实施、地方农业综合开发机构（以下简称农发机构）参与管理的农业综合开发项目。供销合作总社新型合作示范项目包括一般项目、产销对接项目等。一般项目是指由农民合作经济组织（以下简称合作社）、农业产业化龙头企业（以下简称龙头企业）作为主体实施的项目，主要包括农产品种植、养殖、加工、流通项目。产销对接项目是指在一定区域范围内，围绕当地优势特色产业，由一个从事农产品流通、加工的龙头企业或农民专业合作联合组织（以下简称联合社）为龙头，带动与其有出资关系和其他利益联结关系的多个合作社，联合申报、共同实施的产加销组合项目。区域布局：向农产品优势特色产区倾斜；向供销合作社传统产业聚集区倾斜；向产业资源基础好的区域倾斜；向供销合作社改革发展试点区域倾斜。

2014 年开始，财政部国家农发办设立农业综合开发供销合作总社新型农业社会化服务体系试点项目，试点项目包括契约式委托服务、有机肥和低残留农药生产推广使用、高标准农膜推广使用和残旧农膜回收利用等 3 个方面；中央财政扶持方式包括财政补助、先建后补、以奖代补等；2014 年度试点地区覆盖河北、内蒙古、山东、河南、湖北、宁夏等省（区），主要由中国供销集团成员企业中国农业生产资料集团公司、中国再生资源开发有限公司和有关省供销合作社牵头组织实施。试点项目的出发点和落脚点，是要充分发挥供销合作社作为为农服务合作经济组织的独特优势和作用，依托供销合作社健全的组织指导体系和完善的经营服务网络，面向农村、连接农业、服务农民，积极构建以供销合作社为载体的农业社会化服务体系，促进农业现代化和可持续发展。根据 2016 年项目申报指南，2016 年农业综合开发供销合作总社项目包括新型合作示范项目、新型农业社会化服务体系项目两类。

（二）部门项目与产业化项目、土地治理项目的关系

农业综合开发项目按项目属性划分为土地治理类项目和产业化经营类项目，部门项目是按管理属性划分的类别，其项目内容仍分为土地治理类项目和产业化经营类项目两大类。土地治理类项目包括水利部组织实施的中型灌区节水配套改造项目、水土保持项目，农业部组织实施的良种繁育专项，国家林业局组织实施的林业生态示范项目。产业化经营类项目包括农业部组织实施的优势特色种养示范专项，国家林业局组织实施的名优经济林花卉示范项目。各个项目又有相应的子项，详情见表 2－15。

表 2－15 农业综合开发部门项目类型

部门	项目名称	项目类型	
		产业化类	土地治理类
农业部	一、良种繁育专项		▲
	（一）良种繁育及加工基地项目		▲
	（二）原原种扩繁基地项目		▲
	（三）脱毒马铃薯良种繁育基地项目		▲
	（四）牧草种子繁育基地项目		▲
	（五）园艺类良种繁育及生产示范基地项目		▲
	二、优势特色种养示范专项	▲	
	（一）畜禽良种繁育项目	▲	
	（二）水产品苗种繁育及养殖基地项目	▲	
	（三）秸秆养畜项目	▲	
	1. 秸秆养畜联户示范项目	▲	
	2. 秸秆养畜示范场项目	▲	
	3. 秸秆青黄贮饲料专业化生产示范项目	▲	

（续表）

部门	项目名称	项目类型	
		产业化类	土地治理类
国家林业局	一、林业生态示范项目		▲
	（一）长江流域防护林工程		▲
	（二）太行山绿化工程		▲
	（三）重点地区沙化（地）治理		▲
	二、名优经济林等示范项目	▲	
	（一）木本粮油经济林示范基地建设	▲	
	（二）区域特色名优经济林基地建设	▲	
	（三）林下资源的开发和利用	▲	
水利部	一、水土保持项目		▲
	二、中型灌区节水配套改造项目		▲
供销合作总社	新型合作示范项目	▲	
	新型农业社会化服务体系项目	▲	

资料来源：2015 年《国家农业综合开发项目年度滚动计划编制管理试行办法》

（三）部门项目的特点

农业综合开发部门项目是经国家农业综合开发办公室批准，由中央农口部门组织实施的项目。农业综合开发部门项目按照其在农业综合开发工作中的地位和作用可以划分为三种类型，第一类是为农业综合开发项目提供基础设施支持的项目，第二类是提升农业综合开发实施效果的项目，第三类是探索农业综合开发扶持类型和扶持方式的项目。

第一类项目有水利部的中型灌区节水配套改造项目、水利部水土保持项目、国家林业局林业生态示范项目。

中型灌区节水配套改造项目通过对灌溉面积 5 万～30 万亩的中型灌区灌排骨干工程进行配套完善和节水改造，重点为农业综合开发中低产田改造提供灌排骨干工程条件。水利部水土保持和林业局的林业生态示范项目分别通过治理水土流失、增加林草植被和防治土地荒漠化，达到改善生态环境、保护耕地、提高农业综合开发实施效果的作用。

第二类项目主要是农业部组织实施的良种繁育项目，通过良种繁育体系建设，为粮棉油等大宗农产品生产提供优质种子，可以大大提高单位面积土地产出量，提高农业综合开发的实施效果。

第三类是探索农业综合开发扶持类型和扶持方式的项目，这类项目主要是产业化类项目，根据国家在农业方面的需求和政策导向进行探索性的项目扶持，探索扶持方式和扶持类型。例如，近几年新增的扶持项目中农业部的马铃薯项目、国家林业局的油茶项目和供销合作总社对农业专业合作组织的扶持项目，都是根据国家农业需求和政策导向进行探索性扶持的项目。

部门项目中涉及的管理主体包括中央农口部门、财政部门和地方农业综合开发机构。国土资源部、水利部、农业部、国家林业局和供销合作总社等中央农口部门主要负责项目的组织，财政部门主要负责资金投入和财务等方面的管理，地方农发机构则主要是参与项目的申报、实施等具体管理过程。部门项目的管理，在符合部门行业发展规划和国家农业综合开发总体规划的基础上，目前主要是对部门项目内容、扶持对象、实施范围、扶持重点、立项条件、实施程序和资金管理等进行了规定。其基本特点如下。

1. 部门行业优势明显

由农业部、国家林业局、国土资源部、水利部、供销合作总社等各农口部门凭借其行业特点实施具有专业技术优势的部门项目，为农业综合开发提供了更强的组织和技术保障。从中央到地方各级，各农口部门一般都有较完备的机构设置，拥有大量所属专业的技术人才和管理人才，并在所属领域积累了多年的管理经验和社会资源等，对项目的整个实施过程能起到指导和监督作用，利于项目顺利实施。

2. 注重项目的示范、引导和服务性

部门项目因其实施主体的行业技术优势，在项目内容上一般会具有基础性和专业性强的特点，注重为农业综合开发项目区提供示范、引导和服务。土地治理类项目注重提高农田灌排骨干工程等基础设施条件、保护和改善生态环境；产业化经营类项目主要是注重品种引进、良种繁育体系建设和生产示范基地建设等。

3. 发挥农口部门和财政部门合力作用

部门项目主要由各农口部门组织实施，财政部门负责对资金进行监管，并有参与项目管理的责任和权利。农口部门在制定部门项目的建设规划和阶段性实施方案的基础上，要负责对项目整个实施过程的组织和管理。财政部门则主要负责对项目配套资金的落实，并对资金的使用和管理进行监管，确保项目资金的规范使用；参与到项目管理中，为项目区产前、产中和产后提供服务，尽到为部门项目把关的责任。另外，国家农发办作为农业综合开发项目的总指挥，有责任对部门项目评估审定工作等进行指导、监督和检查。

（四）部门项目的作用和主要问题

1. 部门项目的作用

（1）增强项目区抗御自然灾害的能力

通过中型灌区节水配套改造项目建设，新增和改善了大量的灌溉面积，供水能力大大提高，改善了农业综合开发项目区的农业生产基本条件，完善了中低产田改造项目区灌排体系，增强了项目区抗御旱涝等自然灾害的能力。水土保持项目建设通过坡改梯、沟建坝等工程措施的实施，有效改善农业生产条件，结合“蓄、引、排、灌”小型水保工程配套，增产效果更加显著。

（2）提高项目区良种覆盖率

通过良种繁育项目建设，原种生产能力、草种生产能力、种子加工能力、种子储备能力都得到提高。项目不仅重点有效支持了粮食主产区的良种供应，而且进一步改善了科研单位的育种设施条件，新品种的繁育和推广速度加快，良种质量得到保证。同时，种业基础设施得到加强，良种综合生产、加工、检验能力大幅度提高，优质品种的更新得到进一步增强。其中草种项目的建设进一步满足了项目区种草养畜和牛羊肉生产、奶业发展对草种的需求，扩大了牧草种子生产、加工能力，提高了项目区良种的覆盖率。

（3）优化农业产业结构

项目区经过有效治理，不仅改善了生态环境和提高了农业综合生产能力，而且推动了农业结构调整和农业产业化发展，提高了农民收入。农业部组织实施的优势特色种养示范专项使秸秆养畜示范区与肉牛、肉羊的产业带紧密结合，促进了区域化、专业化生产格局的形成，同时减少了秸秆焚烧现象，大量农作物秸秆得到氨化、微贮和青贮处理后成为优质的草食性牲畜饲料，经济效益和生态效益十分显著。供销合作总社围绕产业化发展方向，采取“龙头企业＋专业合作社＋基地（农户）”的产业化模式，扶持农产品种植养殖基地、加工和流通设施建设，为供销合作总社更好地服务“三农”提供了新平台，也为国家农业综合开发提供了新载体。国家林业局实施的名优经济林和花卉项目，积极发展名优干鲜果品，深入挖掘有市场潜力的特色产品，花卉产业建设以现代化高效花卉基地建设为重点，发挥地域优势，实行规模化经营，建成了大量经济林、花卉基地，经济效益十分突出。

（4）显著改善生态环境

国家林业局组织实施的林业生态示范项目，通过人工造林、种草、封山（沙）育林（草）和飞播造林，控制了水土流失，增加了有林地面积，治理了大量的沙化土地。由于林草覆盖率的提高，项目区的退化或沙化草场、沙化土地得到了有效治理，生态环境显著改善。通过中型灌区节水配套改造项目建设，节约了农业灌溉用水量。通过水土保持项目建设，减少了土壤侵蚀量，提高项目区林草覆盖率，极大地改善了项目区生态环境。

2. 部门项目管理存在的问题

部门项目实施以来，发挥相关行业部门的技术优势，在改善农业生产基本条件、提高良种覆盖率、优化产业结构和改善生态环境等方面取得了显著成效。但总的来说，部门项目在对项目区提供示范和服务等功能上发挥的作用还有待进一步提高，在项目管理程序、扶持方式和内容、部门协调机制、配套资金投入等方面，以及各部门实施项目过程中还存在一定的问题。

（1）项目目标性和灵活性不强

部门项目中除中型灌区节水改造项目、水土保持项目及名优经济林花卉中的油茶低产林改造有中长期规划外，其余项目均缺乏中长期建设规划。这导致许多项目缺乏明确的科技开发和推广目标，使得项目在选项、立项和资金投入上，缺少目标和原则性，存在一定的盲目性和主观随意性。其后果是项目分散，资源投入的使用效率降低，减弱部门项目的实施效果。

部门项目一般是统一制定标准，在具体实施过程中缺乏灵活性，当地具体情况结合不足。主要表现在：一是项目申报指南下达的时间滞后。在实际工作中，项目申报指南下达时间晚，与农时耕作不衔接，易导致前期准备工作时间仓促，部门协调困难，项目评估论证不充分。二是财政资金分配难与当地资源情况匹配。部门项目采取的是自上而下的投资分配和项目审批体制，由中央制定投资政策、决定财政资金投资分配方案。由于中央部门并不能充分了解项目区当地的农业资源情况，很难做到使投资分配向当地农业发展的关键环节倾斜，从而减弱政府财政资金带动投资的乘数效应。三是项目实施易受当地政策环境条件约束。由于受城市建设规划变更、土地政策调整、大型基础设施项目建设等一些客观因素的影响，项目调整、变更或建设进度滞后的情况有所增多。同时，工程材料价格持续上涨，项目经费支出超出预算，使自筹能力较弱的项目单位不得不对项目建设内容进行压缩或调整。

（2）项目示范引导性有待提高

部门项目充分利用农口部门的行业特点和技术优势，其定位是要为农业综合开发项目区提供示范、服务和保障作用，强调项目内容的高科技含量和前沿性。但在实际操作中，部门项目的这种特性体现得不够，实施内容在其领域的科技引导性还较欠缺。

部门项目的扶持方式较单一，目前地方产业化经营项目采取财政补助和贷款贴息两种扶持方式，而且总的趋势是逐步扩大贷款贴息规模，并积极探索其他扶持方式。而部门产业化经营项目，目前全部采取财政补助的扶持方式，导致扶持力度不足，不能有效地发挥财政资金“四两拨千斤”的作用。

（3）部门间缺乏协调

各主管部门之间缺乏协调和沟通机制，存在各自为政、互不通气的现象。中央涉农部门、地方政府涉农部门以及同级部门间合作不足，造成部门项目存在着扶持内容交叉、项目申报重复等问题。特别是在林业项目上，名优经济林花卉项目在各地涉及的自然资源、经济状况、申报品种等不同，项目建设和评审的标准不统一，使得各地在评审工作中缺乏足够的依据。

（4）配套资金难以保障

部门项目资金管理明确规定了地方财政资金和自筹资金与中央财政资金的配套比例，已充分发挥政府投资的乘数效应，提高农业综合开发效率。但实际工作中，由于地方财政困难或与财政部门沟通不够等因素，不少地方存在配套资金难以及时足额到位的问题。特别是欠发达的中西部地区，由于经济发展水平低，经济结构和财源结构单一，财政收入低，财政难以提供配套资金。另外，由于扶持对象筹集资金的能力欠缺，常造成自筹资金不能足额配套的问题。

第三节　农业综合开发项目区域扶持现状

由于我国各地区农业综合开发面临的自然资源条件和社会经济状况差异明显，因此实行有针对性的区域性扶持政策是基本的发展方向。目前国家农业综合开发项目中，主要是土地治理项目率先使用分区扶持政策。其他类型项目没有提出明确的全国性分区方案。本节主要对农业综合开发土地治理项目分区扶持现状进行分析。

土地治理项目在投资标准、治理面积、扶持重点、财政资金配套比例等方面有一些分区域扶持政策，其分区政策主要表现在 4 个方面：一是按照项目财政投资的大小制定不同的扶持政策；二是对不同的行政区域实行了不同的投资政策；三是根据不同的地域特征，分别制定了平原、丘陵、山区土地治理项目建设标准；四是土地治理项目资金向粮食主产区倾斜，加大了粮食主产区的投入。

一、土地治理项目分区扶持现状

（一）按项目财政投资的大小制定不同的扶持政策

1. 项目数量的确定

项目数量按照土地治理项目财政资金投入量来确定：土地治理项目财政投资在500万元以下的开发县，只能安排1个项目；财政投资在500万元（含）至1 000万元的开发县，原则上可安排2个项目；财政投资在1 000万元（含）以上的开发县，原则上可安排2～3个项目（表2－16）。

表2－16　财政投资金额与项目数表

投资金额	项目数量（个）
小于500万元	1
500万元（含）至1 000万元	2
1 000万元（含）以上	2～3

2. 管理费的计提比例的规定

管理费按照土地治理项目财政资金的一定比例提取使用：财政投资500万元以下的按3.5%提取；1 000万元以下的，其超过500万元的部分按1.5%提取；超过1 000万元其超过部分按0.5%提取（表2－17）。地、省级农发机构和农发办由本级财政预算单独安排事业费用于项目管理各项支出，不得另外提取项目管理费。

表2－17　财政投资金额与管理费的计提比例表

投资金额	管理费计提比例
小于500万元	3.5%
500万元（含）至1 000万元	超过500万元的部分按1.5%提取
1 000万元（含）以上	超过1 000万元其超过部分按0.5%提取

（二）按不同的行政区制定不同的扶持政策

1. 中央资金与地方资金配套比例的规定

按照各省及新疆生产建设兵团等的财力制定不同的分省配套比例：北京、天津、上海、大连、青岛、宁波6市为1∶2；浙江、广东2省为1∶1；福建、重庆2省（市）为1∶0.6；河北、吉林、黑龙江、安徽、江西、河南、湖北、湖南、四川、山西、广西、云南、陕西、辽宁、山东等省（自治区）为1∶0.5；内蒙古、贵州、海南、甘肃、青海、宁夏、新疆7省（自治区）为1∶0.4；西藏自治区为1∶0.3；新疆生产建设兵团、黑龙江省农垦总局以及广东省农垦总局，中央财政资金与自筹资金（项目团、场和群众筹集的现金、以物折资和投劳折资）配套比例为1∶0.5（表2－18）。

表2－18　土地治理项目中央资金与地方资金配套比例表

省（市）	省（市）个数	比例
北京、天津、上海、大连、青岛、宁波	6	1∶2
江苏、山东、浙江、福建、广东	5	1∶1
辽宁、重庆	2	1∶0.6
河北、吉林、黑龙江、安徽、江西、河南、湖北、湖南、四川、山西、广西、云南、陕西	13	1∶0.5
内蒙古、贵州、海南、甘肃、青海、宁夏、新疆	7	1∶0.4
西藏自治区	1	1∶0.3

按照各省及计划单列市等的财力制定不同的分省配套比例地方财政分级配套比例：天津、青岛、宁波3市，市本级总体上承担地方财政配套资金的60%以上，县（市、区）级承担40%以下；大连、上海、山东、福建4省（市），省（市）本级总体上承担地方财政配套资金的70%以上，地（市）、县（市、区）级承担30%以下；其他省（自治区、直辖市），省（自治区、直辖市）本级总体上承担地方财政配套资金的80%以上，地（市、州、盟）、县（市、区、旗）级承担20%以下（表2－19）；地（市、州、盟）、县（市、区、旗）级财政配套资金具体分担比例由各省（自治区、直辖市）自定，其中国家扶贫开发工作重点县和财政困难县不承担财政资金配套任务，由此减少的配套资金由省（自治区、直辖市）本级财政承担。

表2－19　土地治理项目地方财政分级配套比例表

省（市）	省（市）级	地（市）、县（市、区）级
天津、青岛、宁波	60%以上	40%以下
大连、上海、山东、福建	70%以上	30%以下
其他省（自治区、直辖市）	80%以上	20%以下

2. 农民筹资投劳比例的规定

2011年土地治理项目自筹资金（含乡村集体自筹资金和农民筹资投劳）占中央财政资金的比例较2010年大幅降低。

①将北京、天津、河北、上海、江苏、浙江、福建、河南、湖南、广东和大连、宁波、青岛等省（市）以及广东省农垦总局的自筹资金比例，由50%降至20%。

②将山西、内蒙古、辽宁、吉林、黑龙江、安徽、江西、山东、湖北、广西、

海南、四川、重庆、贵州、云南、西藏、陕西、甘肃、青海、宁夏、新疆等省（区、市）以及新疆生产建设兵团、黑龙江省农垦总局的自筹资金比例，由40%或30%统一降至10%。

3. 生态综合治理项目财政投入比例的规定

考虑到部分地区生态综合治理项目建设的实际需要，内蒙古、浙江、重庆、西藏、青海5省（区、市）用于生态综合治理项目的财政投资按不超过土地治理项目财政投资30%的比例安排（表2－20）。河北省用于生态综合治理项目的财政投资比例可略高于10%，高出部分专门用于坝上地区生态建设。北京市用于生态综合治理项目的财政投资比例另行通知。除北京、河北、内蒙古、浙江、重庆、西藏、青海7省（区、市）外，其他各省安排用于中低产田改造项目（含切块内中型灌区节水配套改造项目）和示范工程项目的财政总投资不得低于土地治理项目财政总投资的90%。

表2－20 生态综合治理项目财政投入比例

省份	比例
内蒙古、浙江、重庆、西藏、青海	不超过土地治理项目财政投资30%
河北	可略高于10%，高出部分专门用于坝上地区生态建设
北京市	—
其他各省	不得低于土地治理项目财政总投资的90%

4. 农机具购置补贴的确定

除黑龙江、吉林两省可按不超过土地治理项目财政投资10%的比例安排外，其他各省不得超过5%。

（三）根据平原、丘陵、山区的特征，制定了不同的扶持政策

1. 治理面积的确定

平均每个开发县土地治理项目财政投资规模达到500万元（含）以上的省份，单个中低产田改造项目区的治理面积，原则上平原地区不低于10 000亩，丘陵山区不低于5 000亩；平均每个开发县土地治理项目财政投资规模低于500万元，单个中低产田改造项目区的治理面积，原则上平原地区不低于8 000亩，丘陵山区不低于4 000亩。如丘陵山区等受自然条件限制，单个项目区治理面积达不到上述要求的，可在同一小流域或同一灌区范围内选择2～3个地块作为一个项目区。单个生态综合治理项目区的治理面积，天然草场不低于5 000亩、人工草场不低于1 000亩，小流域治理和土地沙化治理各不低于5 000亩（表2－21）。

表2-21　土地治理面积规定表

项目	项目分类	治理面积
中低产田改造项目	财政投资规模达到500万元（含）以上	平原地区不低于10 000亩，丘陵山区不低于5 000亩
	财政投资规模低于500万元	平原地区不低于8 000亩，丘陵山区不低于4 000亩
生态综合治理	天然草场	不低于5 000亩
	人工草场	不低于1 000亩
	小流域治理	不低于5 000亩
	土地沙化治理	不低于5 000亩

2. 投资标准的确定

2011年中低产田改造项目的亩投资标准（含中央和地方财政资金、乡村集体自筹资金、农民筹资和投劳折资）：平原地区应达到910元、丘陵山区应达到1 180元；高标准农田示范工程项目亩投资标准：以省为单位加权平均为1 200元；生态综合治理项目的亩投资标准：草原（场）建设亩投资标准不低于180元，小流域治理亩投资标准不低于900元，土地沙化治理可根据实际情况确定（表2-22）。

表2-22　2011年土地治理项目亩投资标准表

项目	标准
高标准农田示范工程项目	以省为单位加权平均为1 200元
中低产田改造项目	平原地区应达到910元、丘陵山区应达到1 180元
生态综合治理项目	
草原（场）建设	不低于900元
小流域治理	不低于180元
土地沙化治理	根据实际情况确定

（四）根据粮食主产区和粮食非主产区制定不同的扶持政策

粮食主产区包括河北、内蒙古、辽宁、吉林、黑龙江、江苏、安徽、江西、山东、河南、湖北、湖南、四川13个省（自治区，含黑龙江农垦）。为推进国家粮食战略工程建设，努力建设全国粮食核心产区，土地治理项目的财政资金，进一步向粮食主产县集中，特别是向《全国新增1 000亿斤*粮食生产能力规划（2009—2020

* ：斤为非法定单位，1斤=0.5千克。全书同

年）》确定的产粮大县倾斜。

截至2015年年底，全国农业综合开发县及农场数为2 306个，覆盖全国除台湾、香港、澳门外的22个省、5个自治区、4个直辖市。其中，农业综合开发县2 094个，占全国县级行政区划2 853个的73.4%。其中，位于13个粮食主产区的农业综合开发县1 370个，占粮食主产区全部行政区划单位1 568个的87.37%。

二、目前土地治理项目的分区域扶持政策存在的问题

农业综合开发土地治理项目分区域扶持政策的实施，对于发挥各区域的农业资源优势、促进生产要素优化配置、全面提高农业综合生产能力起到了积极的作用。随着我国农业综合开发的不断深入，农业综合开发土地治理项目的外延和内涵也随之不断扩大和丰富，尤其是建设高标准农田提出后，以粮食主产区和非主产区为标志的区域化特征日益突出，加之我国地域面积大，地理条件、经济发展、社会状况、农业现状、产业结构的差异很大，区域的差异性越来越明显地影响农业综合开发土地治理项目的建设和政策效应的发挥，农业综合开发土地治理项目面临着机遇和挑战。目前的土地治理项目的分区域扶持政策已不能满足农业综合开发的需要，具体表现在3个方面。

（一）目前的分区政策投资标准分区域差异不明显

投资标准的分区域（不同分类）差异不明显，一是从地形特征看，平原地区与丘陵山区的投资标准相差不大，同时丘陵与山区也要有所区分；二是是否是国家新增粮食重点县来看，高标准农田建设示范项目与一般中低产田改造项目投资标准相差也不大，导致高标准农田与一般中低产改造农田区别也不大。建设内容没有考虑到不同区域的特点。土地治理项目对建设内容和建设标准进行了详细规定，但没有考虑到不同类型区域的特点，导致项目在实际建设中遇到一定的困难。

（二）目前的分区政策没有考虑农业多功能性的发挥

农业综合开发土地治理项目自设立以来，在加强农业基础设施建设，改善农业生产条件，提高农业尤其是粮食综合生产能力，保障我国粮食安全，增加农民收入等方面发挥了巨大作用。但是，建设现代农业，不仅要开发农业的农产品供给功能，还要注重拓展农业的观光休闲、文化传承、生态保护等其他多种功能，向农业的广度和深度进军，促进农业结构不断优化升级，延伸农业产业链，建立现代农业产业体系。从农业发展的功能统筹与区域统筹出发，分析我国农业各基本功能的空间分异及其组合特征，划分农业主导功能区，改变过去单纯按行政区来制定农业发展规

划与政策的方法，制定区域针对性的扶持政策，是实现阶段农业综合开发精细化管理的内在需求。根据不同区域的农业主导功能，明确不同的发展要求，实行与之配套的、更具针对性的土地治理扶持政策，引导农业活动在空间上的合理聚集，能够做大做强适宜区农业产业，减轻非适宜区农业压力，从源头上控制农业生态环境恶化，从而更有效地引导区域农业比较优势的发挥，促进农业发展方式转变，实现农业可持续发展。

（三）目前的分区政策对生态综合治理的支持力度不够

内蒙古、浙江、重庆、西藏、青海5省（区、市）用于生态综合治理项目的财政投资不超过土地治理项目财政投资的30%。河北省用于生态综合治理项目的财政投资比例可略高于10%，其他各省不得超过10%，北京市用于生态综合治理项目的财政投资比例另行规定。土地治理项目对生态综合治理的财政投入比例不高，但是，目前很多地方农业生态环境恶化的情况不断发生，在某些地区已经开始影响中低产田改造等土地治理项目的实施效果。例如，东部沿海的某些地区农业的发展开始受到环境污染、生态环境恶化等因素的限制，西部某些地区生态环境脆弱，水土流失、沙漠化、石漠化和草原退化问题突出，农业发展受到严重的外部制约。为了改造不同地区的农业发展的外部条件，更好地发挥农业综合开发土地治理项目的效果，应加大对生态综合治理的支持力度。

第三章　农业综合开发效果评价

第一节　农业综合开发投资效果的定量评估

农业综合开发以财政投资带动社会资本，通过建设农业基础设施和调整产业结构，提高农业综合生产能力。其投资效果可以通过对社会资本的拉动效应和促进农业产值增加的产出效应来反映。

一、农业综合开发投资概况

根据经济增长理论，投资是促进经济增长的重要方法，在长期中也是提高经济生活水平的重要方式。农业具有的外部性特征和比较效益偏低的现实状况，造成农业投资偏低，进行农业公共投资、发挥财政资金的积极效应，对促进农业发展具有重大意义。农业综合开发是财政支农的一个重要组成部分，主要通过土地治理项目和产业化经营项目，建设农业基础设施和调整农业结构，提高农业综合生产能力。

郭庆旺等（2005）以1978—2003年的数据为基础，利用向量自回归和脉冲响应函数分析了我国财政总投资、财政基本建设投资和财政更新改造投资对总产出的动态影响。分析表明，我国财政投资对经济增长具有显著的促进作用，对民间投资的拉动效应很强。李焕彰等（2004）运用格兰杰因果检验法验证了财政支农支出增长和农业产出增长之间有互为因果关系，并运用生产函数测定财政支农各类支出的边际产出效应，认为应大幅度增加农业科技投入、适度增加农业基础设施投入和压缩农业事业费支出。王建明（2010）通过1986—2006年数据实证分析发现，以支农支出、基本建设支出、农村救济费和农业科研投资为代表的农业财政投资对农业经济增长有稳定的协整关系。杨峰（2012）根据我国1981—2009年数据，运用VAR模型分析表明，财政支农、农业投资是农业GDP的格兰杰原因，并存在着长期交互关系。田祥宇等（2010）计量分析了农业综合开发产业化经营项目中财政资金投入对社会资金拉动效应。邢珺等（2010）基于1994—2008年数据计量分析了农业综合开发产业化经营项目投资的绩效，结果表明，农业综合开发产业化经营项目对农业GDP的提升有显著贡献，并且其作用具有滞后性。郭海丽等（2012）运用1994—

2010 年数据，利用灰色综合关联度分析方法，分析了农业综合开发产业化经营项目各项资金投入与农业增加值增长和农民人均纯收入的不同关联度，研究结果表明，农业综合开发产业化经营项目的 3 种资金投入对农业增加值和农民人均纯收入都有着显著的促进作用，对农业增加值和农民人均纯收入来说，农业综合开发产业化经营项目的银行贷款有着最高的灰色综合关联度，财政投入次之，自筹资金投入最低。

农业综合开发项目自 1988 年实施以来，资金投入量不断增加。国家农业综合开发资金投入从 1988 年的 17.84 亿元，增加到了 2015 年 795.44 亿元，年均增长率 15.1%（图 3－1）。其中，中央财政投入、地方财政投入、自筹资金和银行贷款从 1988—2012 年的年均增长率分别为 17.5%、15.77%、13.45%、2.90%，可见，农业综合开发资金投入中的中央财政资金增长最快、银行贷款增长最慢。

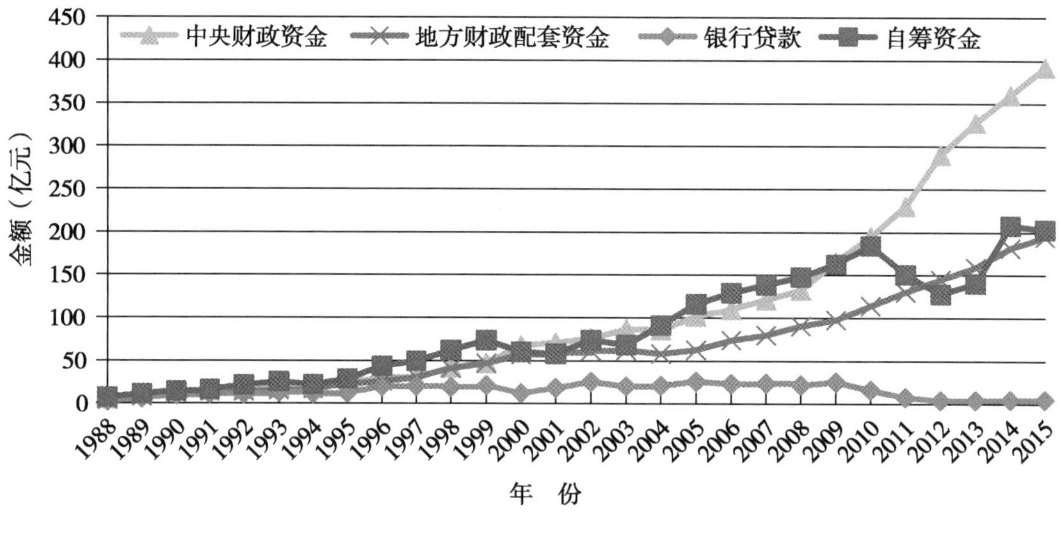

图 3－1　1988—2015 年农业综合开发资金投入

二、农业综合开发投资对社会资金的拉动效应

农业综合开发在中央和地方财政资金投入的基础上，还需要吸引更多地银行贷款、项目实施单位自筹资金的支持，因此，验证财政资金对社会资金的拉动作用是财政资金提高效率的重要方面。

从图 3－1 可以看出，除银行贷款增长趋势较不明显外，中央财政资金、地方财政资金、自筹资金都具有随时间增长的趋势，为了避免时间序列都随时间发生的变动趋势而产生伪回归，需首先对变量进行单位根检验，再进行协整检验，如果变量存在协整关系，则说明变量间存在长期均衡关系。

1. 单位根检验

使用 Eviews 软件，采用 ADF 方法对时间序列变量进行单位根检验。检验结果如表 3－1 所示。

表 3－1 变量的单位根检验结果

变量	水平变量 ADF 检验		一阶差分序列 ADF 检验		二阶差分序列 ADF 检验	
	t-Statistic	Prob.	t-Statistic	Prob.	t-Statistic	Prob.
中央财政资金（*CF*）	3.82	1.00	1.06	0.99	－8.38	0.00
地方财政（*LC*）	－0.26	0.98	－2.90	0.18	－6.88	0.00
银行贷款（*BL*）	－0.77	0.95	－4.46	0.00		
自筹资金（*SF*）	－2.52	0.31	3.06	0.13	－5.10	0.00
财政资金（*FF*＝*CF*＋*LC*）	4.27	1.00	－0.16	0.98	－8.01	0.00
ln*FF*	－1.54	0.78	－5.44	0.00		
ln*CF*	－1.76	0.68	－5.92	0.00		
ln*LC*	－1.47	0.80	－5.04	0.00		
ln*BL*	－1.11	0.90	－4.37	0.01		
ln*SF*	－1.79	0.67	－4.42	0.00		

根据单位根检验结果，中央财政资金（*CF*）、地方财政（*LC*）、财政资金（*FF*）、自筹资金（*SF*）都为二阶单整序列，银行贷款（*BL*）为一阶单整序列；经数据变换后的 ln*FF*、ln*CF*、ln*LC*、ln*BL*、ln*SF* 都为一阶单整序列。同阶单整序列可检验协整关系，因此，可检验财政资金水平变量（*FF*）与自筹资金水平变量（*SF*）、ln*FF* 与 ln*BL* 是否存在协整关系。

2. 协整检验

采用 Eviews 软件，运用 E-G 两步法进行协整检验。以 *FF* 为解释变量，*SF* 为被解释变量，假设 *FF* 与 *SF* 存在长期均衡关系，建立模型（1）；以 ln*FF* 为解释变量，ln*BL* 为被解释变量，建立模型（2）。

$$SF_t = \alpha_1 + \beta_1 FF_t + \mu_{1t} \tag{1}$$

$$\ln BL_t = \alpha_2 + \beta_2 \ln FF_t + \mu_{2t} \tag{2}$$

对模型（1）、（2）进行最小二乘法估计，分别以残差项构建序列 $\{ea_t\}$、$\{eb_t\}$，对序列 $\{ea_t\}$、$\{eb_t\}$ 进行单位根检验。$\{ea_t\}$ 检验结果 t 值为－2.89，*P* 值为 0.006，因此拒绝原假设，即序列不存在单位根，说明 *FF* 与 *SF* 有协整关系，存在长期均衡关系。$\{eb_t\}$ 检验结果 t 值为－0.97，*P* 值为 0.28，即序列存在单位根，说明 ln*FF* 与 ln*BL* 协整关系不成立。采用同样方法，分别检验变量 ln*CF*、ln*LC* 与 ln*BL* 是否存在协整关系，得到结果都不成立。

FF 与 *SF* 的长期均衡模型（1）的回归分析结果见表 3-2。

表 3-2　模型（1）回归分析结果

	回归系数 *B*	标准误差（std. error）	显著性水平（Sig.）	95% 置信区间下限	95% 置信区间上限
农业综合开发财政资金（*FF*）	0.424	0.046	0.000	0.330	0.518
常数（*C*）	18.652	7.941	0.028	2.225	35.080
调整后 R^2	0.781				
模型显著水平（*P*）	0.000				
标准估计的误差	25.432				
N	25				

根据长期均衡模型（1）的回归分析结果，调整后 R^2 为 0.781，说明方程较好地解释了自筹资金（*SF*）的变化，在 99% 的置信度下，财政资金的增长能促进自筹资金的增长，财政资金每增加 1 元，自筹资金增加 0.42 元。

为反映变量间短期关系，构建误差修正模型（3）。

$$\Delta SF_t = \text{lagging}(\Delta SF_t, \Delta FF_t) - \beta_a ea_{t-1} \tag{3}$$

剔除不显著的变量后，最终回归结果为：

$$\Delta SF_t = 0.003 - 2.76\Delta FF_f + 1.54ea_{t-1} \tag{3-1}$$

即，自筹资金（*SF*）的当期增加量受到财政资金当期增加量和与长期均衡过程偏差程度的影响。

3. 格兰杰因果检验

格兰杰因果检验见表 3-3。

表 3-3　格兰杰因果检验结果

原假设	样本数	F-Statistic	Prob.
FF does not Granger Cause *SF*	22	4.05025	0.0271
SF does not Granger Cause *FF*		0.22268	0.8791

经格兰杰因果检验，*P* 值为 0.02，即在 95% 的置信度下，*FF* 是 *SF* 的格兰杰原因，因此，农业综合开发财政资金增长能拉动自筹资金增长。

三、农业综合开发按投资的产出效应

根据生产函数，农业产出是劳动力、土地和资金投入的函数。由于劳动力和土地变化较小，假定人力和土地为固定，农业投入主要包括公共投入和私人投入。农业公共投入由国家财政用于农业的支出（*FA*）表示，主要包括农业基本建设支出、农业科技三项费用、支援农村生产支出和农村水利气象等部门的事业费。私人投入用农村居民生产费用支出（*JS*）来表示。建立柯布道格拉斯生产函数，假设各项资金投入与农业总产值存在长期均衡关系，建立模型（4）。

$$\ln Y_t = a_0 + a_1 \ln JS_t + a_2 \ln NZ_t + a_3 RFA_t + \mu_t \qquad (4)$$

其中，Y 为农林牧渔总产值；JS 为农村居民生产费用支出总额，即农村居民生产费用支出 × 乡村人口数；NZ 为农业综合开发财政资金；RFA 为国家财政用于农业的支出扣除农业综合开发从财政资金的部分。

选取 1988—2012 年数据，数据来源于《中国农村统计年鉴》《中国统计年鉴》《中国财政年鉴》。

根据单位根检验结果，$\ln Y$、$\ln JS$ 都为平稳序列，$\ln NZ$、$\ln RFA$ 为一阶单整序列（表 3－4）。因此可采用扩展的 E－G 两步法进行协整检验。构建残差序列 $\{e_t\}$，经单位根检验，t 值为 －2.55，P 值为 0.01，即在 0.01 的显著水平下，e_t 不存在单位根，因此变量间具有协整关系。对模型（4）进行回归分析，结果见表 3－5。

表 3－4 变量的单位根检验结果

变量	水平变量 ADF 检验		一阶差分序列 ADF 检验	
	t－Statistic	Prob.	t－Statistic	Prob.
农林牧渔总产值对数（$\ln Y$）	－3.88	0.03		
农村居民生产费用支出总额对数（$\ln JS$）	－5.20	0.002		
农业综合开发财政资金对数（$\ln NZ$）	－1.54	0.78	－5.45	0.001
其他国家财政农业支出对数（$\ln RFA$）	－1.37	0.84	－6.42	0.000

表 3－5 模型（4）回归分析结果

	回归系数 *B*	标准误差（std. error）	显著性水平（Sig.）	95% 置信区间下限	95% 置信区间上限
农村居民生产费用支出总额对数（$\ln JS$）	0.862	0.067	0.000	0.723	1.002
农业综合开发财政资金对数（$\ln NZ$）	0.125	0.045	0.011	0.031	0.219

（续表）

	回归系数 B	标准误差（std. error）	显著性水平（Sig.）	95%置信区间下限	95%置信区间上限
其他财政支农资金对数（ln*RFA*）	0.005	0.041	0.898	-0.081	0.092
常数（C）	2.150	0.319	0.000	1.487	2.813
R^2修正值	0.995				
模型显著水平（*P*）	0.000				
因变量预测值的标准误差（Std. error of the estimate）	0.054				
N	25				

根据模型（4）回归分析结果，调整后的R^2为0.995，模型显著水平为0.000，表明解释变量的增加量很好地解释了因变量的增加量。农村居民生产费用支出总额对数（ln*JS*）、农业综合开发财政资金对数（ln*NZ*）的回归系数在0.01的显著水平显著，其他财政支农资金对数（ln*RFA*）的回归系数不显著。回归系数*B*反映的是弹性系数，即农村居民生产费用支出总额（*JS*）每增加1%，农林牧渔总产值（*Y*）相应增加0.86%；农业综合开发财政资金（*NZ*）每增加1%，农林牧渔总产值（*Y*）增加0.13%。

四、简要结论

根据1988—2012年数据分析结果，农业综合开发财政资金与自筹资金存在长期均衡关系。即，长期来看，农业综合开发财政资金能显著地拉动自筹资金投入，在其他条件不变的情况下，财政资金每增加1元，相应地自筹资金增加0.42元。财政资金与银行贷款不存在长期均衡关系，可能主要原因是文中“银行贷款”数据未包括农业综合开发产业化项目中贷款贴息撬动的银行贷款，所以未能反映对银行贷款的拉动作用。

根据生产函数回归分析结果，农业综合开发财政资金增长能显著地促进农业经济增长，农业综合开发财政资金（*NZ*）增加1%，农林牧渔总产值（*Y*）增加0.13%，且较其他财政支农资金对促进农业经济增长的作用更强。因此，为充分发挥公共投入对农业发展的作用，财政资金持续加大对农业综合开发投入，并适度向其倾斜。

第二节 农业综合开发项目评价

一、项目评价的相关研究评述

国外项目评价大致划分为3个阶段：①项目财务评价阶段。20世纪50年代以前，项目评价主要进行微观效益分析。这个时期，投资项目评价等同于项目财务可行性评价，实行的是投资项目财务评估。项目评价重点分析项目在财务上的获利能力和偿债能力，其特点是寻求投资项目带来最大的企业利润。在盈利能力分析上，从最初使用投资回收期和简单投资利润率等静态分析指标发展为采用财务净现值和内部收益率等动态指标作为项目取舍的判断依据，这一阶段的项目评价是分指标单列的逐项评价。②项目经济评价阶段。在财务评价基础上增加了国民经济评价，是项目经济学理论与方法的形成与完善阶段。以凯恩斯的经济理论为代表的福利经济学进行的是宏观效益分析，为项目经济评价体系的产生奠定了理论基础。③项目社会环境评价阶段。20世纪70年代以来，投资项目的环境评价、社会评价等理论与方法逐步形成并得到发展。这一阶段对项目的综合评价提出了更高要求，客观上促使了环境影响评价的诞生。目前，许多国际性组织如世界银行、亚洲开发银行等也有相关的环境影响价值评价论述与研究。

从项目评价的方法上，早期的项目评价多为定性研究，如回溯分析、头脑风暴法、德尔菲专家咨询法等方法，这些定性研究方法至今仍在许多特定的场合发挥着重要的作用。近年来，关于项目定量评价的研究取得不少成果，出现了一些关于项目评价的模型：①模糊综合评价法。该评价方法的评价对象一般为单个事物，主要借助于被评价对象的指标集到评价集上的模糊映射进行评价。它是基于主观信息的综合评价方法，当专家的评判具有一致性时才比较好。②人工神经网络评价法。该评价方法的对象也是单一对象。这种交互式的评价方法，可以根据用户期望的输出不断修改指标的权重，直到用户满意为止。它主要克服了模糊综合评价中指标权重依据主观方法取得的缺点，结果更符合实际，但需要的样本数据较多，另外网络收敛速度慢也极大地影响着评价工作的效率。③主成分分析法。主成分分析，又称主变量分析，是将多个变量通过线性变换以选出较少个数重要变量的一种多元统计分析方法。主成分分析评价方法的对象一般是多变量的复杂问题。它主要基于指标的客观数据进行评价，消除了指标之间的相关影响、人为因素的影响，减少了指标选择的工作量，计算简单，操作易行。

经过多年的发展，国外项目评价已经形成了一个较为完善的体系，呈现出一些新的发展趋势：①评价的内容和方法由单一向多样发展。经历了由单一的财务评价，向包括财务、经济、环境、社会等多种评价方法演变的过程，评价内容和评价对象逐渐增多。财务评价中，财务的可行性是主要评价目标；经济评价中，社会费用与效益或项目的经济可行性是主要评价目标；环境评价中，项目建设与环境保护之间的相互关系受到重视；社会评价中，强调作为经济与社会发展主体的人在项目建设中的作用和地位。②评价模型的建立逐步追求评价项目的客观性、公正性、独立性、可比性、实用性，以及动态指标与静态指标相结合、定量分析与定性分析相结合。③评价方法的功能体系与指标日益完善。目前，许多项目评价将资金预算、监测、审计和评价结合在一起，综合评价各业务部门的工作质量和效果，形成一个有效、完整的管理循环和评价体系。

国内关于研究农业综合开发及其产业化经营项目的文献虽然不少，但是对农业综合开发产业化经营项目的效果评价研究很少，大部分是对农业综合开发所取得成绩和效果的一般性描述，少数是对农业综合开发投资绩效评价的实证研究，缺乏对农业产业化经营项目建设效果的一套科学、规范的评价指标体系。

在财务评价方面，辛岭（2006）对我国农业产业化投资项目的财务评价体系进行了研究，分别从项目、企业和农户 3 个方面对农业产业化项目的效益进行了研究，并以“九原区奶牛产业化基地建设项目”进行了实证分析。

在经济评价方面，王昕（1993）阐述了影响农业综合开发经济效果评价的十大影响因素，罗列了静态分析法和动态分析法等常用的经济效益评价方法的指标，为农业综合开发经济效益评价提供参考。陈平（2000）阐述了农业综合开发项目经济评价的内容主要包括有形成本、有形效益、外部成本和外部效益、无形成本和无形效益 4 个部分，指出了农业综合开发经济评价常用的一些方法，如有无对比法和综合评价法。刘伟等（2003）在建设项目经济评价共性的基础上，从项目种类、评价层次、建设投资、资金筹措等方面，分析了农业综合开发项目经济评价的特点，提出中低产田改造目的的财务评价方法，为农业综合开发项目经济评价提供参考。

在环境评价方面，张凡等（2003）以甘肃省河西内陆河疏勒河流域水利建设带动区域农业综合开发大型项目为背景，用生态环境系统的理论及方法，建立项目区的水资源生态系统、草场资源生态系统、森林生态系统、农田生态系统等 4 个一级指标和 27 个二级指标组成的生态指标体系，研究区域性农业综合开发项目对生态环境影响的评价方法。李伟（2008）阐述了农业开发项目对生态环境的各种影响因素和特点。在此基础上，总结了传统农业开发项目环境影响评价的方法，提出了基于因子分析法和层次分析法的项目环境影响评价方法。

在评价方法上，何长见（2001）详细阐述了我国农业项目检测评价常用的四种方法：比较分析法、逻辑框架法、网络分析法、成功度评价法，分析了这四种评价方法的适用情况及优缺点。宋冬梅（2006）提出一个对农业综合开发多种经营项目投资决策进行多属性评价的熵权系数优化模型，以此提高其决策效果，并通过将模型具体应用到一个实际的案例中，得出以下几个有实际意义的特点和结论：①在确定评价指标权重时，综合考虑了主观与客观两方面的因素，从而使其更具科学性；②提出的进一步优化模型既体现了多准则决策，又可以利用线性规划的软件方便地进行计算。张熠（2008）提出了一种对农业综合开发进行综合评价和优选排序的逼近于理想解的排序方法（Technique for Order Preference by Similarly to Ideal Solution，简称 TOPSIS 法），分析了 TOPSIS 法相对于主成分分析法、层次分析法等方法的优缺点，并以水利工程项目为例，讨论 TOPSIS 法在农业综合开发项目选择中的应用。

二、农业综合开发产业化项目评价方法

（一）多指标综合评价方法

农业产业化经营项目是一个复杂的测度对象，必须依赖多指标综合评价方法的技术支持，才能对其进行全面观察。这个方法具备以下特点：第一，它的评价包含了若干个指标；第二，这些评价指标分别说明被评价事物的不同方面，彼此间往往是异度量的，不存在一个统一的同度量因素；第三，这种评价方法最重要的是对被评价事物做出一个整体性的评判，用一个总值表来说明被评价事物的一般水平。

多指标综合评价方法是把多个描述被评价事物不同方面且量纲不同的统计指标，转化成无量纲的相对评价值，并综合这些评价值以得出对该事物一个整体评价的方法系统。多指标综合评价方法是用相对方法来解决指标的可综合性问题，反映被评价事物的一般趋势和综合水平。其作用在于弥补统计指标体系方法的不足，便于被评价对象在不同时（空）间整体性比较和排序。

根据多指标综合评价方法的基本要求，农业产业化经营项目效果综合评价主要解决下面三个问题：一是评价指标体系的构建；二是评价指标权重的确定；三是综合评价方法的选择。

（二）评价指标体系构建

1. 构建原则

用于描述某一事物性能的指标有很多，指标是否适用，取决于所研究的问题。为了构建一套能够科学、合理地反映某一区域农业产业化经营项目效果的指标体系，

需要遵循一定的指标设置原则，以使所建指标在不同地区、不同方法之间具有可比性。

①科学性原则。所设置的每一个评价指标，都必须有明确的内涵、清晰的边界，可以用一定的方法进行测度和计量，能够准确刻画农业产业化经营项目效果某一侧面或某个问题的水平及状态。各具体指标既相互独立、具有各自特定评价功能，又相互联系、组合起来可形成具有综合评价功能的体系。

②可靠性原则。所设置的每个具体指标，都应与特定评价内容相对应，并能准确反映评价内容的水平或状态。指标体系应具有良好的系统性，应涵盖主要的评价内容，应正确反映评价对象发展变化的内在规律，并能真实可靠地对评价对象的现实状况做出判定。

③简洁性原则。在保证评价内容完整和评价目的达成的前提下，单个指标的设置应尽可能精简，指标体系的构建应力求简化。同时，具体指标的内涵应单一明晰，各指标间的关联应直接简明，使指标的测定、计算与分析方便快捷。

④可操作性原则。指标体系的构建，必须具有很强的可操作性。指标值获取方面，充分考虑获取相关资料的途径和便捷程度，使所设置的指标有方便可靠的数据来源，难以获得相关数据的指标最好不用。指标的计算方面，单个指标的测定方法和指标体系的计算与分析方法，易于被使用者学习、掌握及应用。

2. 评价指标体系

农业产业化经营项目效果评价，要通过对众多相关指标的测定、计算、分析才能完成。为正确判定各相关指标的作用，必须按重要性对相关指标划分层级，指标体系应分层设计。考虑到与分块设计要求的结合，指标体系分为 3 个层级，一级为板块综合指标，二级为板块分项指标，三级为板块具体指标。这种分层设计并与分块结合的指标体系，构成一个金字塔结构，各类指标层次分明、关联清晰、聚类彰显，可以方便地利用下一层级指标对上一层级指标进行分块、分项计算与分析。

（1）企业规模指标

①总资产。总资产指企业拥有或控制的全部资产。包括流动资产、长期投资、固定资产、无形及递延资产、其他长期资产、递延税项等，即为企业资产负债表的资产总计项。企业总资产反映企业的规模和资源。

②原料加工量。原料加工量是指企业一个生产年度生产的产品所消耗的主要原料的数量，可以在很大程度上表明企业的生产规模，反映了农业产业化经营企业对当地初级农产品的实际消化能力。

③销售收入。销售收入是企业发生在商品产品、自制半产品或提供劳务，使商

品产品所有权转到顾客，收到货款、劳务价款或取得索取价款凭证，而认定的收入。反映企业所提供产品或劳务的市场接受程度。

（2）企业经济效益指标

①总资产报酬率。总资产报酬率又称总资产利润率、总资产回报率、资产总额利润率。是指企业一定时期内利润总额与资产平均总额的比率。用以评价企业运用全部资产的总体获利能力，是评价企业资产运营效益的重要指标。总资产报酬率的计算公式如下：

总资产报酬率（%）＝息税前利润/平均资产总额×100

其中：平均资产总额＝（年初资产总额＋年末资产总额）/2

该指标表示企业全部资产获取收益的水平，全面反映了企业的获利能力和投入产出状况。通过对该指标的深入分析，可以增强各方面对企业资产经营的关注，促进企业提高单位资产的收益水平。总资产报酬率越高，表明资产利用效率越高，说明企业在增加收入、节约资金使用等方面取得了良好的效果；该指标越低，说明企业资产利用效率低，应分析差异原因，提高销售利润率，加速资金周转，提高企业经营管理水平。

②总资产周转率。总资产周转率是销售收入与平均资产总额的比值。其计算公式为：

总资产周转率（%）＝销售收入/平均资产总额×100

其中：平均资产总额＝（年初资产总额＋年末资产总额）/2

该项指标反映资产总额的周转速度。周转率越大，说明总资产周转越快，反映销售能力越强。

③销售利税率。销售利税率是指利税总额与销售净收入的比率，它反映企业销售收入的收益水平和贡献程度。其计算公式为：

销售利税率（%）＝利税总额/销售净收入×100

销售利润率一方面反映企业对国家的贡献程度，因为企业实现的流转税及所得税都应上缴国家；另一方面企业实现的税后利润除了留作一部分积累外，还要在投资者之间分配。因此销售利税率高的企业对国家、集体和个人都有利。

④市场占有率。市场占有率，又称“市场份额”，是指在一定时期内某公司的（特定某类或某种）产品在某一（特定）市场区域（或范围）上的销售量与同期同类产品在同一市场上的总销售量之比例，一般用百分比表示。

（3）项目带动能力指标

①企业—基地契约化程度。企业—基地契约化程度用基地提供的原料（即以长

期稳定的合同形式收购的原料）占企业加工量的比重来表示。随着农业产业化经营的不断发展，龙头企业和农户的利益联结机制日趋完善，订单农业在农业生产发展中发挥日益重要的作用。

②企业—农户联结程度。用龙头企业对基地农户的带动数来反映。此指标与企业—基地契约化程度实际上也起到了一个互补的作用，基地提供的原料占企业加工量的比重不能完全反映龙头企业的带动作用，这个比例高的龙头企业不一定带动农户数多，龙头企业带动农户数则可对这个指标起到一个补充的作用。农业产业化经营越发展，吸引带动农村劳动力的能力越强，农民参与农业产业化经营的人数越多、比重越大。

③农民收入带动效应。提高农民收入，是农业综合开发的主题之一。农业产业化经营项目通过扶持一批具有带动农户、开拓市场、推广技术、促进区域经济发展功能的龙头企业，提高农产品的商品率和附加值，促进农业经济结构调整，增强农业竞争力。进而提高农业生产效益，促进农民增收。农民收入带动效应指标主要反映由于实行农业产业化经营而给农民带来的实惠和好处，本研究采用项目区农户来自于农业产业化经营收入与项目区农户人均纯收入的比值来表示该指标。

④农民就业贡献。企业从事生产经营活动，必然需要向社会招收一定数量的岗位员工，包括管理人员、技术人员、工人等。企业能够在稳定扩大生产的基础上，不断增加当地农民的就业，把农民作为吸收就业的主要对象，扩大农村劳动力向非农产业转移，才有可能保证农民的收入，实现社会的稳定。本研究用农业产业化经营企业年解决农民就业人数的增量来反映其产业化经营的农民就业贡献。

⑤农业科技贡献。通过农业综合开发产业化经营项目的实施，项目区优良品种覆盖率和先进适用技术普及率可得到大幅提升，农产品科技含量显著提高。同时，在完善农业技术服务体系中，各项目区农民的科技文化素质得到提高。农业产业化经营项目有效地推动了我国农业科技的进步。本研究采用年技术服务农户数量来反映农业综合开发产业化经营项目的推动农业科技进步的贡献。

（三）评价指标权重的确定

指标体系是被评价对象系统的结构框架，指标名和指标值是研究对象某方面特性质和量的规定。指标的权重是综合评价的重要信息，应根据指标的相对重要性，即指标对综合评价对象的贡献大小确定。基于基础信息，指标权重的确定可以选择客观赋权法（如主成分分析法、因子分析法等）和主观赋权法（如层次分析法、德尔菲法等）。

上述两种方法各有特性，主观赋权法受到人为因素影响的成分较大，结果可能会夸大或降低某些指标的作用，致使排序的结果不能完全真实地反映事物间的现实关系，而客观赋权法是根据各指标的相关关系或各项指标值的变异程度来确定权重，避免了人为因素带来的偏差，但从评估本身的意义来看，依照指标值的变异程度所确定的指标权重并不必然体现指标在系统评价中的实际地位，而主观赋权法恰好能很好地弥补这一不足之处。因此，主观赋权法与客观赋权法的有机结合将是确定指标权重理想的方法。

本研究将应用主观赋权法和层次分析法与客观赋权法和主成分分析法结合起来确定权重。具体步骤如下。

1. 数据标准化

设对某一评价对象进行评价时，原始数据表中样本数为 m，指标数为 n，则观测样本矩阵为：

$$X_{mn}=\begin{bmatrix} x_{11} & x_{12} & \cdots & x_{1n} \\ x_{21} & x_{22} & \cdots & x_{2n} \\ \vdots & \vdots & \vdots & \vdots \\ x_{m1} & x_{m2} & \cdots & x_{mn} \end{bmatrix}$$

多指标评价中，由于各个指标的单位不同、量纲不同、数量级不同，不便于分析，甚至会影响评价的结果。因此，为统一标准，首先要对所有评价指标进行标准化处理，以消除量纲，将其转化成无量纲、无数量级差别的标准分，然后再进行分析评价。本研究所采用的标准化变化公式为：

$$x_{ij}^{*}=\frac{x_{ij}-\bar{x}_j}{s_j}\qquad(i=1,\ 2,\ \cdots,\ m;\ j=1,\ 2,\ \cdots,\ n)$$

式中，$\bar{x}_j=\frac{1}{m}\sum_{i=1}^{m}x_{ij}$，$s_j=\left[\frac{1}{m-1}\sum_{i=1}^{m}(x_{ij}-\bar{x}_j)^2\right]^{\frac{1}{2}}$　$(j=1,2,\cdots,n)$。

2. 层次分析

利用层次分析法（AHP）确定指标权重越来越受到研究人员的重视并得到多方面的应用。层次分析法（AHP）是由美国运筹学学者 T. L. Saaty 在 20 世纪 70 年代提出的一种多目标决策分析方法，其基本思路是：首先建立有序的递阶指标系统，然后主观地将指标进行两两比较构造判断矩阵，再根据判断矩阵进行数学处理及一致性检验，就可以获得各指标相对重要性权数。

（1）层次分析法的基本方法和步骤

层次分析法是把复杂问题分解成各个组成因素，又将这些因素按支配关系分组形成递阶层次结构。通过两两比较的方式确定各个因素相对重要性，然后综合决策者的判断，确定决策方案相对重要性的总排序。运用层次分析法进行系统分析、设计、决策时，可分为4个步骤进行：

①分析系统中各因素之间的关系，建立系统的递阶层次结构；

②对同一层次的各元素关于上一层次中某一准则的重要性进行两两比较，构造两两比较的判断矩阵；

③由判断矩阵计算被比较元素对于该准则的相对权重；

④计算各层元素对系统目标的合成权重，并进行排序。

（2）递阶层次结构的建立

首先把系统问题条理化、层次化，构造出一个层次分明的结构模型。在模型中，复杂问题被分解，分解后各组成部分称为元素，这些元素又按属性分成若干组，形成不同层次。同一层次的元素作为准则对下一层的某些元素起支配作用，同时它又受上一层次元素的支配。层次可分为三类。

①最高层：这一层次中只有一个元素，它是问题的预定目标或理想结果，因此也叫目标层；

②中间层：这一层次包括要实现目标所涉及的中间环节中需要考虑的准则。该层可由若干层次组成，因而有准则和子准则之分，这一层也叫准则层；

③最底层：这一层次包括为实现目标可供选择的各种措施、决策方案等，因此也称为措施层或方案层。

上层元素对下层元素的支配关系所形成的层次结构被称为递阶层次结构。当然，上一层元素可以支配下层的所有元素，但也可只支配其中部分元素。递阶层次结构中的层次数与问题的复杂程度及需要分析的详尽程度有关，可不受限制。每一层次中各元素所支配的元素一般不要超过9个，因为支配的元素过多会给两两比较判断带来困难。层次结构的好坏对于解决问题极为重要，当然，层次结构建立得好坏与决策者对问题的认识是否全面、深刻有很大关系。

（3）构造两两比较判断矩阵

在递阶层次结构中，设上一层元素 C 为准则，所支配的下一层元素为 u_1，u_2，…，u_n对于准则 C 的相对重要性即权重，通常可分两种情况：

①如果 u_1，u_2，…，u_n对 C 的重要性可定量（如可以使用货币、重量等），其权重可直接确定。

②如果问题复杂，u_1，u_2，…，u_n对于 C 的重要性无法直接定量，而只能定性，那么确定权重用两两比较方法。其方法是：对于准则 C，元素 u_i 和 u_j哪一个更重要，重要的程度如何，通常按1~9比例标度对重要性程度赋值，表3-6中列出了1~9

标度的含义。

表 3－6 标度的含义

标度	含义
1	表示两个元素相比，具有同样重要性
3	表示两个元素相比，前者比后者稍重要
5	表示两个元素相比，前者比后者明显重要
7	表示两个元素相比，前者比后者强烈重要
9	表示两个元素相比，前者比后者极端重要
2，4，6，8	表示上述相邻判断的中间值
倒数	若元素 i 与 j 的重要性之比为 a_{ij}，那么元素 j 与元素 i 重要性之比为 $a_{ji}=1/a_{ij}$

对于准则 C，n 个元素之间相对重要性的比较得到一个两两比较判断矩阵

$$A=(a_{ij})_{n\times n}$$

其中，a_{ij} 就是元素 u_i 和 u_j 相对于 C 的重要性的比例标度。判断矩阵 A 具有下列性质：$a_{ij}>0$，$a_{ji}=1/a_{ij}$，$a_{ii}=1$。

由判断矩阵所具有的性质可知，一个 n 个元素的判断矩阵只需要给出其上（或下）三角的 $n(n-1)/2$ 个元素就可以了，即只需做 $n(n-1)/2$ 个比较判断即可。若判断矩阵 A 的所有元素满足 $a_{ij}\cdot a_{jk}=a_{ik}$，则称 A 为一致性矩阵。不是所有的判断矩阵都满足一致性条件，也没有必要这样要求，只是在特殊情况下才有可能满足一致性条件。

（4）单一准则下元素相对权重的计算以及判断矩阵的一致性检验

已知 n 个元素 u_1，u_2，…，u_n 对于准则 C 的判断矩阵为 A，求 u_1，u_2，…，u_n 对于准则 C 的相对权重 ω_1，ω_2，…，ω_n，写成向量形式即为 $W=(\omega_1,\omega_2,\cdots,\omega_n)^T$。

1）权重计算方法。

①和法。将判断矩阵 A 的 n 个行向量归一化后的算术平均值，近似作为权重向量，即

$$\omega_i=\frac{1}{n}\sum_{j=1}^{n}\frac{a_{ij}}{\sum_{k=1}^{n}a_{kj}}\quad(i=1,2,\cdots,n)$$

计算步骤如下：

第一步：A 的元素按行归一化；

第二步：将归一化后的各行相加；

第三步：将相加后的向量除以 n，即得权重向量。

类似的还有列和归一化方法计算，即

$$\omega_i = \frac{\sum_{j=1}^{n} a_{ij}}{n\sum_{k=1}^{n}\sum_{j=1}^{n} a_{kj}} \quad (i = 1,2,\cdots,n)$$

②根法（即几何平均法）。将 A 的各个行向量进行几何平均，然后归一化，得到的行向量就是权重向量。其公式为

$$\omega_1 = \frac{\left(\prod_{j=1}^{n} a_{ij}\right)^{\frac{1}{n}}}{\sum_{k=1}^{n}\left(\prod_{j=1}^{n} a_{kj}\right)^{\frac{1}{n}}} \quad (i = 1,2,\cdots,n)$$

计算步骤如下：

第一步：A 的元素按列相乘得一新向量；

第二步：将新向量的每个分量开 n 次方；

第三步：将所得向量归一化后即为权重向量。

③特征根法（简记 EM）。求解判断矩阵 A 的特征根问题

$$AW = \lambda_{\max} W,$$

式中，$\lambda_{\max}$ 是 A 的最大特征根，W 是相应的特征向量，所得到的 W 经归一化后就可作为指标权重。

④对数最小二乘法。用拟合方法确定权重向量 $W = (\omega_1,\ \omega_2,\ \cdots,\ \omega_n)^T$，使残差平方和 $\sum_{1\leqslant i\leqslant j\leqslant n} [1ga_{ij} - 1g(\omega_i/\omega_j)]^2$ 为最小。

⑤最小二乘法。确定权重向量 $W = (\omega_1,\omega_2,\cdots,\omega_n)^T$，使残差平方和 $\sum_{1\leqslant i\leqslant j\leqslant n} [1ga_{ij} - 1g(\omega_i/\omega_j)]^2$ 为最小为权重向量。

2）一致性检验。

在计算单准则下权重向量时，还必须进行一致性检验。在判断矩阵的构造中，并不要求判断具有传递性和一致性，即不要求 $a_{ij} \cdot a_{jk} = a_{ik}$ 严格成立，这是由客观事物的复杂性与人的认识的多样性所决定的。但要求判断矩阵满足大体上的一致性是应该的。一个混乱的经不起推敲的判断矩阵有可能导致决策上的失误。而且上述各种计算排序权重向量（即相对权重向量）的方法，在判断矩阵过于偏离一致性时，其可靠程度也就值得怀疑了，因此要对判断矩阵的一致性进行检验，具体步骤如下：

①计算一致性指标 *C. I.* （consistency index）。

$$C.I. = \frac{\lambda_{max} - n}{n - 1}$$

②查找相应的平均随机一致性指标 *R. I.* （random index）。

表 3－7 给出了 1～15 阶正互反矩阵计算 1 000次得到的平均随机一致性指标。

表 3－7 平均随机一致性指标 *R. I.*

矩阵阶数	*R. I.*	矩阵阶数	*R. I.*
1	0	9	1.46
2	0	10	1.49
3	0.52	11	1.52
4	0.89	12	1.54
5	1.12	13	1.56
6	1.26	14	1.58
7	1.36	15	1.59
8	1.41		

③计算性一致性比例 *C. R.* （consistency ratio）。

$$C.R. = \frac{C.I.}{R.I.}$$

当 $C.R. < 0.1$ 时，判断矩阵的一致性是可以接受的；当 $C.R. \geqslant 0.1$ 时，应该对判断矩阵做适当修正。

为了讨论一致性，需要计算矩阵最大特征根 λ_{max}，除常用的特征根方法外，还可使用公式：

$$\lambda_{max} = \sum_{i=1}^{n} \frac{(AW)_i}{n\omega_i} = \frac{1}{n}\sum_{i=1}^{n} \frac{\sum_{j=1}^{n} a_{ij}\omega_j}{\omega_i}$$

④计算各层元素对目标层的总排序权重。上面得到的是一组元素对其上一层中某元素的权重向量。最终要得到各元素，特别是最低层中各元素对于目标的排序权重，即所谓总排序权重，从而进行方案的选择。总排序权重要自上而下地将单准则下的权重进行合成，并逐层进行总的判断一致性检验。

设 $W^{(k-1)} = (\omega_1^{(k-1)}, \omega_2^{(k-1)}, \cdots, \omega_{k-1}^{(k-1)})^T$ 表示第 $k-1$ 层上 n_{k-1} 个元素相对于总目标的排序权重向量，用 $P_j^{(k)} = (p_{1_j}^{(k)}, p_{2_j}^{(k)}, \cdots, p_{n_{kj}}^{(k)})^T$ 表示第 k 层上 n_k 个元素对第 $k-1$ 层上第 j 个元素为准则的排序权重向量，其中不受 j 元素支配的元素权重取为零。矩阵 $P^{(k)} = (P_1^{(k)}, P_2^{(k)}, \cdots, P_{n_{k-1}}^{(k)})^T$ 是 $n_k \times n_{k-1}$ 阶矩阵，它表示第 k 层上元素对 $k-1$ 层上

各元素的排序，那么第 k 层上元素对目标的总排序 $W^{(k)}$ 为：

$$W^{(k)} = (\omega_1^{(k)},\omega_2^{(k)},\cdots,\omega_{n_k}^{(k)})^T = P^{(k)} \cdot W^{(k-1)}$$

或 $$\omega_i^{(k)} = \sum_{j=1}^{n_{k-1}} p_{ij}^{(k)}\omega_j^{(k-1)} \quad (i = 1,2,\cdots,n)$$

并且一般公式为 $W^{(k)} = P^{(k)}P^{(k-1)}\cdots P^3 W^{(2)}$。

其中，(W^2) 是第二层上元素的总排序向量，也是单准则下的排序向量。

要从上到下逐层进行一致性检难，若已求得 $k-1$ 层上元素 j 为准则的一致性指标 $C.I._j^{(k)}$，平均随机一致性指标 $R.I._j^{(k)}$，一致性比例 $C.R._j^{(k)}$（其中，$j=1$，2，…，n_{k-1}），则 k 层的综合指标：

$$C.I.^{(k)} = (C.I._1^{(k)},\cdots,C.I._{n_{k-1}}^{(k)}) \cdot W^{(k-1)}$$

$$R.I.^{(k)} = (R.I._1^{(k)},\cdots,R.I._{n_{k-1}}^{(k)}) \cdot W^{(k-1)}$$

当 $C.R.^{(k)} < 0.1$ 时，认为递阶层次结构在 k 层水平的所有判断具有整体满意的一致性。

3. 主成分分析

主成分分析也称主分量分析，旨在利用降维的思想，把多指标转化为少数几个综合指标。

在统计学中，主成分分析（principal components analysis，PCA）是一种简化数据集的技术。它是一个线性变换。这个变换把数据变换到一个新的坐标系统中，使得任何数据投影的第一大方差在第一个坐标（称为第一主成分）上，第二大方差在第二个坐标（第二主成分）上，依次类推。主成分分析经常用减少数据集的维数，同时保持数据集的对方差贡献最大的特征。这是通过保留低阶主成分，忽略高阶主成分做到的。这样低阶成分往往能够保留住数据的最重要方面。

（1）主成分分析的基本思想

在实证问题研究中，为了全面、系统地分析问题，我们必须考虑众多影响因素。这些涉及的因素一般称为指标，在多元统计分析中也称为变量。因为每个变量都在不同程度上反映了所研究问题的某些信息，并且指标之间彼此有一定的相关性，因而所得的统计数据反映的信息在一定程度上有重叠。在用统计方法研究多变量问题时，变量太多会增加计算量和增加分析问题的复杂性，人们希望在进行定量分析的过程中，涉及的变量较少，得到的信息量较多。主成分分析正是适应这一要求产生的，是解决这类问题的理想工具。

（2）主成分分析法的基本原理

主成分分析法是一种降维的统计方法，它借助于一个正交变换，将其分量相关的原随机向量转化成其分量不相关的新随机向量，这在代数上表现为将原随机向量的协方差阵变换成对角形阵，在几何上表现为将原坐标系变换成新的正交坐标系，使之指向样本点散布最开的 p 个正交方向，然后对多维变量系统进行降维处理，使之能以一个较高的精度转换成低维变量系统，再通过构造适当的价值函数，进一步把低维系统转化成一维系统。

（3）主成分分析的主要作用

概括起来说，主成分分析主要有以下几个方面的作用。

①主成分分析能降低所研究的数据空间的维数。即用研究 m 维的 Y 空间代替 p 维的 X 空间（$m<p$），而低维的 Y 空间代替高维的 X 空间所损失的信息很少。即：使只有一个主成分 Y_l（即 $m=1$）时，这个 Y_l 仍是使用全部 X 变量（p 个）得到的。例如要计算 Y_l 的均值也得使用全部 X 的均值。在所选的前 m 个主成分中，如果某个 X_i 的系数全部近似于零的话，就可以把这个 X_i 删除，这也是一种删除多余变量的方法。

②有时可通过因子负荷 a_{ij} 的结论，弄清 X 变量间的某些关系。

③多维数据的一种图形表示方法。我们知道当维数大于 3 时便不能画出几何图形，多元统计研究的问题大都多于 3 个变量。要把研究的问题用图形表示出来是不可能的。然而，经过主成分分析后，我们可以选取前两个主成分或其中某两个主成分，根据主成分的得分，画出 n 个样品在二维平面上的分布状况，由图形可直观地看出各样品在主分量中的地位，进而还可以对样本进行分类处理，可以由图形发现远离大多数样本点的离群点。

④由主成分分析法构造回归模型。即把各主成分作为新自变量代替原来自变量 x 做回归分析。

⑤用主成分分析筛选回归变量。回归变量的选择有着重要的实际意义，为了使模型本身易于做结构分析、控制和预报，好从原始变量所构成的子集合中选择最佳变量，构成最佳变量集合。用主成分分析筛选变量，可以用较少的计算量来选择量，获得选择最佳变量子集合的效果。

（4）主成分分析法的计算步骤

①原始指标数据的标准化。采集 p 维随机向量 $x=(x_1, x_2, \cdots, x_p)^T$，$n$ 个样品 $x_i=(x_{i1}, x_{i2}, \cdots, x_{ip})^T$，$i=1, 2, \cdots, n$。

$n>p$，构造样本阵，对样本阵元进行如下标准化变换：

$$Z_{ij}=\frac{x_{ij}-\bar{x}_j}{s_j} \quad (i=1,2,\cdots,n;j=1,2,\cdots,p)$$

其中，$\bar{x}_j=\frac{\sum_{i=1}^{n}x_{ij}}{n}$，$s_j^2=\frac{\sum(x_{ij}-\bar{x}_j)^2}{n-1}$，得标准化阵 Z。

②对标准化阵 Z 求相关系数矩阵。

$$R=[r_{ij}]_{p}xp=\frac{Z^TZ}{n-1},$$

其中，$r_{ij}=\frac{\sum z_{kj}\cdot z_{kj}}{n-1}\quad(i,j=1,2,\cdots p)$。

③解样本相关矩阵 R 的特征方程。

$|R-\lambda I_p|=0$，得 p 个特征根，确定主成分。

按 $\frac{\sum_{j=1}^{m}\lambda_j}{\sum_{j=1}^{p}\lambda_j}\geqslant 0.85$，确定 m 值，使信息的利用率达85%以上，对每个 λ_j，$j=1$，2，…，m，解方程组 $Rb=\lambda_j b$ 得单位特征向量 b_j^o。

（5）将标准化后的指标变量转换为主成分

$$U_{ij}=z_i^Tb_j^o\quad(j=1,2,\cdots,m)$$

U_1称为第一主成分，U_2称为第二主成分，…，U_p称为第 p 主成分。

（6）对 m 个主成分进行综合评价

对 m 个主成分进行加权求和，即得最终评价值，权数为每个主成分的方差贡献率。本研究用 SPSS 统计软件实现主成分分析，并求得各指标的权重。

（四）评价模型

1. 组合权重模型

（1）组合模型的引入

经济预测的质量不仅与所使用的数据，而且与选用的预测模型密切相关。预测科学发展至今，已积累了许多行之有效的预测方法。据不完全统计，多达 300 种，因此选择合适的模型是预测面临的关键问题。对于实际问题的预测，从不同角度出发，往往会有不同的预测模型，尽管对单个预测模型的改进和完善在一定程度上能够提高预测精度，减小误差，但比较有限；另在预测领域已达成共识，没有任何一个方法能自始至终可以适用于各种不同的情况，即使开始挑选到一个结果最准确的模型，可是随着样本变化，模型不确定性以及结构的变化等因素的影响，最终使得所选模型也不适合了。大量预测实例研究也表明，某模型 A 的均方差尽管比模型 B 要好许多，但将二者进行组合所得到的组合模型往往优于 A 模型。这说明 B 模型不是一致的劣于 A 模型，模型 B 包含模型 A 未能包含的有用信息。事实上，一般地，如果两个方法是彼此分离的，或说模型间是独立的，则它们将各自包含一些有用的独立信息，它们之间有着相互联系的一面，如果采用单个预测模型进行模拟、预测和调控，则仅能体现所研究系统的局部，相反，如果能够将在不同角度上反映实际问题的单个模型按一定的方法组合起来，便能综合利用单个模型的有用信息，最大化地利用已有信息，从而从获取的信息中更全面地认识系统，进一步改善预测效果。因此，就一个问题的预测而言，可以先根据不尽相同的样本数据选用不同的预测方法，得到各有优点和缺点各种预测模型，从不同角度对系统进行模拟，得到各个方面有用的信息，在得到多个独立预测模型的研究结果后，寻找既基于这些单项预测模型的结果，又能够博采众长，从而得到更好效果的组合预测模型，达到提高预测精度与模拟评价效果的目的。这就是 J. M. Bates 和 C. W. J. Granger 提出组合预测思想。

由此可见，组合预测（Combination forecasting model；Combined forecasting model）就是设法把不同的预测模型、方法组合起来，综合利用各种预测方法提供的信息，在组合预测模型中赋予不同的预测模型或方法一定的权重。为此组合预测模型最关键问题是如何确定不同预测模型的权重。从统计学角度讲，解决这一问题的基本原则是必须使组合预测误差最小，即赋予误差较大的模型最小权重。因此，组合预测完全有可能增加系统预测的性能，提高预测的精度和可靠度。

（2）组合预测原理

组合预测的基本原理：设某一预测问题在某一时段的实际值为 $y(t)$ （$t=1, 2, \cdots, N$），对此预测问题有 n 种可行的预测方法，其预测值或模型拟合值分别为 $y_i(t)$ （$t=1, 2, \cdots, N$，$i=1, 2, \cdots, n$）。又设 n 种预测方法的加权向量为 $W=(W_1, W_2, \cdots, W_n)^T$，于是组合预测模型可表示为：

$$\hat{y}(t) = \sum_{i=1}^{n} W_i y_i(t)$$

式中，$\hat{y}(t)$ 为一组合模型预测的第 t 期的值；$y_i(t)$ 为第 i 种预测方法预测的第 t 期的值（$i=1, 2, \cdots, n$）；W_i为第 i 种预测方法的加权系数，$\sum_{i=1}^{n} W_i = 1$。

W 是依据某种准则构造目标函数 J，在约束条件下极小化 J 求得的，目标函数 J 的形式由误差统计量及极小化准则的类型确定，常用的目标函数 J 的形式有这几种：①基于组合预测误差平方和最小的思想来确定加权系数 W_i。②当一个预测问题的时间序列样本容量较小时，可采用稳健性好的组合预测误差绝对值与最小准则来确定各单个预测模型的权重。③根据离差平方和的大小来确定组合权重系数，离差平方和大的权重系数小。基于最小二乘法的思想，采用的各种单个预测方法应使标准误差达到最小。④算术平均法。⑤均方倒数法。⑥方差倒数法。⑦二项式系数法。⑧简单加权法等。

（3）组合预测的意义

在较长时期内，当面对基于不同假设采用不同方法建立的多种模型时，提高预测精度的传统方法是首先采用经典统计中假设检验和诊断检查的方法，选择一个最好的模型而拒绝其他模型，然后通过修改接受的模型希望能够更加接近真实。

但是，我们知道，在大多数需要做出预测的情况中，预测环境常常是不确定和迅速变化的。在这些情形下反映实际过程的真实模型很难甚至不可能得到。就具体预测的目的和时效性而言，也不容等待真实模型的发现。并且，由于预测环境中不同影响因素新的不确定性可能替代旧的不确定性，真实过程会以我们预测外的方式变化，对模型假设高度敏感的单个模型会相应地面临模型设定错误的风险。组合预测的基本出发点就是承认构造真实模型的困难，将各单个预测模型看作代表或包含不同信息片断，通过信息的集成分散单个预测特有的不确定性和减少总体的不确定性从而提高预测精度。

组合预测相对于单项预测具有更高的预测性能和出现极端预测误差的更小风险。相对于传统的做法，组合预测更强调来源于不同信息的各种预测，而非构造复杂的单项预测。此外，组合预测的思想与传统精神并非完全不相容。组合权重可以解释为模型符合真实的可能性，增加参与组合的预测数目也可比作增加样本量的大小。并且，如果几种模型的组合可以得到更好的预测，理论上讲就存在通过最优利用各模型所含信息建立更准确的单项预测的可能性。而一种模型若无助于组合预测性能的改善，本身就是对该模型适用性的检验和评价，这也就是基于组合预测的模型评价与检验的出发点。因此，组合预测也可以帮助更准确地识别潜在过程，从而建立更“真实”的模型。

（4）组合权重模型

随着农业综合开发财政支出规模的不断扩大，农业产业化经营项目资金的使用效果成为人们日益关心的问题。由于农业产业化经营项目的效果受到的复杂环境影响，使得单一评价模型通常都不能满足要求。由于单一的评价方法所包含的有用信息有限，使得评价结果往往某方面因素的影响过大，从而影响评价结果的科学性和客观性。

由于主观赋权法和客观赋权法是从不同角度确定指标的权重，各有长短，若能将两类方法的结果有机结合，则得到的权重值能更全面地反映评价指标的本质。为此，借鉴组合预测的原理与方法，设计一种综合权重模型：

$$W = tW_1 + (1 - t)W_2$$

其中，W_1为层次分析法得到的权重向量，W_2为主成分分析得到的权重向量。

且，令 $t = \frac{n}{n-1}G_1$

G_1为层次分析法得到的权重向量中各分量的差异系数

$$G_1 = \frac{2}{n}(p_1 + 2p_2 + \cdots + np_n) - \frac{n+1}{n}$$

其中，n 为指标个数，p_1，p_2，…，p_n为 W_1中各分量从小到大的重新排序。

因此，当 W_1中各分量之间差距不大时，t 值较小，而当 W_1中各分量之间差距较大时，t 值也较大。科学地反映了主观赋权法与客观赋权法之间的关系。

（5）组合权重模型的优势

①能从不同的角度、不同的模型得到系统不同的信息，能够博采众长，更全面地把握系统，达到提高评价科学性与客观性的目的。

②在典型的单项评价中，选择正确的评价模型或方法很困难，一般采用所有模型来尝试、比较，很难找到“最佳”模型，组合方法使得模型选择问题相对容易一些，通过组合不同的模型，预测精度通常比单个模型有所提高，而不用去找“真实”或“最佳”模型。

③可弥补单一评价方法不准确的缺陷，减少风险性。事实上，组合权重模型本质上是将各种单项评价看作代表不同信息的片段，通过信息的集成，分散单个评价特有的不确定性和减少总体不确定性。

2. 项目综合评价模型

在建立了农业综合开发产业化经营项目效果评价指标体系之后，必须对这些指标进行综合评判，本研究采用线性模型进行综合评价，计算公式如下：

$$A = \sum_{i=1}^{n} \alpha_i C_i$$

其中，A 为农业产业化经营项目综合效果；n 为某准则层选取的具体指标数；α_i（$i=1$，2，…，n）为第 i 个指标的权重；C_i为第 i 个指标的无量纲值。

三、农业综合开发产业化项目评价实证研究

（一）评价对象选择

农业产业化龙头企业是农业综合开发产业化经营项目的载体，是推动农业产业

化经营发展的骨干力量，对带动农村产业结构调整、促进农民增收、推进农业区域化、专业化和提高农业综合效益等具有关键的作用。因此，进行农业综合开发产业化经营项目效果的评价，宜选取具有代表性的农业产业化龙头企业进行研究，本文选择湖北省德炎水产食品股份有限公司、襄大农牧有限公司和湖北丰岛食品有限公司作为实证分析的对象，三家企业主营业务分别为水产加工、生猪屠宰加工、果蔬食品加工。

（二）产业化经营项目效果测度

1. 数据标准化

本研究所需的与企业有关的原始数据，主要通过向企业发放调查问卷的形式获得，进一步整理，据其计算评价指标值。

首先以德炎水产农业综合开发产业化经营项目为例介绍评价过程，将原始指标值标准化后整理成数据矩阵的形式，如下：

$$X^* = \begin{bmatrix} 1.246 & 0.651 & 1.121 & -0.015 & -0.890 & 0.356 & 1.091 & 0.941 & 1.122 & 1.268 & 0.804 & 1.058 \\ 0.961 & 1.212 & 0.737 & -0.597 & -1.008 & 0.405 & 0.684 & 0.759 & 1.208 & 1.179 & 0.462 & 1.230 \\ 0.678 & 0.581 & 0.942 & 1.776 & -0.157 & 1.199 & 0.837 & 0.794 & 0.686 & 0.662 & 0.999 & 0.713 \\ 0.066 & 0.651 & 0.244 & -0.134 & 0.007 & 0.002 & 0.226 & 0.667 & -0.121 & -0.677 & 0.804 & -0.079 \\ -0.661 & -0.751 & -0.717 & -0.716 & -0.064 & 0.552 & -0.182 & -0.977 & -0.912 & -0.516 & -0.539 & -0.905 \\ -1.161 & -1.031 & -1.034 & -1.134 & 2.039 & -1.892 & -1.200 & -0.840 & -1.007 & -0.897 & -1.247 & -1.009 \\ -1.129 & -1.312 & -1.293 & 0.821 & 0.073 & -0.621 & -1.455 & -1.343 & -0.975 & -1.018 & -1.284 & -1.009 \end{bmatrix}$$

2. 指标权重的确定

（1）层次分析

各指标之间的相对重要性的确定采用专家咨询法，共向 8 位相关领域中的农业专家发送征询意见表，对各位专家给出的指标间的相对重要性评分值进行几何平均处理，构造判断矩阵。

①准则层相对于目标层的判断矩阵及权重。相对农业产业化经营项目效果这个最高层（A）来说，其中间层内指标 B1、B2、B3 进行两两比较，得到判断矩阵 A－B，求得各指标权重（表 3－8）。

表 3－8　判断矩阵 A－B

A	B1	B2	B3	权重
B1	1	1/3	1/3	0.1435
B2	3.0	1	3/4	0.3878
B3	3.0	1.3	1	0.4687

求得 $\lambda_{max}=3.0084$，$CI=0.0042$，$CR=0.0072<0.1$，通过一致性检验。

②指标层相对于准则层的判断矩阵及权重（表 3－9 至表 3－11）。

表 3－9　判断矩阵 B1－C

B1	C1	C2	C3	权重
C1	1	3.2	1.1	0.4274
C2	1/3	1	1/5	0.1086
C3	8/9	5.2	1	0.4639

求得 $\lambda_{max}=3.5939$，$CI=0.0196$，$CR=0.0337<0.1$，通过一致性检验。

表 3－10　判断矩阵 B2－C

B2	C4	C5	C6	C7	权重
C4	1	2.1	2.1	3.2	0.4398
C5	1/2	1	1	2.5	0.2311
C6	3/7	1	1	1.7	0.2125
C7	1/3	2/5	3/5	1	0.1166

求得 $\lambda_{max}=4.0073$，$CI=0.0024$，$CR=0.0027<0.1$，通过一致性检验。

表 3－11　判断矩阵 B3－C

B3	C8	C9	C10	C11	C12	权重
C8	1	3/4	1/5	1/4	2/5	0.0714
C9	1.3	1	1/5	1/3	11/3	0.1059
C10	5.2	5	1	2.6	2.1	0.4412
C11	3.7	3.2	3/8	1	1	0.2216
C12	2.4	3/4	1/2	1.0	1	0.1599

求得 $\lambda_{max}=5.2217$，$CI=0.0554$，$CR=0.0495<0.1$，通过一致性检验。

③总排序一致性检验。综合以上结果，在 A 目标下，C1～C12 的组合权重见表 3－12。

表 3－12 A－C 的组合权重

A	B1	B2	B3	权重
	0.1435	0.3878	0.4687	
C1	0.4274			0.0613
C2	0.1086			0.0156
C3	0.4639			0.0666
C4		0.4398		0.1706
C5		0.2311		0.0896
C6		0.2125		0.0824
C7		0.1166		0.0452
C8			0.0714	0.0335
C9			0.1059	0.0496
C10			0.4412	0.2068
C11			0.2216	0.1039
C12			0.1599	0.0749

进行目标总排序一致性检验：

$$CI_{总}=0.0297;\ RI_{总}=0.9572;\ CR_{总}=CI_{总}/RI_{总}=0.0310<0.1$$

以上检验结果表明，层次总排序具有满意的一致性。

（2）主成分分析

对指标层进行主成分分析。利用 SPSS 统计分析软件，对德炎水产农业综合开发产业化经营项目效果评价指标进行主成分分析（表 3－13）。

表 3－13 初始因子载荷矩阵

	成分	
	1	2
总资产	0.9959094	－0.0506915
企业主要原料加工量	0.9464159	－0.0685199
销售收入	0.9930144	0.0206868
总资产报酬率	0.2756629	0.8739964
总资产周转率	－0.7649064	0.5267261
销售利税率	0.7209301	0.5247290
市场占有率	0.9710922	0.0258171
企业—基地契约化程度	0.9549363	－0.0413202
企业—农户联结程度	0.9730288	－0.0805040
农民收入带动效应	0.9218110	－0.1306504
农民就业贡献	0.9348383	0.1711813
农业科技贡献	0.9753869	－0.0701328

根据主成分对应的特征值大于1的原则①，选择2个主成分。

则 $\lambda=(9.531, 1.384)$，相应特征向量为：

$l_1=(0.996, 0.946, 0.993, 0.276, -0.765, 0.721, 0.971, 0.955, 0.973, 0.922, 0.935, 0.975)$

$l_2=(-0.051, -0.069, 0.021, 0.874, 0.527, 0.525, 0.026, -0.041, -0.081, -0.131, 0.171, -0.070)$

将特征向量 l_1、l_2中的各分量除以相对应的特征值开平方根得到两个主成分中每个指标所对应的系数：

$F_1=(0.323, 0.307, 0.322, 0.089, -0.248, 0.234, 0.315, 0.309, 0.315, 0.299, 0.303, 0.316)$

$F_2=(-0.043, -0.058, 0.018, 0.743, 0.448, 0.446, 0.022, -0.035, -0.068, -0.111, 0.146, -0.060)$

则各指标的权重计算如下：

$$F=\sum_{i=1}^{2}\frac{\lambda_i}{\sum_{i=1}^{2}\lambda_i}F_i$$

$F=(0.276, 0.260, 0.283, 0.172, -0.160, 0.260, 0.277, 0.266, 0.267, 0.247, 0.283, 0.268)$

对 F 中元素进行归一化处理后，得

$F_{\text{I}}=(0.1342, 0.1326, 0.1327, 0.0006, -0.0751, 0.0730, 0.1326, 0.1320, 0.1334, 0.1271, 0.1194, 0.1339)$

F_{I} 中各元素的值即为德炎水产农业综合开发产业化经营项目效果评价指标的最终权重。

同样的方法分别可以得到襄大农牧有限公司和湖北丰岛食品有限公司农业综合开发产业化经营项目效果评价指标的权重 F_{II}、F_{III}：

$F_{\text{II}}=(0.1258, 0.1273, 0.1375, -0.0892, 0.0662, -0.1085, 0.1350, 0.0822, 0.1360, 0.1229, 0.1267, 0.1381)$

$F_{\text{III}}=(0.1171, 0.0967, 0.1356, 0.1352, 0.0585, 0.1272, 0.0843, 0.1320,$

① 特征值在某种程度上可以被看成是表示主成分影响力度大小的指标，如果特征值小于1，说明该主成分的解释力度还不如直接引入一个原变量的平均解释力度大，因此一般可以用特征值大于1作为纳入标准

0.0941，0.1330，0.1329，0.1222）

（3）综合权重

对得出的权重进行综合：

$$G_1 = \frac{2}{n}(p_1 + 2p_2 + \cdots + np_n) - \frac{n+1}{n} = 0.3350$$

$$t = \frac{n}{n-1}G_1 = 0.3655$$

按照 t 值的取值原则，取 $t=0.4$，综合分析法求出的权重向量为

W_{I} = （0.1051，0.0858，0.1062，0.0686，－0.0092，0.0767，0.0977，0.0926，0.0999，0.1590，0.1132，0.1103）

W_{II} = （0.1000，0.0826，0.1091，0.0147，0.0755，－0.0321，0.0991，0.0627，0.1014，0.1565，0.1176，0.1128）

W_{III} = （0.0948，0.0642，0.1080，0.1493，0.0709，0.1093，0.0687，0.0926，0.0763，0.1625，0.1213，0.1033）

3. 综合评价得分

依照前面建立的我国农业综合开发产业化经营项目效果评价模型和计算得到的各指标值及其权重，对农业综合开发产业化经营项目的效果进行综合评价，结果见表3－14。

表3－14　农业综合开发产业化经营项目效果综合评分

企业	－3	－2	－1	0	1	2	3
德炎水产	－0.9205	－1.1301	－0.5609	0.0957	0.9154	0.7246	0.8764
襄大农牧		－0.7871	－0.8212	－0.2889	0.6548	1.2420	
丰岛食品		－1.2967	－0.4415	－0.0338	0.2292	0.7805	0.7626

注：“0”表示项目实施年，“＋1”表示项目实施后一年，“－1”表示项目实施前一年，依此类推

（三）结果分析

1. 产业化经营项目效果分析

从测度结果来看，3个企业实施的农业综合开发产业化经营项目实施效果综合评分都有较大的增长，促进了项目区农业产业化的发展，作用比较明显。德炎水产在项目实施之前的2002年、2003年和2004三年中，企业的农业产业化经营效果综合评分虽有增长趋势，但均在零轴之下，2005年项目正式实施以后，当年评分就增长为0.0957，2006年则激增至0.9154，之后两年虽有所波动，但仍维持在较高水平；襄大农牧在项目实施之前的2003年、2004年，产业化经营效果综合评分为负增

长，项目实施的2005年实现正增长，2006年评分增长为0.6548，2007年则继续保持了较快的增长；丰岛食品在项目实施之前的2003年、2004两年中，项目实施效果综合评分在零轴以下，且增长比较缓慢，项目实施之后增速加快，2006年评分增长为0.3239，随后的2007年、2008年两年继续保持了稳定的增长（图3－2）。

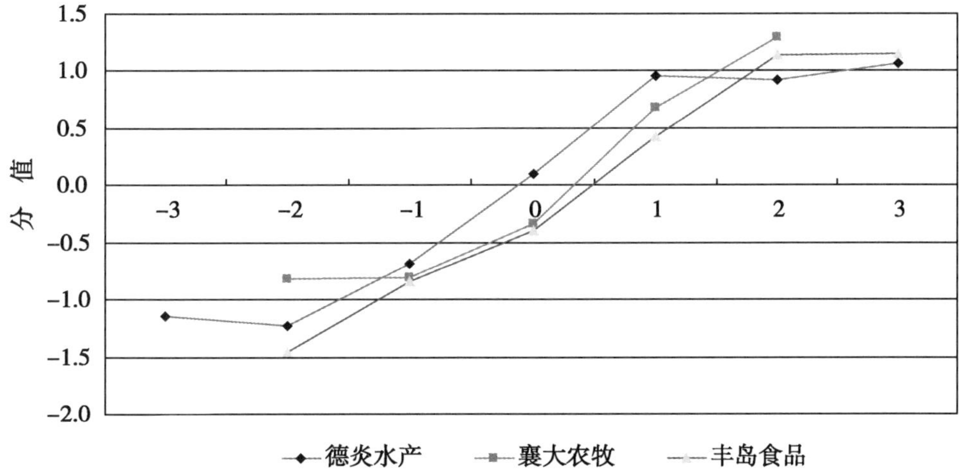

图3－2　农业产业化经营项目效果综合评分值

3个项目的综合评分总体上都实现了较快的增长，但是通过对其增长折线的斜率进行分析发现，在项目实施的头两年（－1～0和0～1），项目实施效果的综合评分都实现了快速增长，3个项目增速的峰值均出现在项目实施的第二年（0～1），增速的最高点都高于项目实施前，然而随后增速出现较大幅度的下降，个别年份甚至出现负增长（表3－15、图3－3）。

表3－15　不同时间段项目效果评分增长折线的斜率

企业	时间段					
	－3～－2	－2～－1	－1～0	0～1	1～2	2～3
德炎水产	－0.085	0.543	0.777	0.865	－0.038	0.148
襄大农牧	—	0.011	0.476	1.010	0.615	—
丰岛食品	—	0.615	0.452	0.816	0.715	0.012

农业综合开发产业化经营项目是国家公共财政支持农业产业化发展的重要渠道，有助于促进项目区农业产业结构的调整优化和产业化；有助于加快项目区经济发展，增加农民收入；有助于项目实施企业规模效益的实现和产品国际竞争力的提升。农业综合开发产业化经营项目效果评价的目的在于通过对项目实施的各项效益的深入

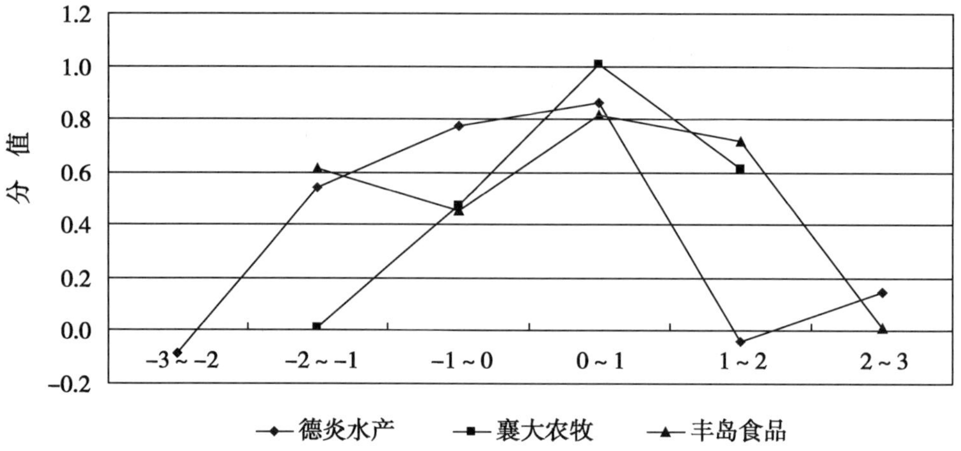

图 3－3　同时间段项目效果评分增长折线的斜率

分析，提高农业产业化经营项目决策能力，为合理利用公共财政资金、提高项目建设效益、改进项目管理、制定和完善相关政策制度提供科学的依据。

通过对农业产业化经营项目效果评价的理论分析及实证研究，本文得出主要研究结论如下。

（1）农业综合开发产业化经营项目的实施效果明显，但后劲不足

从 3 个企业实施农业综合开发产业化经营项目效果的测度结果来看，农业综合开发产业化经营项目实施效果综合评分都有较大的增长，促进了项目区农业产业化的发展，作用比较明显。但是通过对其增长折线的斜率进行分析发现，虽然在项目实施的头两年效果的综合评分都实现了快速增长，3 个项目增速的峰值均出现在项目实施的第二年，增速的最高点都高于项目实施前，但随后增速出现较大幅度的下降，个别年份甚至出现负增长。这表明农业综合开发产业化经营项目的实施对项目区的农业产业化发展起到的作用后劲不足。

（2）项目对当地经济的带动能力是影响农业产业化经营项目效果最重要的因素

从农业综合开发产业化经营项目效果评价指标权重的计算结果可以看出，组合赋权法与主成分赋权法对评价指标之间的重要性判断基本一致。属于项目带动能力的指标总体具有绝对优势，对项目实施效果的影响最大，指标组合权重排名分别为第 1、2、3、6、8 位；企业规模指标对项目实施效果的影响位于次位，指标组合权重排名为第 4、5、10 位；企业经济效益指标对项目实施效果的影响最小，指标组合权重排名为第 7、9、11、12 位。

（3）组合权重模型相对于单项权重优势明显

主客观赋权法各有特性，主观赋权法受到人为因素影响的成分较大，结果可能

会夸大或降低某些指标的作用，致使排序的结果不能完全真实地反映事物间的现实关系，而客观赋权法是根据各指标的相关关系或各项指标值的变异程度来确定权重，避免了人为因素带来的偏差，但从评估本身的意义来看，依照指标值的变异程度所确定的指标权重并不必然体现指标在系统评价中的实际地位。

相对于单项权重确定模型，应用组合权重模型对农业产业化经营项目效果进行评价具有明显优势，可以提高评价科学性与客观性。从理论上讲，首先，能从不同的角度，不同的模型得到系统不同的信息，能够博采众长，更全面地把握系统；其次，通过组合不同的模型，预测精度通常比单个模型有所提高，而不用去找“真实”或“最佳”模型；第三，组合权重模型本质上是将各种单项评价看作代表不同信息的片段，通过信息的集成，分散单个评价特有的不确定性和减少总体不确定性。从本研究的实证研究结果来看，组合赋权法与主成分赋权法对评价指标之间的重要性判断基本一致，组合权重将原始指标值所包含的客观信息和专家的主观经验、项目的目标进行了有机的结合。

（4）农业综合开发产业化经营项目的实施起到了带动“三农”的作用，但对企业增效的作用较弱

通过3个项目实施前后各评价指标的相对量和绝对量的年均增长情况的对比，可以发现，项目实施后与实施前相比，带动能力指标增长速度总体有所提高，而经济效益指标增长速度总体下降，企业规模指标增长速度基本持平；从整个评价期来看，所有反映带动能力和企业规模的指标都实现了正增长，而反映企业经济效益的指标中，总资产报酬率在德炎水产和襄大农牧两个项目中都是负增长，销售利税率在襄大农牧项目中也是负增长。分析结果可以说明，农业产业化经营项目的实施对项目的带动能力效果最明显，其次是企业规模，第三是企业盈利能力。

2. 各指标对评价结果的影响程度分析

主成分赋权法是根据各指标的相关关系或和各项指标值的变异程度来确定权重，过程中没有人为因素带来的偏差，完全基于原始指标值所包含的信息。从通过主成分法得到的3个项目实施效果评价指标权重的平均情况来看，对项目实施效果影响最大的指标是销售收入（0.1352），随后依次为农业科技贡献（0.1314）、农民收入带动效应（0.1277）、农民就业贡献（0.1263）、总资产（0.1257）、企业—农户联结程度（0.1154）、企业主要原料加工量（0.1188）、市场占有率（0.1173）、企业—基地契约化程度（0.1154）、销售利税率（0.0306）、总资产周转率（0.0165）和总资产报酬率（0.0155）（表3-16）。总体上看，属于项目带动能力的指标对项目实施效果的影响最大，其次是企业规模指标，最后是企业经济效益指标。

表3-16　主成分赋权指标权重

指标	德炎水产	襄大农牧	丰岛食品	平均	排序
总资产	0.1342	0.1258	0.1171	0.1257	5
企业主要原料加工量	0.1326	0.1273	0.0967	0.1188	7
销售收入	0.1327	0.1375	0.1356	0.1352	1
总资产报酬率	0.0006	-0.0892	0.1352	0.0155	12
总资产周转率	-0.0751	0.0662	0.0585	0.0165	11
销售利税率	0.0730	-0.1085	0.1272	0.0306	10
市场占有率	0.1326	0.1350	0.0843	0.1173	8
企业—基地契约化程度	0.1320	0.0822	0.1320	0.1154	9
企业—农户联结程度	0.1334	0.1360	0.0941	0.1212	6
农民收入带动效应	0.1271	0.1229	0.1330	0.1277	3
农民就业贡献	0.1194	0.1267	0.1329	0.1263	4
农业科技贡献	0.1339	0.1381	0.1222	0.1314	2

组合赋权法是根据相关专家的经验判断和项目的主要目标等主观因素，对主观赋权法得到的权重进行修正。从组合赋权法得到的指标权重的平均情况来看（表3-17），对项目实施效果影响最大的指标是农民收入带动效应（0.1593），随后依次为农民就业贡献（0.1174）、农业科技贡献（0.1088）、销售收入（0.1078）、总资产（0.0999）、企业—农户联结程度（0.0925）、市场占有率（0.0885）、企业—基地契约化程度（0.0826）、总资产报酬率（0.0776）、企业主要原料加工量（0.0775）、销售利税率（0.0513）、总资产周转率（0.0457）。总体上看，仍然是属于项目带动能力的指标对项目实施效果的影响最大，其次是企业规模指标，最后是企业经济效益指标。组合赋权法与主成分赋权法对评价指标之间的重要性判断基本一致。

表3-17　组合赋权指标权重

指标	德炎水产	襄大农牧	丰岛食品	平均	排序
总资产	0.1051	0.1000	0.0948	0.0999	5
企业主要原料加工量	0.0858	0.0826	0.0642	0.0775	10
销售收入	0.1062	0.1091	0.1080	0.1078	4
总资产报酬率	0.0686	0.0147	0.1493	0.0776	9

（续表）

指标	德炎水产	襄大农牧	丰岛食品	平均	排序
总资产周转率	-0.0092	0.0755	0.0709	0.0457	12
销售利税率	0.0767	-0.0321	0.1093	0.0513	11
市场占有率	0.0977	0.0991	0.0687	0.0885	7
企业—基地契约化程度	0.0926	0.0627	0.0926	0.0826	8
企业—农户联结程度	0.0999	0.1014	0.0763	0.0925	6
农民收入带动效应	0.1590	0.1565	0.1625	0.1593	1
农民就业贡献	0.1132	0.1176	0.1213	0.1174	2
农业科技贡献	0.1103	0.1128	0.1033	0.1088	3

3. 产业化经营项目效果评价指标增长分析

通过对农业综合开发产业化经营项目效果评价指标进行增长分析（表3-18），可以找出项目实施效果的重点和差距。

（1）德炎水产项目实施后与实施前相比，各指标的年均增长率是降多增少，降低的指标集中于反映企业规模和经济效益的两组指标，其中只有总资产报酬率的年均增长率出现了上升，而反映项目带动能力的指标中只有农民就业贡献的年均增长率出现了下降；而各指标的年均增长量则是降少增多，只有经济效益指标组中的3个指标的年均增长量出现了下降。

（2）襄大农牧项目实施后与实施前相比，各指标的年均增长率和年均增长量均是降少增多，且变化基本保持了一致，只有农民就业贡献指标出现了年均增长率降低而年均增长量增加的情况，降低的指标集中于经济效益指标组。

（3）丰岛食品项目实施后与实施前相比，各指标的年均增长率降低的与增加的持平，降低的指标集中于反映企业规模和经济效益的两组指标，其中只有总资产报酬率和销售利税率的年均增长率出现了上升，而反映项目带动能力的指标中只有企业—基地契约化程度的年均增长率出现了下降；而各指标的年均增长量则是降少增多，反映经济效益的指标有两个出现了年均增长量的下降，其他两个指标组中各有一个出现下降。

通过3个项目实施前后各评价指标的相对量和绝对量的年均增长情况的对比，可以发现，项目实施后与实施前相比，带动能力指标增长速度总体有较大增长，而经济效益指标增长速度总体下降，企业规模指标增长速度基本持平。

表 3－18　项目实施前后评价指标增长情况对比

指标组	具体指标	德炎水产		襄大农牧		丰岛食品	
		年均增长率	年均增长量	年均增长率	年均增长量	年均增长率	年均增长量
企业规模指标	总资产	－	＋	＋	＋	－	＋
	企业主要原料加工量	－	＋	＋	＋	－	－
	销售收入	－	＋	＋	＋	－	＋
经济效益指标	总资产报酬率	＋	＋	－	－	＋	＋
	总资产周转率	－	－	＋	＋	－	－
	销售利税率	－	－	－	－	＋	＋
	市场占有率	－	－	＋	＋	－	－
带动能力指标	企业—基地契约化程度	＋	＋	－	－	－	－
	企业—农户联结程度	＋	＋	＋	＋	＋	＋
	农民收入带动效应	＋	＋	＋	＋	＋	＋
	农民就业贡献	－	＋	－	＋	＋	＋
	农业科技贡献	＋	＋	＋	＋	＋	＋

第四章 土地治理项目——分区域政策研究

第一节 土地治理分区理论与方法

一、概念与基础理论

（一）概念

农业综合开发土地治理项目，“主要任务是加强农业基础设施和生态建设，提高农业综合生产能力，保证国家粮食安全。土地治理项目建设以中低产田改造为重点，建设旱涝保收、稳产高产、节水高效的高标准农田。项目的扶持对象主要是农民。其主要特点是，按区域统一规划，按项目进行管理，实行山水田林路综合治理，水利、农业、林业、科技等措施综合配套，实现经济、社会、生态效益的统一。”

从土地治理项目内容看，应属于更广泛使用的土地整理的概念范围内。根据《全国土地开发整理规划（2001—2010 年）》，土地整理是指“采用工程、生物等措施，对田、水、路、林、村进行综合整治，增加有效耕地面积，提高土地质量和利用效率，改善生产、生活条件和生态环境的活动。”很多学者也做出了更多的解释。鹿心社（2002）提出，土地治理的基本内涵是“在一定区域内，按照土地利用规划或城市规划确定的目标和用途，采取行政、经济、法律和工程手段，对土地利用状况进行调整改造、综合整治，提高土地利用率和产出率，改善生产、生活条件和生态环境的过程”。关于土地整理，国内外称谓不一，对其概念和内涵也有各种不同的观点。土地整理既是一种技术或方法，是一项乡村发展活动（促进农村经济变化），也是一种土地改革措施。总的来说其目标内容可以归纳为建立土地制度、调整土地关系、提高土地利用率和增加土地产出率等方面。本节主要梳理与农业综合开发土地治理项目内容一致的方面，为项目分区扶持奠定基础。

（二）基础理论

土地整理是一个复杂的过程，涉及经济、地理、社会等多学科理论。土地整理学主要包括了土地利用学、土地系统工程学和土地信息工程学等内容。土地利用学是土地整理的基本理论基础，阐述土地利用的基本原理和方法，包括土地利用规律、土地利用模式、土地利用结构效应等。土地系统工程学是关于土地利用技术方法学科，具体来说是以土地利用系统为对象，以系统科学的观点为指导，以土地利用系统的整体优化和可持续性为目标，应用现代综合技术方法，对土地利用系统进行一定时空尺度范围内的最优规划、设计、控制、管理，实现系统的最大效益。土地信息工程学主要是基于土地整理中利用现代信息科学技术而产生的。

土地整理实施过程中主要的理论依据，具体包括：

①土地经济供给理论。土地的供给通常可分为自然供给和经济供给。土地的自然供给数量是相对固定的，人类难以或无法增加土地的自然供给，但可以在自然供给的基础上增加经济供给。土地整理是通过改变影响土地经济供给的因素，从而提高土地经济供给的数量，使之表现为动态的有弹性的供给。

②可持续利用理论。土地数量有限性和土地需求增长性构成土地资源持续利用的特殊矛盾。随着社会经济的发展，土地资源的生产能力和景观环境必须满足人类生活水平不断提高的要求。土地资源持续利用的目的在于具有持续性特点的利用。土地整理作为实现土地资源可持续利用的具体措施和手段，必须遵循可持续发展的基本原理，即立足于人类的持续生存这个核心基础上，保证土地利用在生态阈限之内，坚持以不破坏土地生态经济系统为基本前提。

③系统理论。土地利用系统是一个多层次结合的复合体。合理的土地利用结构，可以产生结构效应，促使土地利用系统功能效率的提高。

④景观生态学理论。景观生态学在结合地理学和生态学的基础上，以景观生态系统结构、功能及其变化作为研究对象，将人类活动、生物圈、土地圈综合成一个有机联系的整体进行研究。景观生态学可以为土地整理提供一个理论基础，并可以帮助评价和预测规划和设计可能带来的生态学后果。土地整理的景观生态学理论的具体应用体现在景观生态规划设计上，体现土地整理的景观功能。

⑤生态经济理论。土地整理不仅是自然技术问题和社会经济问题，而且也是一个资源合理利用和环境保护的生态经济问题，同时承受着客观上存在的自然、经济和生态规律的制约。

⑥地域分异理论。区域土地整理必须按照因地制宜、地尽其用的原则进行，也即必须在更广泛的地域结构对应变换分析基础上考虑土地整理的方案。

二、国外的实践

国外土地整理研究的主要领域包括土地整理与土地景观变化、土地整理与生物多样性变化、土地整理的水土保持效果机理分析、土地整理与农村发展等。

德国乡村土地整理在欧洲具有代表性，其内容、制度、技术、机构等走在世界前列。德国一直把土地整理作为农业结构调整的主要手段，其目的在于改善农业和林业的生产条件与劳动条件，促进农村和人口密集地区的发展和自然平衡的保护。具体研究内容主要包括：促进农业；村庄更新；耕作区的保护；满足大型设施对土地的需求；自然与景观保护及建立生态系统；农村发展。土地整理成为越来越多的乡镇实施其发展计划和实现其发展目标的重要手段。德国乡村土地整理在改善农林生产条件、合理开发和利用土地资源、保护乡村自然景观和生态环境、促进乡村基础设施建设等方面都发挥了重要的作用。

俄罗斯的土地整理把调整土地关系和界定土地占有与使用作为主要目的，具有明显的技术延续性，已发展成为较完整的土地整理体系。其主要任务是调整土地关系、组织土地利用和土地资源管理，土地整理研究内容包括了论证各项水利工程的自然保护设施的建设和相应的投资计划；为合理利用土地创造良好的空间条件；制定自然景观的保护和改善、土地复垦、低产土地改良、防治水土流失、盐渍化和沼泽化、防治土地污染等各项技术措施体系；制定土地调整、田块整理、田间沟渠和保田林带、轮作田区和轮牧田区、田间道路等设计方案和组织实施。

荷兰的土地整理涉及土地规划、评估、税收、土地的获取、土地的占用和使用以及土地登记和地籍管理等各个方面。实行项目运作制，并颁布了土地发展法，以法律的形式规定了土地开发整理的程序、运作方式、利益分配原则、景观保护等。其发展趋势是逐渐从单纯以调整农业、提高土地生产力为目的的项目本身，转变为实现农村地区更加有效的土地综合利用。

从德国、俄罗斯、荷兰的土地整理实践中，其共同的特点可概括为：完善的法律制度；公众积极参与和广泛支持；财政补助的导向作用；重视生态环境的保护与建设；注重土地权属管理。

三、土地治理分区方法与成果

（一）分区依据

1. 功能目标多样性（土地利用多功能性）

土地利用功能（LUFs）指不同的土地利用方式所提供的产品和服务。土地多功能利用指一个区域土地利用功能及其环境、经济和社会功能的状态和表现，是评价土地利用变化对其功能可持续性影响的重要理论和方法体系。土地利用是决定生态系统环境、经济和社会功能表现的重要人类活动，基于土地的生产、基础设施和住房均与土地利用密切相关。同时，环境、社会和经济功能的综合体现程度高度依赖于土地利用的格局和强度。土地利用功能综合了一个空间区域与土地利用相关的环境、经济、社会等方面的多维要素。甄霖等（2010）基于可持续发展三维度的理念及其指标体系，界定并定量评价了我国区域土地利用的10项功能，深入研究了土地利用功能的时空变化特征。研究表明，我国土地多功能性中的就业支持功能表现出区域增减不一的特点；生态过程维持功能具有高度的稳定性；健康保障、交通功能、居住家园、生物性土地生产、人工化土地生产、资源供给与维持、污染接收器、景观与文化支持功能在各个区域得到了不断改善与提高，但各个功能变化的强势区和弱势区在时空分布上表现出很强的区域性特点。区域自然条件禀赋、社会经济条件以及土地利用政策在功能变化中起着关键作用。因此，土地政策应具有系统性、功能针对性和时空针对性，并应关注土地利用功能变化的链发效应。

土地治理的根本目标都是通过土地资源的科学利用，为社会经济可持续发展提供稳固的资源基础和支撑条件。土地治理具有多种功能，其目标具有多样性。按土地治理目标区域划分，可分为国家目标、区域目标或分区目标及项目区目标；按内容层次划分，可分为总目标和具体内容目标，具体内容目标在不同区域、不同时期重要性程度差异较大。杨庆媛（2003）提出了土地治理目标的区域配置，即指土地治理国家总体目标在不同区域的分工与组合，以体现不同区域土地治理的重点和方向。区域土地治理目标的确定应充分考虑该区域在全国土地生态系统功能的地域分工中的地位。合理的区域分工是在明确各区域在全国地域分工中所承担的职能和发展方向的基础上形成的，各区域的职能和发展方向主要是通过政府职能部门制定各种规划来体现。因此，土地治理的区域目标定位必须解决区域土地利用中存在的突出矛盾和问题，将国家目标分解到各区域。

2. 自然社会资源差异

土地治理需要考虑功能多样性的区域配置，由于地区自然和社会经济条件差异巨大，更需要充分结合区域资源特性。影响土地治理区域差异的因素主要体现为：生态环境、经济发展水平、资金和政策等。

（1）土地资源生态环境质量的区域划分成果

全国生态环境整体分为4个子系统，即水热子系统、地形地貌子系统、土壤植被子系统、土地覆盖子系统。水热子系统为土地覆盖生态系统提供了水分和能源；地形地貌子系统为整个生态系统的演化和相互作用提供了空间和骨架；土壤植被子系统是本生态系统作用的实体；土地覆盖子系统是土壤植被子系统在自然因子和人为因子作用的结果体现，是本生态环境系统相互作用的结果和核心。根据各子系统的相互关系，采用数字环境模型生成土地资源生态环境系统综合环境指数，根据该综合指数将全国土地生态环境质量分为A、B、C三等：生态环境A等，除四川盆地等分布很少的土地资源面积外，全部分布在地势的一级阶梯上；生态环境B等大部分分布在地势二级阶梯上；生态环境C等全部分布在地势的二级和三级阶梯上。

根据土地资源生态环境质量的诊断和鉴别，土地治理目标的区域配置格局为：在A等区域，土地治理的主要目标为保护耕地的数量；在B等区域，土地治理的主要目标为耕地数量保护和质量保护并重；在C等区域，土地治理的主要目标是土地的质量保护，并将土地的自然景观恢复和生态重建作为重点。

（2）经济发展水平区域差异

总体上，从地区生产总值、农业效益和农民收入等来看，呈现出由东到西递减的趋势；相应的，从资金投入和扶持政策看，基本与经济发展水平一致，从东到西在资金配套比例、扶持政策方面呈现递减趋势。

（二）分区原则与方法

1. 分区原则

结合土地治理的基础理论和分区理论，土地治理分区的原则主要有：

可持续发展原则。提高农地质量，实现区域土地资源的可持续利用应是土地治理的基本原则。

综合效益原则。土地治理需要大量的资金、技术和劳动力投入，需要充分考虑效益提高的程度，这也是德国土地治理中将土地估价作为关键环节的原因。

生态保护原则。土地治理在实现经济、社会效益的同时，也应注重生态效益。国内外历史经验都显示不合理的土地治理曾导致生物多样性减少等生态问题，且土地改变具有不可逆的特征等，因此，土地治理需将开发与保护有机地统一起来。

统筹协调原则。明确区域土地治理的功能、目标配置，统筹各区域土地利用，加强土地利用的经济、社会和生态环境等方面的目标协调。

因地制宜原则。依据土地利用实际情况，针对土地利用中的主要矛盾和问题，遵循经济、社会和自然发展的客观规律，分区将最大限度地体现社会经济和土地资源特征，土地利用战略目标、政策等。

动态发展原则。随着经济发展水平提高，土地治理的目标、内容都要相应发生变化，以适应发展需求。

2. 分区方法

土地治理分区的方法主要是通过构建指标体系，根据综合评分划分区域，其中运用的方法主要包括GIS空间分析法和数理统计分析方法。

GIS空间分析法。空间分析是地理信息系统最常见的提取空间隐含信息的手段之一。它是把有关的研究分析所需要的图层进行叠加，从而产生一个新数据层面的操作，其结果综合了原来多层要素所具有的属性。

数理统计分析方法。土地治理分区研究中运用的数理分析方法主要包括因子分析和聚类分析法，通过因子分析可以有利于减少分析的指标数量，通过聚类分析归纳相似性与区分差异性，来划分土地利用区域。

（三）现有分区成果

目前的研究中对土地治理的分区方案，从划分尺度来看，可分为国家尺度、区域尺度和景观尺度。

1. 国家尺度

国家尺度的土地治理分区主要是根据国家土地治理目标和区域自然社会资源、生态环境和土地利用现状，进行区域土地治理分区，明确不同区域土地治理的类型与方向，实行分区域的扶持措施，以实现土地治理的综合目标。现有分区研究中主要是采用土地利用分区成果，总体上以东中西部为基础划分区域，具有代表性的几种分区如表4－1所示。

（1）全国土地利用总体规划

《全国土地利用总体规划纲要（2006—2020年）》根据各地资源条件、土地利用现状、经济社会发展阶段和区域发展战略定位的差异，把全国划分为9个土地利用区。

表4－1　全国土地利用总体规划分区

一级区	二级区	土地治理方向
西部地区	西北区	支持水利建设和节水农业发展，加强平原、旱塬和绿洲的耕地保护和基本农田建设，适度开发耕地后备资源
	西南区	加强平原、坝区耕地的保护，加大对基本农田建设的支持力度
	青藏区	加大西藏“一江两河”（雅鲁藏布江，拉萨河、年楚河）和青海海东等地区土地治理的支持力度，加强对青海柴达木循环经济试验区的用地政策指导
东北地区		加强基本农田整理和建设，强化粮食基地建设的支持力度
中部地区	晋豫区	加强工矿废弃地复垦、污染防治和采煤沉陷区治理，积极推进农用地整理
	湘鄂皖赣区	实施基本农田整理工程，促进稳产高产商品粮棉油基地建设
东部地区	京津冀鲁区	支持发展都市农业、观光农业和平原生态农业，促进现代农业发展
	苏浙沪区	积极防治上海及苏锡常地区地面沉降、地裂缝等缓变性地质灾害
	闽粤琼区	严格保护现有耕地和基本农田。统筹安排产业和生态建设用地，保障海峡西岸经济区和海南及其他海岛生态旅游建设的用地

资料来源：《全国土地利用总体规划纲要（2006—2020年）》

（2）全国土地开发整理规划

全国土地开发整理规划（2001—2010 年）将根据资源状况等将全国划分为了东南沿海区、环渤海区、东北区、中部区、西南区、黄土高原区、西北区、青藏高原区（表4－2）。

表4－2 全国土地开发整理规划分区

分区	区域范围	资源现状	土地治理方向
东南沿海区	上海市、江苏省、浙江省、福建省、广东省、海南省	人均耕地少，建设占用耕地数量较大，土地后备资源相对匮乏	以农田整理、农村居民点整理和土地复垦为重点
环渤海区	北京市、天津市、河北省、山东省、辽宁省	人均耕地低于全国平均水平，土地后备资源相对不足，土地利用比较粗放，“空心村”量大面广，工矿废弃地多	提高土地集约利用为目标，重点实施“田、水、路、林、村”综合整理
东北区	黑龙江省、吉林省和内蒙古自治区东部的呼伦贝尔盟、兴安盟、通辽市和赤峰市	农用地资源丰富，利用粗放，水土流失比较严重	重点是结合粮食主产区建设，加大农田尤其是基本农田整理力度，改善生产条件，增加有效耕地面积，提高耕地质量
中部区	河南省、湖北省、湖南省、安徽省、江西省	土地利用程度较高，人均耕地少，宜农土地后备资源不足	重点是结合退田还湖、平垸行洪和移民建镇，加快农田和农村居民点整理
西南区	四川省、贵州省、云南省、重庆市、广西壮族自治区	山地多，人均耕地少，宜农土地后备资源不足，水土流失比较严重	重点是结合退耕还林、治理水土流失，加大基本农田建设力度，对平坝区实施“田、水、路、林、村”综合整理，对具备修建水平梯田条件的缓坡耕地进行“坡改梯”改造
黄土高原区	山西省、陕西省、宁夏回族自治区和甘肃省陇东南 9 个地市州	土地利用比较粗放，坡耕地多，生态环境脆弱，水资源缺乏，水土流失和土地荒漠化严重，工矿废弃地数量大	重点是结合退耕还林和小流域治理，兴建水平梯田和淤坝地，改善生态环境
西北区	新疆维吾尔自治区、内蒙古自治区中西部和甘肃省陇西 5 个地市	宜农土地后备资源丰富，土地利用粗放，生态环境脆弱，水资源总量不足，风蚀沙化等土地退化问题严重	以绿洲农田整理为重点，努力增加防护林体系完善、节水设施配套的基本农田面积
青藏高原区	青海省、西藏自治区	区内人口稀少，土地利用粗放，自然条件恶劣，土地资源开发利用限制因素多、难度大	重点是农田综合整理，加强农田水利和防护林网设施建设，增强耕地抵御自然灾害的能力

资料来源：《全国土地开发整理规划（2001—2010 年）》

（3）国家农业综合开发高标准农田建设规划

《国家农业综合开发高标准农田建设规划》根据“突出以粮食主产区为重点，适当兼顾非粮食主产区”的原则，将高标准农田建设区域布局划分为粮食主产区和非粮食主产区两类。

①粮食主产区。包括13个粮食主产省（区）（注：粮食主产地含大连和青岛市）及黑龙江农垦总局。现有中低产田面积78 910万亩，占全国的61.71%；待改造重点中型灌区911处，占全国的57.8%。具体包括三类地区：东北区，包括黑龙江、吉林、辽宁、内蒙古等4省（区）及黑龙江农垦总局，现有中低产田面积30 862万亩，占全国的24.1%。黄淮海区，包括河北、山东、河南、安徽、江苏等5省，现有中低产田面积29 760万亩，占全国的23.3%。长江中下游区，包括江西、湖北、湖南、四川等4省，中低产田面积18 288万亩，占全国的14.3%。

②非粮食主产区。13个粮食主产省（区）以外的其他地区。现有中低产田面积48 969万亩，占全国的38.29%；待改造重点中型灌区664处，占全国的42.2%。

分区目标任务：综合考虑各地区农业自然条件和灌溉条件等情况，根据中低产田面积、粮食产量、粮食商品率等因素，测算确定粮食主产区和非粮食主产区的建设任务和目标，把粮食主产区，特别是增产潜力大、总产量大、商品率高的重点粮食主产区放在高标准农田建设的突出位置。同时，各地区在制定本地区高标准农田建设规划时，要向粮食主产县特别是向《新增千亿斤规划》确定的800个产粮大县倾斜（其中，粮食主产区680个，非粮食主产区120个）。在布局安排上与土地整治规划等做好衔接，避免交叉重叠、重复建设。

为突出以粮食主产区为重点，根据粮食主产区耕地占全国耕地面积总量的64%、粮食主产区粮食产量占全国粮食总产量的76%、粮食主产区中低产田面积占全国中低产田面积总量的62%等情况，按照粮食主产区占70%、非粮食主产区占30%的比重，对全国规划新建高标准农田4亿亩进行划分，其中，粮食主产区建设高标准农田2.8亿亩，非粮食主产区建设高标准农田1.2亿亩（表4-3）。在此基础上，根据中低产田面积大小、粮食产量多少和粮食商品率高低等因素，将已分配给粮食主产区和非粮食主产区的建设任务，分别在主产区和非主产区内按省级单位进行分解，确定分省（区、市）高标准农田建设任务，在此基础上确定分区域的建设任务。

（4）其他研究成果

国内学者关于土地治理分区的研究成果也不少，罗明等（2001）按照经济发展程度、土地利用率等特征将全国分为三大区。鞠正山等（2003）则进行了更进一步的细分。见表4－4和表4－5所示。

表4－3 国家农业综合开发高标准农田建设规划分区

区域名称		现状				目标任务	
		农业生产制约因素	耕地面积（万亩）	中低产田面积（万亩）	产粮大县数（个）	规划高标准农田建设面积（万亩）	规划改造灌区（处）
粮食主产区	东北区	一是东涝西旱，蓄引提工程明显不足，农田水利基础设施薄弱，抗灾避灾能力差，粮食生产依然没有摆脱“靠天吃饭”的局面。二是农业集成技术缺乏，农技推广薄弱，农业技术与农民对接的通道还没有完全建立起来，大部分地区耕作方式粗放。三是土壤板结，犁底层浅，耕地质量下降	42 896	30 862	209	9 385	164
	黄淮海区	一是农田水利设施老化失修，灌溉面积萎缩现象较为普遍，旱涝灾害在年度内频繁出现。二是作物套种面积大，品种熟期不配套，影响秋粮单产水平	48 379	29 760	300	11 960	386
	长江中下游区	一是水源工程建设滞后，工程性缺水严重。二是部分地区排涝设施不足，排涝标准偏低。三是农业机械化水平低	25 842	18 288	171	6 655	361
非粮食主产区		除少数县生产条件相对较好外，水土资源不匹配，耕地质量不高，水资源利用不当、排水系统不完善、旱涝灾害频繁发生	65 456	48 969	120	12 000	664
全国合计			182 573	127 879	800	40 000	1 575

表4－4 中国土地治理分区（Ⅰ）

分区	特点	发展方向
东部地区	经济发达、土地利用率高和人地矛盾突出	结合经济发展和农业结构调整时机，大力推进农地整理；提高耕地质量和耕地经营规模水平；努力提高耕地的经济效益农地质量转变

（续表）

分区	特点	发展方向
中部地区	土地利用率较高、社会经济发展中等	在发展经济的同时注意保护耕地和环境；在保持耕地总量平衡的基础上，变注重农地整理的数量为注重改善生态环境；加大对现有耕地科技含量的投入，提高耕地的产出率
西部地区	土地利用程度低、社会经济欠发达	土地治理与退耕还林还草、治水、治沙相结合；逐步推进非农用地整理，减轻非农建设用地对农地的压力

表 4－5　中国土地治理分区（Ⅱ）

一级区	二级区	方向
东部经济发达区	环渤海农园渔建设用地整理区	实行城市拓展界线；加强环境综合整治
	江淮沿海农渔和建设用地整理区	挖掘土地潜力，增加耕地面积；与现代化示范区相结合，为高效农业服务；确立平原田园化建设的方向；加快滩涂资源的开发利用
	浙闽丘陵山地林农渔业整理区	以林地为主，耕地为辅，农林果渔业全面发展；稳定粮食种植面积，保护耕地
	闽南粤平原农渔果建设用地整理区	挖掘非农用地利用潜力；开发整理现在丰富的滩涂、湖泊资源，发展水产养殖，减少渔业对耕地的占用；开发现有的荒草地，扩大热带、亚热带农林作物种植面积；开发宜园荒地，改造低产园地，扩大经济林果生产
中部农业区	大小兴安岭用材林整理区	以林业保护为主，对森林采伐迹地进行生态重建
	东北平原农用地整理区	开发宜农未利用土地，增加耕地面积；加大对基本农田的工程建设，防止洪涝灾害，改良中低产田；以农为主，进行田、水、路、林村的综合整治，改善交通条件
	长白山用材林整理区	维护林业用地为主，对采伐迹地进行综合整治
	内蒙古长城沿线农牧业用地整理区	积极发展圈养业和人工草场，改良天然资源，防止草原退化；因地制宜加强农田基本建设，建立区域性小杂粮生产基地，防止土壤沙化；将旱地逐步设施退耕还草，防止沙漠化的侵蚀
	山西山地—汾渭谷地旱作农业工矿用地整理区	保护耕地，改善生态环境；加强水土流失防治与区域综合治理；进行农田水利设施整理；提高水资源有效利用率
	豫东皖北平原灌溉农业建设用地整理区	严格控制非农建设用地，实施中心村整理以提高农村居民点土地利用率；加强基本农田建设，以建立大型商品化粮食生产基地为土地治理的目标；改土治沙，整理黄河故道
	江汉沿江平原农田居民建设用地整理区	合理利用土地，加快退耕还湖工程；实施“田、水、路、林、村综合整治”的模式，改造中低产田，合并零碎地块，使农地整理服务于大型商品粮基地建设和农业规模经营的需求
	江南山地丘陵林农整理区	改良土壤中黏、酸、瘦等制约因素，提高土壤肥力，综合治理红壤区水土流失问题；保护植被，整理本区零星分布的草地资源
	鄂西山地用材林和旱作农业整理区	在库区进行生态建设，防止水土流失

（续表）

一级区	二级区	方向
西部生态脆弱区	青藏高原畜牧业整理区	加强基本农田建设，提高现有耕地的生产能力。防止草原退化，维护生态的多样性
	南疆山地、绿洲、荒漠牧业绿洲农业整理区	建立节水农业基础设施；注意对生态需水的保护，防止沙漠化的侵蚀；提高植被覆盖率，涵养水资源
	北疆山地、绿洲、荒漠牧业绿洲农业整理区	以提高耕地质量为主，扩大耕地面积为辅，严禁开发旱地；改善现有农业节水灌溉体系，提高水资源有效利用率
	东疆、河西走廊牧业绿洲农业整理区	乔灌结合，防风固沙，增加地面覆被度，改善农田小气候环境；改善现有农业节水灌溉体系，改善土地利用结构，满足区域生态系统对水资源的需求
	陕甘宁丘陵沟壑农林牧整理区	加强以梯田和坝地为核心的基本农田建设；改坡为梯与坡耕地退耕还林还草相结合，进行生态环境综合整治
	四川盆地农林用地整理区	平原区加强田、水、路、林、村综合整治工程，三峡库区实施生态重建工程，移民安置与生态重建相结合
	云贵高原石灰岩农林用地整理区	改广种薄收为加强基本农田建设，退耕还林还草，防止水土流失
	藏东南—横断山脉高山深谷林牧用地整理区	保护森林资源，培育人工林，发展经济林，建立江河上游生态屏障。建立区域商品粮基地，提高区域粮食自给水平
	阿拉善高原牧业用地整理区	搞好牧草地和畜牧业生产，发展自给性粮食生产。抑制过度放牧，加强对天然牧场的保护

2. 区域尺度

区域尺度是在国家分区的基础上，结合本区土地治理目标、任务和资源状况，对本区域进行更细化的分区。区域尺度包括省级、市级和县级，目前研究重点是在县级进行土地治理项目区的时空配置。张正峰、陈百明（2005）以北京市大兴区为例，以田土比率、粮食单产、耕地有效灌溉面积比率、林木覆盖率、农村道路密度、人均耕地面积、人均农林牧渔业产值、人均农村居民点面积、人均耕地后备资源量、地下水供需平衡比率 10 项指标进行聚类分析，根据分析结果将大兴区分为 3 个土地治理区域，如表 4－6 所示。

表 4－6　北京市大兴区土地治理分区（张正峰等，2005）

分区	特点	土地治理方向
北部经济发达区	水土资源条件好，且近邻北京市中心，经济发展水平较高，农业基础设施配套，土地利用水平与集约化水平在全区处于最高水平	农业朝综合、高效、集约的方向发展，重点发展都市农业、精品农业和种子农业

（续表）

分区	特点	土地治理方向
东部产粮区	耕地质量好，耕地利用程度与集约化程度均高，是全区主要的产粮区，但该区地下水资源超采严重	适当增加中小型水库等蓄水工程，拦蓄雨水和径流，同时改进灌溉方式，推广采用先进节水技术，大力发展喷灌或滴灌等节水设施
中南部综合发展区	水资源不太充足，土质较差	重点发展农业观光为主导的农业多种经济作物，农业高新技术开发基地建设、高效种植业等

3. 景观尺度

景观尺度的土地治理分区研究目前主要集中在土地开发整理工程类型区的划分。形成的分区思路是，参考土地治理相关区划成果，根据整理区的自然资源和社会经济条件等宏观资料，建立指标体系，以地形地貌、土壤类型、气候水文等因素作为1级工程区划分的基础因子，根据1级工程类型区中基础因子的区域差异以及土地治理工程措施的特性确定2级土地治理工程类型区。

以湖南省长沙县某镇的农业生产景观分区为例，根据景观分类原则与方法，提取农业生产景观类型，建立农业生产景观自然适宜性评价指标体系，利用自然适宜性综合评价模型得到区域农业生产景观的自然适宜度，根据评价结果，对现状农业生产景观进行分区并提出相应的发展模式。根据自然适宜性评价结果和区域发展特征，将高度适宜农业生产景观规划为粮菜生产区，中度适宜农业生产景观规划为经济园林生产区，低度适宜农业生产景观规划为农业生产限制区，对农业生产景观进行分区调控。

再有四川省土地治理工程类型区划分为例，根据四川省的地形、地貌、气候特征和社会经济条件，结合四川土地开发利用目标、整理工程主要内容和限制性因素，以耕地分布的主要地貌类型、作物种植结构、灌排方式及交通建设基础条件、各地土地开发整理规划的空间布局等作为分区的主导因素，采取归类和叠加的办法，将四川省划分为5个工程类型区，即盆西平原自流引水工程类型区、盆地丘陵紫色土治理工程类型区、盆周山地坡面蓄水保水工程类型区、川西南山地蓄保水工程类型区、川西北高山高原沟谷治理工程类型区。在工程类型区划分的基础上，归纳总结出不同工程类型区土地开发整理的工程组合模式。

第二节 我国农业功能地域分异特征

一、农产品供给功能地域分异

从产品生产目的上可以分为商品性供给和非商品性供给，从供给范围上可以划分出全国性供给和区内消费供给；无论如何划分，不同类型的供给共同保障着国家的食物安全和经济安全。

首先按照供给农产品的类型和能力，划定具有全国意义的主要商品性农产品供给区域；从国家农产品安全的角度出发，还要考虑那些具有相当规模人口和农产品生产量的区内消费型供给区域。

（一）粮食产品供给区

（1）全国输出型主要粮食供给地域

全国输出型主要粮食供给地域主要分布在三江平原、松嫩平原、辽河下游平原、东北半农半牧、海河平原、黄淮平原、江淮平原、江汉平原、洞庭湖平原、鄱阳湖平原、红壤丘陵、四川盆地、渭北陇东旱塬、内蒙古河套与土默川灌区、宁夏河套灌区、河西走廊、天山北坡西部、伊犁河谷和天山南坡及喀什三角洲等19片，主要粮食作物产量占全国总产量的比重分别为：粮食总产65.45%、水稻61.05%、小麦68.38%、玉米71.38%和大豆78.11%。

（2）区内消费型重要粮食生产地域

区内消费型粮食生产地域包括人口众多的山地丘陵区和城市化、工业化程度较高的平原区两类。前者主要分布在胶东、汾渭平原、长江三角洲和珠江三角洲等4片。主要粮食品种占全国总产量的比重分别为：粮食总产9.66%、水稻9.31%、小麦12.66%、玉米8.3%和大豆4.05%。后者主要分布在晋陕黄土丘陵、太行及豫西山地丘陵、陇中青东黄土丘陵、内蒙古中部旱地、伏牛大别山区、武陵山区、滇黔桂岩溶区、南岭山地丘陵和滇桂热区等9片。主要粮食品种占全国总产量的比重分别为：粮食总产15.03%、水稻20.23%、小麦11.44%、玉米14.12%和大豆9.32%。

因此，重点建设19片全国输出型粮食生产基地，同时抓好13片区内消费型粮食生产地域，可以保障国家90%以上的粮食供给能力。

（二）经作产品供给区

（1）棉花

棉花主要供给地域分布在（黄淮海）海河平原、黄淮平原、（长江中下游）江淮平原、江汉平原、洞庭湖平原、伏牛大别山区、(西北内陆）河西走廊、天山北坡西部、天山南坡及喀什三角洲和吐哈盆地等 10 片，棉花产量占全国的 93. 26%。

（2）油料

油料主要供给地域分布在（黄淮海）海河平原、黄淮平原、胶东、(长江中下游）江淮平原、江汉平原、洞庭湖平原、四川盆地、伏牛大别山、长江三角洲、(三北）东北半农半牧区、内蒙古河套与土默川灌区、内蒙古中部旱地、河西走廊和伊犁河谷等 14 片，油料产量占全国的 64. 78%。

（3）甜菜

甜菜主要供给地域分布在（东部）三江平原、松嫩平原、东北半农半牧区、内蒙古河套与土默川灌区、(西部）天山北坡西部、伊犁河谷和天山南坡及喀什三角洲等 7 片，甜菜产量占全国的 79. 15%。

（4）甘蔗和热作

甘蔗主要供给地域分布在桂中南、滇南、粤西和海南等 4 片，甘蔗产量占全国的 87. 87%。热带作物主要集中分布于华南地区。

（三）养殖产品供给区

（1）肉类

肉类主要供给地域集中分布在三江平原、松嫩平原、辽河下游平原、东北半农半牧区、海河平原、黄淮平原、江淮平原、江汉平原、洞庭湖平原、红壤丘陵、四川盆地、胶东、珠江三角洲、伏牛大别山区、武陵山区和南岭山地丘陵等 16 片，肉类产量占全国的 73. 29%。

（2）奶类

奶类主要供给地域集中分布在三江平原、松嫩平原、辽河下游平原、东北半农半牧区、海河平原、黄淮平原、内蒙古河套与土默川灌区、宁夏河套灌区、胶东、汾渭平原、内蒙古中部旱地和京津等 12 片。奶类产量占全国的 77. 79%。

（3）淡水产品

淡水产品主要供给地域集中分布在江淮平原、江汉平原、洞庭湖平原、鄱阳湖平原、红壤丘陵、四川盆地、长江三角洲和珠江三角洲等 8 片。淡水产品占全国的 53. 23%。

二、就业和社会保障功能地域分异

在今后相当长的一段时间内，我国农业还需要承担容纳大量的剩余劳动力就业，并为其提供基本生活资料的社会保障任务。我国农业的就业和生活保障功能在空间上大致呈现5种类型。

Ⅰ. 沿海发达地区：城市化、工业化承担能力强，农业压力较低，农村就业和社会保障水平较高。

Ⅱ. 东北平原、西北绿洲区：城市化、工业化承担能力弱，但人少地多，就业和社会保障压力较小，农村就业和社会保障水平中等，农业产业化发展及农业服务业还具有提高功能水平的相当潜力。

Ⅲ. 中部主要农业区：城市化、工业化承担能力弱，人多地少，就业和社会保障压力较大，农村就业和社会保障水平较低，大宗农产品生产难以提高功能水平，特色农产品生产有一定潜力。

Ⅳ. 人口较多的山地丘陵高原地区：城市化、工业化承担能力弱，土地生产力不高，就业和社会保障压力大，农村就业和社会保障水平低，特色农产品生产有一定提高功能水平的潜力。

Ⅴ. 西部人口稀少地区：城市化、工业化承担能力缺乏，农业土地生产力低，但人口较少，就业和社会保障压力较小，农村就业和社会保障水平低，区内缺乏提高功能的能力。

三、生态功能地域分异

农业的正向生态功能与产品生产功能的区域分异特征有很高的一致性，生产功能越强的地方，正向生态功能也越显著。这里主要从生态功能对区域生态环境维持的重要性（特殊性）或区域生态对农业活动的敏感性角度，分析农业的生态功能与外部制约因素的空间分异，其中正向生态功能主要考虑人工湿地功能和人工绿地功能，外部制约因素则主要考虑生态退化约束、资源压力约束以及环境保护约束。

（一）人工湿地功能

人工湿地功能主要指水稻田所起的涵养水源、调节气候、调蓄洪水及作为水生生态系统的各种生态功能。考虑水田比重、淹水时间等因素，我国水稻田人工湿地功能突出的区域主要分布在秦岭淮河以南地区、三江平原、松辽平原南部和宁夏河套灌溉区。

（二）人工绿地功能

人工绿地功能有两个方面：一是都市化区域内农业土地对于城市建设绿地的替代作用，二是我国北方冬小麦种植对于耕地的冬季覆盖作用。

农业土地对于城市建设绿地的替代功能较为突出区域主要分布在京津地区、辽东半岛、胶东半岛、长江三角洲、珠江三角洲等大都市或城市化地带，以及一些城市人口200万以上的大城市郊区。

考虑冬小麦种植面积、季节、区域植被覆盖特征等因素，冬小麦人工绿地功能突出的区域主要分布在华北地区。

（三）生态退化约束

农业生态功能发挥效果一方面与农业生产活动有关，另一方面则会受到区域本身自然条件优劣的制约。尤其是与农牧业关联较大的水土流失、荒漠化等问题的存在，会使得区域农业生产活动产生一些负面的生态影响。生态退化约束主要分布在以下9片。

①东北西部风沙片：风蚀沙化。

②内蒙古草原片：草原退化。

③藏北草原片：草原退化。

④新疆草原片：伊犁和北疆草原退化。

⑤长城沿线片：水土流失、沙化。

⑥黄土高原片：水土流失。

⑦西北绿洲片：沙化、盐碱化。

⑧西南岩溶片：石漠化。

⑨川滇山原片：水土流失。

（四）资源压力约束

资源压力约束主要指城市化和工业化对农业造成的用地、用水压力以及环境污染压力等，主要分布在以下9片。

①京津冀都市带片：城市化用地压力、用水压力，水资源紧缺。

②辽东半岛片：城市化用地压力、环境污染压力。

③胶东半岛片：城市化用地压力、用水压力。

④长江三角洲片：城市化用地压力、环境污染压力。

⑤珠江三角洲片：城市化用地压力、环境污染压力。

⑥汾渭平原片：城市化用地压力、环境污染压力。

⑦成渝城市带片：城市化用地压力、环境污染压力。

⑧黄淮平原片：水资源紧缺、环境污染压力。

⑨西北绿洲片：水资源紧缺。

（五）环境保护约束

环境保护约束主要是指基于环境和自然资源保护需要而对农业生产活动进行的

限制，主要分布在以下9片。

①大小兴安岭片：森林资源保护。

②长白山地片：生物多样性保护、森林资源保护。

③三江平原片：湿地保护。

④秦巴山地片：生物多样性保护、水源地保护。

⑤冀辽北部山地：水源地保护。

⑥滇西滇南片：生物多样性保护。

⑦海南片：海岛生态环境保护、生物多样性保护。

⑧两江两淮片：洪水调蓄和湿地保护。

⑨青藏高原片：高原生态环境保护、水源地保护、生物多样性保护。

四、文化功能地域分异

文化物质遗产保护功能。主要有如滇桂少数民族梯田水稻景观、珠江三角洲桑基鱼塘景观、新疆坎儿井、宁夏平原和关中平原的古灌溉渠系等，一般其实际尺度较小，且散布在较大的地域空间内。

文化多样性保护功能。主要有内蒙古牧区的蒙古族游牧文化、青藏高原牧区的藏族游牧文化、青藏高原农区的藏族农耕文化、伊犁及北疆牧区的哈萨克族游牧文化、南疆喀什—吐哈盆地绿洲区的维吾尔族农耕文化、南疆西部牧区的柯尔克孜等民族游牧文化、西南滇桂黔地区的多民族山地农耕文化、长白山地区的朝鲜族稻作文化等与农牧业关系密切的部分少数民族文化。

观光休闲功能。农业的休闲、审美和教育功能是普遍存在的，但在都市群区域和大城市郊区比较突出。

第三节 土地治理项目分区扶持方案

一、土地治理项目全国分区

（一）分区指标

1. 指标体系构建思路

按照国家开展农业功能区划的战略意图，农业功能区划指标包括农产品供给、就业与生活保障、生态调节、文化传承与休闲观光和制约因素5个方面。

2. 指标设置原则

指标设置是农业功能区划工作的基础，关系到区划最终成果的科学性。为此，在设置农业功能区划指标时，从5个方面进行把握。

①代表性。指标概念清晰，能把握或代表农业基本功能的基本内涵特征。

②系统性。指标形成反映农业功能形成要素的主要方面，自然条件和社会经济条件等各方面的指标数量要尽量均衡协调发展。

③变异性。一般地讲，在一组指标中地域空间变异系数大的指标对功能区划具有更重要的意义，因此以变异系数的大小作为指标选择的依据。

④独立性。指标系统中，应排除相关性强的指标，只有选用相互独立的指标才能获得最优的区划方案。因此，进行区划之前需要作指标之间的相关性检验，剔除相关系数大的一些指标，保留独立性强的指标。

⑤可操性。指标是否科学，一个重要条件就是能否获得。如果我们设置的指标难以获得，即使这个指标能够满足诸多条件，也是同样会影响到区划方案。在指标选择上，我们充分考虑构成指标数据的可获取性。

3. 指标体系的主要内容

指标体系包括5个指标组，共31个定量指标和2个定性指标。

（1）农产品供给功能指标组

影响农业的农产品供给功能的主要因素有：资源禀赋和资源结构。一般来讲，农业自然资源禀赋程度高、人少地多的地区，在农产品生产能力和输出能力方面就具有得天独厚的比较优势。

①资源禀赋条件。主要包括农业用地结构、人地关系、区域城市化水平等。具体指标：

X1——乡村人口人均耕地面积（亩/人）；

X2——耕地占农用地比例（%）；

X3——林地占农用地比例（%）；

X4——草地占农用地比例（%）。

②供需平衡状况。主要包括粮食供需区域平衡能力，区域商品性粮食生产能力及占全国比重，以及其他主要农产品区域供需平衡能力等。具体指标：

X5——粮食单产（千克/公顷）；

X6——总人口人均粮食（千克/人）；

X7——农业人口人均粮食（千克/人）；

X8——商品粮（万吨）；

X9——商品粮占全国的比重（%）。

农产品供给功能指标主要反映农产品供给的空间范围、品种结构等方面的区域差异。

（2）就业和社会保障功能指标组

①就业。影响农业的就业功能的主要因素有：农村劳动力数量、结构，城镇、非农产业发展水平，农村富余劳动力数量、空间密度，农民收入结构，农业劳动生产率等。一般来讲，就业结构和收入结构中农业比重、农村富余劳动力比例越大，农业的就业功能就越强，反之则弱。具体指标：

X10——农业劳动力占乡村总劳动力比重（%）；

X11——农村富余劳动力数量（万人）；

X12——富余劳动力空间密度（人/平方千米）；

X13——劳均农业总产值（万元/人）；

X14——劳均种植业产值（万元/人）；

X15——农业收入占农村总收入比重（%）。

就业功能指标主要反映农业提供就业比重、农业就业规模和农业富余劳动力规模等方面的区域差异。

②社会保障。影响农业的社会保障功能的主要因素有：区域经济发展水平，区域城市化、工业化发展水平，农村人口数量，农民收入水平等。一般来讲，区域城市化、工业化水平越低，农业的社会保障功能越强，反之则弱。具体指标：

X16——总人口人均 GDP（元/人）；

X17——总人口人均财政收入（元/人）；

X18——农民人均纯收入（元/人）；

X19——工业 GDP 占总 GDP 比重（%）；

X20——农业人口占总人口比重（%）。

社会保障功能指标主要反映社会保障对农业的依赖程度和农村社会保障对象规模等方面的区域差异。

（3）文化功能指标组

①城市居民休闲与教育。影响农业休闲功能的主要因素有：区域城市人口比重密度等。一般来讲，区域城市人口比重越大、密度越高，区域农业的休闲娱乐功能就越强，反之则弱。具体指标：

X21——人口密度（人/平方千米）；

X22——城市人口占总人口比重（%）。

②文化多样性保护。农业文化多样性保护功能取决于是否存在与特定农业生产方式相关的独特民族或地域文化。对于文化功能，目前尚无合适的量化指标，本研

究采用描述性指标。

③文化遗产保存。丰富多样的农业活动方式在许多地方产生了具有多样性价值的独特景观，是人类文化的有形遗产。有形景观既包括单纯的土地利用景观，如云南、广西的山地梯田和广东的桑基鱼塘，也包括由农村聚落和农业用地共同构成的区域景观，如草原游牧景观和江南水乡景观。农业文化物质遗产保存功能主要取决于文化遗产本身的独特性，目前尚无合适的量化指标，本研究采用描述性指标。

（4）生态功能指标组

农业生态功能主要包括人工绿地功能和人工湿地功能两方面。影响人工绿地功能的主要因素有：区域城市规模等级、密度等。一般来讲，城市规模、密度越大，农业的生态功能越显著。人工湿地功能的主要影响因素有：湿地面积规模及其占比重。具体指标：

X23——区域城市人口（万人）；

X24——建成区面积（万平方千米）；

X25——水稻田面积占国土比例（%）；

X26——建制镇以上城镇密度（个/万平方千米）。

（5）制约因素指标组

影响农业功能实现的自然制约因子主要有：土地退化，生态脆弱性，农用土地流失等。具体指标：

X27——水土流失面积占土地比例（%）；

X28——盐碱化面积占土地比例（%）；

X29——沙化面积占土地比例（%）；

X30——耕地变化率（%）；

X31——耕地亩均农业水资源量（立方米/亩）。

（二）分区方法

本研究采用聚类分析（Cluster Analysis）来对中国农业功能进行区划（图4－1）。聚类分析又称群分析，是研究如何将客观事物合理分类的一种数学方法。它是根据事物本身的特性对研究对象进行分类，使同一类中的个体有较大的相似性，不同类中的个体有较大的差异。聚类分析的大部分应都属于探测性研究，最终结果是产生研究对象的分类。聚类分析根据分类对象的不同，可分为样本聚类和变量聚类。采用模糊聚类分析的方法一般分4个步骤：第一步，选择合适的聚类变量；第二步，样本数据的处理；第三步，相似性测度方法及聚类方法的选择；最后，对结果进行解释、验证并修正。

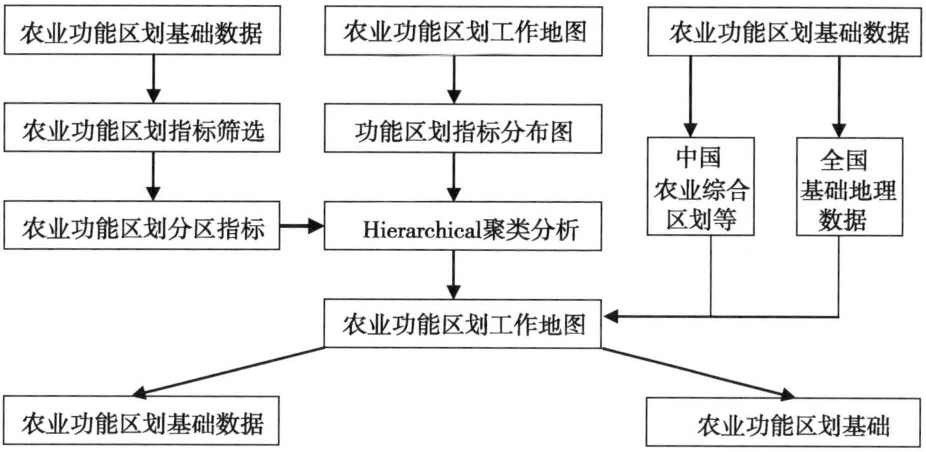

图 4-1 技术路线图

1. 变量选择

聚类的结果仅仅反映所选定变量定义的数据结构，所以变量的选择在聚类分析中非常重要。从理论上讲，选择哪些变量应该具有一定的理论支持，或已经反复论证了并检验的一套指标体系。但目前还没有这样的理论基础。本研究根据实际工作经验、借鉴研究的成果以及研究问题的特征选择了一些变量。这些变量具有以下特点：一是与聚类分析的目标密切相关。二是反映了要分类对象的特征。三是在不同研究对象上的值具有明显差异。四是变量之间不具有高度相关性。

2. 数据的整理及标准化

（1）数据来源说明

本研究的数据涉及资源、环境、经济、社会和文化等领域，时间跨度 2004 年、2005 年和 2006 年三年数据，数据来源于两方面：一是全国各县（市、区）统计年鉴和统计资料，二是通过全国范围内的实地调查取得。

（2）数据标准化处理

所选择指标的取值大小差别显著，且各指标的量纲差别较大，同类中指标的量纲也不统一，聚类之前需要对这些数据进行标准化处理，以减小结果的偏差。采用标准化差法进行标准化。计算公式为 $z=(X_i-X)/S$，其中，X_i 为原变量的 i 个观测值，X 为该变量所有观测值的平均值，S 为标准差。

3. 选择相似性计算方法和聚类方法

相似性是聚类分析一个基本概念，它反映了研究对象之间的亲疏程度，聚类分析就是根据对象之间的相似性进行分类。在聚类分析技术的发展过程中，形成了很多种测度相似性的方法，主要有 3 种：①相关测度；②距离测度；③关联测度，其中相关测度和距离测度适用于间距测度等级的数据。本课题采用距离测度。常见的距离测度有：欧氏距离（Euclidean distance）、明考斯基距离（Minkowski distance）和皮尔逊相关系数（Pearson correlation coefficients）等，本研究选择应用最广泛的欧氏距离。

根据本课题的特点，利用 SPSS 统计软件，选择系统聚类法作为本研究的分析方法。

4. 聚类结果及解释

利用上述方法及数据，本研究使用 SPSS 版本软件进行初步聚类，初始聚类试验采用全部 31 个定量指标参与系统分类，几乎没有规律性可循，通过不断尝试，删除相关性比较大的指标，聚类分析相对集中，聚类结果基本符合不同功能区的属性，但存在一定量的特殊区或异常区。在聚类分析的基础上，按照分区遵循地域分异原则、主导因素与综合分析相结合原则、定性分析与定量研究相结合原则、地域完整性原则和多级续分原则，同时结合中国农业综合区划、中国经济区划、土地利用区划、生态区划等已有成果，最终得出农业功能区区划方案。

（三）分区结果

本方案将全国划分为东部沿海都市农业区、中部农业重点发展区、西部农业保护发展区和青藏农业限制发展区。

1. 东部沿海都市农业区

该区包括环渤海都市圈、长三角、珠三角经济发达地区的京津沪、计划单列市及其周边地区，广西南部和海南省。该区土地面积约 50.35 万平方千米，占国土面积的 5.24%；总人口 2.9 亿多人（不含我国台湾，下同），占全国总人口的 22.48%，其中农村人口占该区总人口的 65%。耕地面积 1 300多万平方千米，占全国耕地面积的 11.5%，人均占有耕地 0.67 亩，仅是全国平均数的 44.92%。

土地生产力较高，局部地区担负部分大宗农产品供给任务。主要产品为玉米、小麦、油料、肉类和奶类。粮食总产 6 900多万吨，占全国粮食总产量的 13.5%，人均占有粮食仅 237 千克，低于全国人均 370 千克水平。肉产量占全国 17.65%，奶产量占全国 22.92%。长江三角洲和珠江三角洲是国家淡水产品供给基地，淡水产品占全国的 18.07%；南部地区是甘蔗、橡胶及其他热带作物的生产基地。

区内城市化、工业化对农村就业和社会保障的承担能力较强，农业的就业和社会保障压力较低。都市化地区农业具有城市居民休闲教育功能，南方部分地区农业有传承保护江南水乡景观的作用。

从总体上来说，东部沿海都市农业区的农业生产条件良好，在全国农业生产中具有重要地位，但是由于东部地区工业发达，农业比较效益低，农业的发展受到耕地减少、环境污染、抛荒等诸多因素的限制，部分地区有海岛生态环境保护、生物多样性保护方面的限制。但是，在农业的文化和休闲功能以及农业的生态功能、就业和生活保障功能的实现方面，具有很好的发展前景。

2. 中部农业重点发展区

中部农业重点发展区包括黑龙江、吉林和辽宁北部、内蒙古东部，河北、山东大部，苏北苏中地区，浙江、福建、广东大部，河南、安徽、江西，湖北、湖南南部，广西北部。

本区域土地面积238.35万平方千米，占全国陆地面积的24.82%；总人口65 335.3万人，占全国的50.26%，其中，乡村人口占74.31%；耕地面积6 630.778万公顷，占全国50.99%。

本区域是国家大宗农产品供给基地，主要产品为小麦、玉米、大豆、稻谷、甜菜、肉类、奶类、棉花、油料和水产品。本区域粮食总产32 774.12万吨，占全国69.82%，其中，小麦占全国69.35%，玉米占全国56.74%，大豆占全国93.57%，稻谷占全国70.05%；主要经济作物甜菜总产占全国14.68%；肉类和牛奶分别占全国的79.29%和32.41%；棉花和油料分别占全国的65.45%和60.21%；淡水产品占全国的40.29%，同时，也供给全国绝大部分的海水产品。

东北地区人少地多，农业规模化、机械化水平高，农业及关联产业可以提供一定水准的就业和社会保障。其他地区人口密集，人地关系紧张，农业的就业和生活保障压力比较大。

广泛分布的稻田具有显著的人工湿地功能，北方冬小麦种植具有显著的人工绿地功能。在农业文化传承方面，江南水乡景观和朝鲜族稻作文化独具特色。

本区域农业发展的外部制约包括：湿地保护、洪水调蓄、水源地保护和生物多样性保护；土地退化和水资源紧缺的压力；水域污染和渔业资源退化。

3. 西部农业保护发展区

西部农业保护发展区包括内蒙古，新疆，甘肃，山西，山西，云南，贵州，广西、湖南、湖北部分地区。本区土地面积448.95万平方千米，占全国陆地面积的46.77%；总人口30 664.01万人，占全国的27.9%，其中，乡村人口占76.32%；耕地面积3 406.844万公顷，占全国的26.18%；本区粮食总产10 583.58万吨，占全国22.54%。尽管本区国土面积较大，但可耕地较少，土地生产力不高，人口、耕地面积、粮食产量占全国的比重比较接近，多数地区属于粮食紧平衡区，从大区整体上看粮食可以基本自给，但区域内部需要调节。本区乡村人口所占比重较大，城市化和工业化水平低，农业在很大程度上还承担着农村就业、农民生活保障和发展的任务。本区有丰富的少数民族文化传承功能，地理和气候条件多样，特色物种资源丰富。同时，本区生态环境脆弱，水土流失、沙漠化、石漠化和草原退化问题突出，部分地区自然资源长期受到过度开发，陷入经济落后—生态环境恶化的恶性循环，农业发展受到严重的外部制约。

4. 青藏农业限制发展区

青藏农业限制发展区，包括青海、西藏。本区土地面积221.95万平方千米，占全国陆地面积的23.12%；总人口592.28万人，占全国的0.78%，其中乡村人口占81.49%，地广人稀，属于低潜低压区。农牧业一直是区域经济的主体，农牧业产值分别约占高原农业总产值、GDP的97%、40%，均远高于全国汉族地区和少数民族地区的平均水平。农业结构以牧业为主，兼顾林业和种植业，主产藏绵羊、牦牛、青稞。粮食总产195.43万吨，占全国0.42%，以青稞为主；主要经济作物油料总产占全国0.53%；肉类和牛奶分别占全国的0.85%和3.02%。

本区高寒、干旱、缺氧，农林牧业发展严重受限：①本区大致仅有1/10左右的土地适宜发展种植业和林业，种植业主要集中在水热条件组合相对较好的低海拔河谷地区，粮食作物单产目前只有3 000千克/公顷左右；②林区主要分布于地势险峻的喜马拉雅山、横断山和念青唐古拉山等山脉，交通困难，开发难度比较大；③除若尔盖、青海湖畔和香格里拉等少数草原草地质量较好外，大多数草地的载畜能力不高，生产方式落后，过牧超载普遍，草地退化严重；④受气候变暖影响，青藏高原出现冰川退缩、冻土活动层厚度增大、地下水位下降、表土层水分减少，某些生物物种面临濒危状态甚至消亡，而一些危害草地的动物如鼠类、毛虫等又以惊人的速度繁殖。

二、土地治理项目的分区功能定位

农业综合开发土地治理项目，要根据各区域农业资源禀赋，各区域在国家农业的发展中所承担的农业功能，进行发展定位。各区域所承担的农业功能及其定位分别如下。

（一）东部沿海都市农业区

东部沿海都市农业区包含了271个农业综合开发县，其中，81个县进入了全国800个粮食生产大县，109个平原县，77个丘陵县和57个山区县。

该区域农业的主要功能是农产品供给功能和休闲观光功能，农业生产的主要任务是保证园艺产品和水产品以及热带水果、橡胶等农产品的供给。

由于该区域工业化和城市化水平高，农业的比较效益低，农业发展必须走高投入、高产出的高效农业发展之路，提高单位面积土地的产出率，引领全国现代农业的发展。此外，该区域对农业观光休闲的需求比较旺盛，该区域需要重点发展具有农村传统文化特色的观光产业和以现代农业生产方式为载体的观光农业，促进当地农民增收。

设施农业是该区域土地治理项目重点支持的发展，扶持该区域现代蔬菜种植、水产养殖、畜牧养殖等农业设施的建设。该区域应该探索新的扶持方式。

（二）中部农业重点发展区

中部农业重点发展区包含了945个农业综合开发县，其中，547个县进入了全国800个粮食生产大县，334个平原县，251个丘陵县和227个山区县。

中部农业重点发展区是承担我国粮食供给功能的主要区域，承担全国的主要粮食作物小麦、水稻、玉米、大豆等主要粮食作物和花生、油菜等主要油料作物以及棉花的生产，同时该区域还承担着我国肉、蛋、奶等畜禽产品以及水果和蔬菜等主要园艺作物的生产。该区自然资源条件优越，是全国农业精华地带和粮食主产区，是我国农业生产的核心区域也是我国农业综合开发工作的重中之重。保障粮棉油等大宗农产品的生产是该区域土地治理项目的主要任务。由于该区域主要是平原和丘陵，该区域也是土地治理项目中的中低产田改造项目和高标准农田建设项目的重点实施区域。

本区商品率高和商品量规模大，抓好本区农业，也就抓住了国家农产品供给安全的关键。应立足区域大宗农产品生产的比较优势，延伸产业链，提高农业综合竞争力，加快建设保障国家农产品供给安全的现代农业产业体系。

该区域应该通过土地治理项目的实施，大力发展现代种植业，提高粮食综合生产力。严格保护农业水土资源，促进适度规模经营，积极推进现代种植业建设，重点抓好全国输出型和区内消费型两类粮食生产基地，保障形成全国80%以上的粮食生产能力。

该区域应该大力探索两类项目相结合，将土地治理项目与产业化项目相结合，实行网格式的农业综合开发，完善农业产业链，推动大宗产品的农业产业化进程，一方面解决农业生产基础设施投入不足的问题，另一方面解决农产品的销售问题，增加农民收入。

此外，通过产业化项目推进畜牧业发展，还有利于拓宽有机肥源，增加土壤有机质含量，强化农田物质循环，降低种植业的自然和市场风险，提高主产区农业综合生产力和比较效益。

（三）西部农业保护发展区

西部农业保护发展区包含了746个农业综合开发县，其中，108个县进入了全国800个粮食生产大县，189个平原县，168个丘陵县和453个山区县。该区域主要是山区、丘陵和高原，而且生态条件比较脆弱，只有部门区域适合发展农业生产，不是我国大宗农产品供给的主要区域，该区域的农业的主要功能是文化传承和生活保障。在农业生产方面，主要以满足当地居民的食物需要为主，并向全国输出部分特色农产品。因此该农业综合开发的主要任务是通过生产治理，改善当地的农业生产条件，提高当地农产品的供给能力。

该区特色自然资源丰富，但生态严重失衡，农业生产水平较低，农村经济发展相对滞后。应在确保口粮基本自给和生态安全的前提下，加快建设特色农业产业体系。通过农业综合开发加大生态治理和水利设施、农田基本建设等投资，缓解脆弱区人与自然的紧张关系，发展环境友好型农业，促进当地特色农业产业的发展，带动当地农业和农村经济的发展。

该区域要对新的土地开发实行限制政策，对于一些承担着民族传统文化的农业区域，通过生态治理项目的建设，恢复当地植被，提高草地的生产能力，发展环境友好型农业，促进农业生产与生态环境协调发展。

（四）青藏农业限制发展区

青藏高原农业限制发展区包含了51个农业综合开发县，其中没有全国粮食生产大县，1个平原县，9个丘陵县和135个山区县。

该区域农业的主要功能是生态调节、文化传承，同时为当地的农牧民提供青稞、油料、肉类和奶类等农产品。由于作为藏族同胞主食的青稞只能在青藏高原农区生产，不存在从其他地域调剂的可能，因此，保障当地食物供给，保持当地社会稳定，是农业的主要任务。但是由于当地生态环境脆弱，农业不能过度发展，需要严格限制农牧业规模和区位，转移农牧业的就业和生存保障压力。本区以世界屋脊著称，是长江、黄河、印度河、恒河、雅鲁藏布江、怒江和澜沧江的发源地，是亚洲气候及其变化的主要启动区和调节区。承载着保护我国大江大河水源地和改善中东部更广阔区域内的生态环境质量等重要生态调节功能。

本区农牧业发展既是藏族人民生活的需要，也是维护和传承藏区农耕文化、游牧文化的主要载体。独特的藏族文化传统和人文历史遗存以及丰富多样的高原自然景观是发展区域观光旅游业的重要基础。

该区域的农业综合开发以保护生态为主，通过生态治理项目治理和修复退化草地。同时对于热量条件较好、降水相对较多，灌溉条件也比较优越的河谷地区，进行重点开发，发展青稞、油菜等区内特需农产品的生产，推进种植业产业化，增加农产品供给，提高农牧民收入。

三、土地治理项目的分区扶持政策

土地治理分区域扶持政策根据我国不同区域农业的主体功能，结合各地域自然条件、农业基础条件等因素确定不同类型的项目扶持的重点区域，并采取不同的扶持措施。

（一）高标准农田示范工程项目

该项目功能定位是推动农业现代化建设，促进农业增效、农民增收的重要途径，提高农业综合生产能力。重点扶持区域为京津沪、计划单列市等都市区域、东部沿海都市农业区、中部农业重点发展区。

东部沿海都市农业区的高标准农田建设项目需要适当提高投资标准和建设标准，利用好京津沪地方财力充足的优势，较大幅度提高亩投资标准，从实际需要看，亩投入提高到2 000～3 000元为宜，着重建设生产设施、节水工程、重点渠系工程、道路硬化工程及绿化等工程建设，大幅提升设施建设水平。根据京津沪的实际，对于围垦滩涂、国有农场及远郊区县的部分地区，具有较大规模的连片农田，可以实行万亩以上集中开发、规模化高标准建设；对于城市近郊区，为了更方便对重点地块、重点园区进行治理、提升，建议将土地治理一个项目区范围最低降到2 000～3 000亩。积极探索土地治理与产业化经营两类项目有机结合试点工作，建立现代化的农业产业园区，建立中国现代农业的样板，展示现代农业发展的成果。

中部农业重点发展区，重点扶持《全国新增1 000亿斤粮食生产能力规划》与农业综合开发县重叠的粮食生产大县，以提高粮食综合生产能力为重点，在原有中低产田改造的基础上，建设高标准农田，维持目前的最低限制面积10 000亩不变，适当提高亩投资额度为1 500元。

西部农业保护发展区和青藏农业限制发展区，可以进行高标准农田试点工作其投资标准和建设要求，参照中部农业重点发展区投资标准。

（二）中低产田改造项目

该项目功能定位是提高农业特别是粮食综合生产能力为目标，着重建设稳产高产基本农田和粮棉油等大宗优势农产品基地等，重点中部农业重点发展区和西部农业保护发展区。对中部农业重点发展区实施高标准农田建设的同时，加大中低产田改造的投入，明确中部农业重点发展区粮食生产的主体地位，重点进行中低产田改造，提升西部农业限制发展区的农业发展潜力。

扶持范围以农业开发县为主，区分平原县和丘陵县，制定不同的投资标准，适当提高平原粮食主产县亩投资额度，达到1 000元/亩；丘陵地区进行中低产田改造的目的是保障粮食生产稳定，兼顾发展特色优势产业，提高亩投资额度到1 200元/亩。逐步降低配套资金和自筹资金比例，根据项目县财政收入的情况规定不同配套和自筹标准。项目建设继续按照“统筹规划、集中连片、规模开发”的原则确定治理面积，鼓励受自然条件限制的地区实施项目打捆。

（三）生态综合治理项目

该项目功能定位是，以保护项目区生态环境为目标，着重改良草场、开展小流域治理和土地沙化治理等，重点发展西部农业保护发展区和青藏农业限制发展区。

项目主要布局在黄土沟壑丘陵区、青藏农业限制区和东部低山丘陵区的农业综合开发县，开展以治沙、治碱和湿地保护、小流域治理为主的生态综合治理，加大农田防护林建设，恢复生态林建设和草场改良等生态治理项目建设。内蒙古、甘肃、新疆、西藏、青海5省（区）用于生态综合治理项目的财政投资可在土地治理资金内部提高比例至40%；东部沿海都市农业区生态综合治理项目财政投资比例，由目前的30%提高到50%。生态综合治理项目资金应集中向生态脆弱或丘陵山区倾斜，因地制宜开展生态综合治理项目建设，加强农业基础设施建设，加强河道堤防建设，进行小流域综合治理，保护有限的耕地资源。针对在东部沿海都市农业区的山区半山区，耕地资源少、地块分散的特点，放宽立项条件，按流域达到5 000亩即可申报项目。生态综合治理项目的亩投资标准可比2010年的水平适当提高，草原（场）建设亩投资标准不低于250元，小流域治理亩投资标准不低于1 000元，土地沙化治理可根据实际情况确定。

（四）中型灌区节水配套工程项目

该项目功能定位是，着重结合中低产田改造，为不低于5万亩、不超过30万亩的灌溉面积提供水利灌排保障，直接改善项目区的水利灌溉条件。重点发展中部农业重点发展区和西部农业限制发展区。平原地区要大力推广渠道防渗、地下管道输水等田间节水措施，充分利用地表水；丘陵山区要加强抗旱水源工程建设，大力支持集雨灌溉、节水灌溉等工程。

建议在土地治理项目增量资金中增加1万~5万亩灌区节水配套工程项目，以适应山地丘陵地区地貌特征。亩投资标准可以在原来的基础上整体提高。

第五章　产业化经营项目——区域发展与典型案例

第一节　农业产业化区域研究理论与方法

农业产业化分区研究，是基于比较优势等理论，结合区域产业现状，确定区域农业产业化发展方向。其重点，一是确定区域具有比较优势的产业，形成产业功能分区；二是确定分区域农业产业化经营模式和扶持政策。

一、比较优势理论与方法

（一）比较优势相关理论

1. 比较优势理论

比较优势理论是在绝对成本理论的基础上发展起来的。根据比较优势原理，一国在两种商品生产上较之另一国均处于绝对劣势，但只要处于劣势的国家在两种商品生产上劣势的程度不同，处于优势的国家在两种商品生产上优势的程度不同，则处于劣势的国家在劣势较轻的商品生产方面具有比较优势，处于优势的国家则在优势较大的商品生产方面具有比较优势。两个国家分工专业化生产和出口其具有比较优势的商品，进口其处于比较劣势的商品，则两国都能从贸易中得到利益。赫克歇尔和俄林从生产要素比例的差别而不是李嘉图认为的生产技术的差别出发，解释了生产成本和商品价格的不同，以此说明比较优势的产生。认为资本、土地以及其他生产要素与劳动力一起都在生产中起重要作用并影响劳动生产率和生产成本；不同的商品生产需要不同的生产要素配置，而各国生产要素的储备比例和资源禀赋不同，正是这种生产资源配置或要素禀赋上的差别才是国际贸易的基础。

克鲁格曼和赫尔普曼引入规模经济来分析比较优势，发展了一个基于自由进入和平均成本定价的垄断竞争模型，将产品多样性的数目视为由规模报酬和市场规模之间的相互作用内生所决定。杨小凯和博兰从专业化和分工的角度拓展了对内生比较优势的分析，认为内生比较优势会随着分工水平的提高而提高，将专业化与分工置于分析的核心。格罗斯曼和麦吉从人力资本配置的角度分析了各国间的比较优势。

并发现，具有相对同质人力资本的国家，出口产品所使用的生产技术以人力资本之间的互补性为特征；具有异质人力资本的国家，其出口产品所使用的生产技术以人力资本之间的替代性为特征。

比较优势理论的原理除了可以用于对国际贸易问题的分析以外，还有较为广泛的一般适用性，在农业领域也应用较广。农业比较优势的经典理论主要有3个方面，即建立在自然地域分工规律基础上的自然资源优势论，建立在比较利益基础上的劳动地域分工理论，建立在区位理论基础上的农业专业化分区布局理论，从不同角度提出了农业比较优势形成与确立的理论基础。

2. 竞争优势理论

竞争优势理论又称波特钻石理论模型，迈克尔·波特的钻石模型用于分析一个国家某种产业为什么会在国际上有较强的竞争力。决定一个国家的某种产业竞争力的有四个因素：生产要素，包括人力资源、天然资源、知识资源、资本资源、基础设施；需求条件，主要是本国市场的需求；相关产业和支持产业的表现，即这些产业和相关上游产业是否有国际竞争力；企业的战略、结构、竞争对手的表现。波特钻石理论模型常用来分析产业集群竞争力。

3. 技术创新理论

技术创新理论最早是由熊彼特提出的。创新一般包含5个方面的内容：制造新的产品，制造出尚未为消费者所知晓的新产品；采用新的生产方法，采用在该产业部门实际上尚未知晓的生产方法；开辟新的市场，开辟国家和那些特定的产业部门尚未进入过的市场；获得新的供应商，获得原材料或半成品的新的供应来源；形成新的组织形式，创造或者打破原有垄断的新组织形式。后来被发展成为当代西方众多经济学理论的两个分支：一是新古典经济增长理论和内生经济增长理论；二是侧重研究技术创新的扩散和技术创新的“轨道”和“范式”等理论问题。技术创新理论，以“创新”为基础，揭示了现代经济的一般特征及其发展的社会推动力，其理论分析体系和研究方法，对不同体制框架和不同发展阶段中的国家，都具有重大的理论、政策启迪意义和深远的历史性影响。

4. 农业产业化理论

农业产业化也可以称作农业生产、经营、服务一体化，主要是依靠经济和法律关系将农业生产的产前、产中、产后等环节有机地联系起来，其核心是一体化结构体系的建立和运作。农业产业化的发展适应了我国农业社会生产力的发展要求，在我国发展迅速。《中共中央关于农业和农村工作若干重大问题的决定》指出，农村出现的产业化经营，不受部门、地区和所有制的限制，把农业产品的生产、加工、销售等环节连成一体，形成有机结合、相互促进的组织形式和经营机制，既能奠定农民家庭联产承包经营的基础，维护农民财产权，又能推动农民进入市场，采用现代科学技术，扩大生产经营规模，增强参与市场竞争力，提高农业综合效益，是我国农业逐步走向现代化的有效途径。

农业产业化的基本组成要素：市场，市场是导向，也是起点和前提；中介组织，是联结农户与市场的纽带和桥梁，包括龙头企业、合作社、协会组织等；农户，是农业产业化的主体。在农业生产经营领域之内，农户的家庭经营使农业生产和经营管理两种职能合在农户的家庭之内，管理费用少，生产管理责任心强，最适合农业生产经营的特点；规模化是基础，只有规模生产，才有利于利用先进技术，产生技术效益。

（二）比较优势测算方法

农业比较优势包括3个层次：一是产业之间比较所形成的农业比较优势，二是农业内部不同产品之间比较所形成的农产品比较优势，三是不同农产品在不同地区的比较优势。农业比较优势是调整农业产业结构的依据，按照比较优势原理来建立产业和资源配置，及时调整和优化农业结构，发展比较优势产品，促进优势农产品合理布局，能获得真正的比较利益。测算比较优势的指标主要如下。

1. 综合比较优势指数

综合比较优势指数适用于区域内比较优势的测定，即在一国范围内、不同区域之间某种产品或同一区域不同产品之间比较优势的衡量和比较。需要计算的指标有生产效率优势指标（EAI）、生产规模优势指标（SAI）和综合比较优势指标（AAI）。

①生产效率优势指数。生产效率优势指数（EAI），是指各种植区域某种农作物单产水平占该区域所有作物平均单产水平的比率与全国该作物单产水平占全国所有作物平均单产水平的比率进行对比，即：

$$EAI_{ij} = \frac{AP_{ij}/AP_i}{AP_j/AP}$$

其中，EAI_{ij}表示i区j作物的生产效率优势指数；AP_{ij}表示i区j作物的单产量。生产效率指数考察了该地区该农作物生产效率的相对优势。

若$EAI_{ij}>1$，表示与全国平均水平相比，i区j作物生产具有效率优势；若$EAI_{ij}<1$，表示i区j作物生产与全国水平相比生产效率处于劣势。

生产效率比较优势主要通过由生产要素含量所决定的土地生产率来体现某农产品区域比较优势。但在一般情况下，往往生产规模越小其单产水平越高，效率系数也越高。因此效率优势系数往往并不能客观地反映一地区某一作物真正比较优势，而且也不能反映市场需求和传统种植制度概况。

②生产规模优势指数。生产规模优势指数是指各种植区域某种作物播种面积占该区所有作物播种面积的比率与全国该作物播种面积占全国播种面积的比率进行对比。规模优势指数反映了生产规模和专业化程度，考察该农作物在该地区农业生产上的相对重要性及规模优势。

$$SAI_{ij} = \frac{GS_{ij}/GS_i}{GS_j/GS}$$

其中，SAI_{ij}表示 i 区 j 作物的规模优势指数；GS_{ij}表示 i 区 j 作物的播种面积。

$SAI_{ij}>1$，表示与全国平均水平相比，i 区 j 作物生产具有规模优势；$SAI_{ij}<1$，表示 i 区 j 作物生产处于劣势，SAI_{ij}值越大，优势越显著。

③综合比较优势指数。综合比较优势指数是效率优势和规模优势指数综合作用的结果，能够更全面地反映一个地区某种作物生产的比较优势度。综合比较优势通过上述两种优势的几何平均值来反映，即：

$$AAI_{ij} = \sqrt{EAI_{ij} \cdot SAI_{ij}}$$

$AAI_{ij}>1$ 表示与全国水平相比，i 区 j 作物生产具有比较优势；$AAI_{ij}<1$，表示与全国水平相比，i 区 j 作物生产并无优势。

2. 区域显示性比较优势指数

区域显示性比较优势指数指一个国家的某种产品在某个经济区域内的相对优势，它等于一个国家的某种产品出口总值占其出口总值的份额与该种产品的一个区域出口总值占该区域所有产品的出口总值的份额之比率。它反映一个国家的某种产品在区域出口贸易中的竞争强度和专业化水平。用公式表示为：

$$RRCA_{ij} = \frac{X_{ij}/X_i}{X_j/X}$$

其中，$RRCA_{ij}$表示 i 国第 j 种商品的区域显示性比较优势指数；X_{ij}表示 i 国第 j 种商品的出口值。

如果 $RRCA_{ij}>1$，则表示 i 国家 j 种产品在区域经济中具有显示性比较优势，其数值越大，显示性比较优势越明显；如果 $RRCA_{ij}<1$，则表示 i 国第 j 种产品在区域经济中具有比较劣势。

3. 国内资源成本法

国内资源成本法包括社会净收益（NSP）、国内资源成本（DRC）以及有效保护率（ERP）3 种指标。

①社会净收益（NSP）。社会净收益衡量生产活动所产生的社会利益，包括直接效果与外部效果。即：

产品生产的社会净收益 = 以影子价格计产品产值 - 以机会成本计产品生产所耗资源成本 + 外部效果

②国内资源成本（DRC）。国内资源成本是指赚取（或节省）一边际单位外汇而从事某项产品的生产活动所需要消耗国内资源成本的价值。将外汇用影子汇率换算为本国货币，或将国内资源成本 DRC 除以影子汇率可得国内资源成本系数，简称 DRCC。

国内资源成本系数 = 产品生产耗费的国内资源成本/（产品以影子价格计产值 - 以机会成本计进口性投入成本）

DRCC 可看作生产活动过程中，国内资源使用转换成外汇的平均效率。如果 $DRCC<1$，表明使用国内资源进行生产，产品成本小于净外汇所得，该国在该产品的生产上具有比较优势。相反，当 $DRCC>1$ 时，该国在这种产品生产上不具有比较优势。如果 $DRCC=1$，表明使用国内资源进行生产，生产处于利益均衡状态。产品生产 *DRCC* 值越低，表明比较优势越强。按照 DRCC 值将不同产品进行排序或相比，可以得到各产品生产的相对比较优势。

③有效保护率（EPR）。有效保护率旨在衡量由于关税等贸易政策、国内生产保护政策等作用，国内生产实际的附加价值比在国内生产无政府干预和自由贸易情况下所产生的附加价值增加多少百分率，以确定国内对生产活动的保护水平及保护效果。有效保护率不仅可测度某种产业受到保护的程度，也反映了市场扭曲或障碍的严重程度。即：

EPR = 实际生产的附加值/无保护时的附加值 - 1 = （以实际价格计算的产出 - 以实际价格计算的投入）/（以影子价格计算的产出 - 按机会成本计算的投入） - 1

4. 概率优势指数法

概率优势分析是以期望效用模型为基础，根据累计概率分布，分析决策行为主体在面临自然条件、出售价格变动等不确定性风险时，如何在两个替代方案之间进行选择的一种分析方法。这种方法可用来测量特定作物的品种之间，不同地域农业之间或生产部门之间的概率优势。概率优势分析的步骤：计算一个地区历年来单位农产品的成本、单产等指标的发展速度 V [$V=ht/(ht-1)$，h 表示指标值，t 表示年份]；对 V 按从小到大的顺序排列（n 个）；假设每年为一个样本，则各个发展速度 V 出现的概率为 $1/n$；计算累积概率 S（注：S 的最高值取 0.99999999）；S 和 V 之间存在线性关系：$V=-a/b+1/b\times\ln(1/S-1)$。把 V 和 $\ln(1/S-1)$ 作为两个变量，并对上式用最小二乘法分别估计不同地区该农产品种植指标的一级概率优势值。当累积概率 $S=1/2$ 时，截距 $-a/b$ 为一级概论优势。成本的一级概率优势值越小，则该地区生产的比较优势越大。单产或户均播种面积的一级概率优势值越大，则该地区该农产品生产的比较优势越大。

5. 区位商法

区位商（Location quotient）又称区域专业化率，指一个地区特定部门的产值在该地区总产值中所占的比重。区位商是空间分析中用来计算所考察的多种对象相对分布的方法，它可明确地计算出某一地区、某一时段的现状优势产业。公式表示为：

$$LQ_{ij} = (L_{ij}/\sum_{i} L_{ij})(\sum_{i} L_{ij}/\sum_{i}\sum_{j} L_{ij})$$

其中，L_{ij} 表示第 i 个地区第 j 个行业的产出指标；LQ_{ij} 表示 i 地区 j 行业的区位商。

当 $LQ_{ij}>1$ 时，意味着 i 地区 j 行业供给能力能够满足本地需求而有余，可以对外提供产品（大于 1 的部分意味着对区外市场的占领部分）；当 $LQ_{ij}<1$ 时，意味着供给能力不能满足本地的需求，需要从区外调入产品；当 $LQ_{ij}=1$ 时，处于平衡状态。

二、区域产业比较优势

（一）区域农业产业化主导产业选择

基于农业产业或农产品的比较优势，通过产业比较优势指数测算、指标体系构建、数学模型分析等方法，能确定区域主导产业，实现资源的优化配置。区域主导产业选择的研究主要包括主导产业特征、选择原则、方法、措施等方面。区域农业主导产业的普遍特征主要是在当地产业结构中占有较大的比重，在产业体系中技术先进、商品率高、经济效益显著，对其他产业和整个经济发展具有明显推动作用的产业。由于规模效应较强，利于实现产业化发展，全产业链生产服务综合配套。

在产业经济理论中，主导产业的选择基准主要有筱原基准、赫希曼基准、罗斯托基准，此外还有要素密集度基准、边际储蓄基准，我国经济学家还提出增长后劲基准、短缺替代弹性基准、瓶颈效应弹性基准、可持续性基准、合理性基准等。赫希曼基准也称产业关联度基准，产业关联度高的产业对其他产业会产生较强的后向关联、前向关联和波及效应，选择这些产业作为主导产业可以带动整个经济的发展。此基准的实质是选择并支持那些能带动其他产业发展的产业作为主导产业。筱原基准是由日本经济学家筱原三代平提出的，包括收入弹性基准和生产率上升率基准两个基准。生产率上升率基准的实质是选择生产率上升率高的、代表先进技术的产业作为主导产业，这里所说的生产率是指全要素生产率，即产出对全部投入之比。此基准强调的核心在于生产率的上升取决于技术的进步。结合我国国情，且由于区域差异性，针对各区不同资源环境状况的主导产业选择方法有差异，在此主要归纳较具有普遍性的方面。

1. 区域农业主导产业选择原则

区域政府在选择农业主导产业时，主要是根据本区域自然资源状况、农业生产技术水平和区域相对比较优势，筛选符合主导产业特征的产业。

①统筹规划原则。确定主导产业要充分考虑到原有产业基础、产业结构和产业布局，统筹规划，突出特色。应明确主导产业选择的约束条件，一是区域经济的发展阶段以及与之相关的需求结构变动趋势和产业结构演进的一般趋势，二是政府政策空间。

②资源优势原则。主导产业的选择要结合区域自然条件、资源优势、劳动力优势，要用发展的、动态的眼光，从长远来考察，具有资源、市场、技术等潜在优势和广阔的发展前景，通过培养和开发能够形成未来经济发展的支柱，能成为本行业、本部门的龙头或新兴产业。

③市场供求原则。主导产业以专业化、商品化、社会化的大规模生产为基本特征，其产品应有不断增加的市场需求和广阔市场前景。

④经济效益原则。提高经济效益是农业发展的最终目标，选择农业主导产业应在各产业产值和农民收入的构成中具有较大份额，在区域间有较高的产出投入比和比较利益最好的产业。

⑤关联效应原则。农业主导产业的产业带动性要强，通过其发展要带动关联产业的发展。农业主导产业不但在区域中起主导作用，而且能带动区域经济的全面发展，带动相关二、三产业发展，为新的加工业形成提供原料，体现区域产业演变趋势。

⑥技术进步原则。区域农业主导产业应该是区域内具有技术领先或具有较强的技术储备，在地区产业的高级化中具有推进作用的技术含量较高的产业。

⑦可持续发展原则。持续发展是农业发展的重要法则，在选择主导产业时，首先要强调把环境保护作为一个重要的衡量标准，不能忽视长远效益。

2. 区域农业主导产业选择指标

定性指标主要从区域需求结构变动趋势、区域要素禀赋状况和区域政府的政策空间等方面来考察。以下选取的主要是反映主导产业特征的具有代表性的定量指标。

（1）需求收入弹性系数

市场需求可以用需求收入弹性系数来衡量。需求收入弹性系数表示为：某产业的产品收入弹性系数=某产业产品的需求增加率/人均国民收入增加率。即，

$$E_i = \frac{\Delta X_i / X_i}{\Delta y / y}$$

其中，ΔX_i 为需求增量或产值增量；X_i 为 i 产业产值或上一时期得到满足的需求；Δy、y 分别为国民收入增量及上一时期国民收入值。

需求收入弹性是判断一个产业发展前景和对经济牵动的重要依据，是衡量主导产业产品市场潜力的一个指标。在选择区域主导产业时应选择收入弹性系数高的产业。

（2）经济效益指标

①增长率指标。可反映某产业的生产发展速度、技术进步速度、劳动生产率的高低。设 X_{i0} 为第 i 产业部门初始状态产品需求量，r_i 为平均增长率，则第 i 产业部门在 t 时期的产品需求量为：

$$X_{it} = X_{i0}(1 + r_i)^t$$

其中，r_i 越大，则第 i 产业增长越快，在区域经济系统中的地位和作用也越重要。

②资金利税率指标。公式表示为：

$$R_i = T_i / K_i$$

其中，R_i 为第 i 产业部门的资金利税率；T_i 为第 i 产业部门的利税总额；K_i 为第 i 产业部门的资金总额。

R_i 越大，则第 i 产业获利能力越强，资金利用效率越高。

③劳动生产率指标。公式表示为：

$$Q_i = x_i / L_i$$

其中，Q_i 为第 i 产业部门的劳动生产率；X_i 为第 i 产业部门的总产值；L_i 为第 i 产业部门的年平均劳动力人数。

④增长作用水平度。该指标反映某产业的发展对区域农业的发展的贡献率及对区域经济的发展的增长作用率。其计算公式为：

某产业对区域农业经济增长作用率=规划期内某产业增长的绝对额/同期区域农业经济增长的绝对额。

（3）产业关联度指标

产业关联度分为前向关联度和后向关联度，都是取某一产业需求量变化直接或

间接引起其他各产业部门投入生产量变化的程度，常用的指标有感应度系数和影响力系数两种。设 b_{ij} 为投入产出分析中的完全消耗系数，n 为划分的产业部门个数，则第 i 部门的感应系数 μ_i 为：

$$\mu_i = n\sum_{j=1}^{n} b_{ij} / \sum_{i=1}^{n}\sum_{j=1}^{n} b_{ij}$$

μ_i 的大小反映了各产业产出增加对第 i 产业产出的影响程度，亦叫前向关联度。感应系数 μ_i 越大，说明第 i 产业的前向关联能力越强。

j 部门的影响力系数 b_{ij} 为：

$$\gamma_j = n\sum_{i=1}^{n} b_{ij} / \sum_{i=1}^{n}\sum_{j=1}^{n} b_{ij}$$

γ_j 的大小反映了第 j 产业需求量的增加对其他各产业部门产出的影响程度，也叫后向关联度。影响力系数 γ_j 越大，说明第 j 产业的后向关联能力越强。

（4）产值集中度（也称为区位商）

产值集中度是衡量该产业区域专门化生产程度的基本指标，可表明该产业在区域中的地位。集中系数越高，生产规模越大，可上市的商品越多。产值集中度只是反映该产业区域专门化的相对程度，并不能完全反映该产业的区域实际专门化程度，这取决于区域的经济实力和产业的绝对规模。计算公式为：

产值集中度 = 某区内某产品（部门）产值占该区内农业总产值比重/上一级该产品（部门）产值占农业总产值比重

①产值比重。θ_{ki} 为区域农业某个生产部门产值在该区农业总产值中的比重，反映规模比较优势，即：

$$\theta_{ki} = x_{ki}/x_k$$

其中，x_{ki} 为 k 区域农业第 i 个产业的产值；x_k 为 k 区域农业总产值。

②产量集中指数。λ_{ki} 为 k 区域农业第 i 个生产部门的产量集中指数，反映第 i 农业生产部门与全国相同生产部门相比的比较优势。

$$\lambda_{ki} = \frac{q_{ki}/q_k}{Q_i/Q}$$

其中，q_{ki} 为 k 区域第 i 个生产部门产品产量；q_k 为 k 区域农业产品总产量；Q_i 为全国农业第 i 个生产部门产品产量；Q 为全国农业产品总产量。

③人均产值比。该指标能消除由于各区域范围的大小和人口多少不等而带来的总量比较的失真，能较确切地反映某一产业的发展规模和专业化水平。某产业的人均产量越高，说明该产业在该区域生产的资源禀赋系数越高。

④市场占有率。市场占有率从实际市场占有状况来测度一国（地区）在该产业

领域内相对于其他区域的相对优势。

某产业的市场占有率＝区域内某产业的出口额/该产业内国家贸易总额

（5）区域综合比较优势指数

区域农业的比较优势是农业自然资源禀赋、社会经济、区位条件、科学技术以及市场需求等因素综合作用的结果。

规模指数反映某地区某种产业生产活动规模，某种产业的生产规模是劳动与物质可投入能力、市场需求、政策支持以及自然资源禀赋等因素的综合体现，计算公式为：

规模指数＝某地区某种产业产值/上一级该种产业产值。

专业化指数反映某地区某种产业生产占整个农业生产的比重与上一级该种产业平均水平的比值，计算公式为：

专业化指数＝（某地区某种产业产值/某地区该类产业总产值）/（上一级该种产业产值/上一级该类产业总产值）

生产综合比较优势指数为规模指数和专业化指数的几何平均值。

（6）技术进步指标

①综合技术进步因素。设 x_i 为第 i 产业部门的总产值，L_i 为第 i 产业的劳动力投入，K_i 为第 i 产业的资金投入。Cobb－Douglas 生产函数为：

$$Y_i = Ae^{bt}L_i^{\alpha}K_i^{\beta}$$

其中，b 为综合技术进步参数，则有：

$$\eta_i = b\frac{\Delta Y_i}{Y_i}$$

其中，Y_i为 i 部门产出；ΔY_i 为 i 部门的产出变化量。则 η_i 即为第 i 产业部门综合技术进步因素在总产出增长中的贡献份额，反映了综合技术进步因素在第 i 产业发展中的作用。

②技术要素相对密度。该指标主要用来测定一个产业技术创新和吸收科技成果的能力。科技人员比率越高，产业技术层次越高，意味着其投入品的技术含量越高，产出越不容易被替代。其计算公式为：

某产业的技术要素相对密度＝某产业科技人员人数/该产业全部就业人数

（7）带动能力指标

吸纳劳动力能力指标。公式为：

$$\beta = L_i\ D_i$$

其中，β_i 为第 i 产业的就业率；L_i 为第 i 产业的劳动力投入；D_i 为第 i 产业的总劳动力。

经济带动力指标的计算公式为：

$$K_{ki} = \partial x_{ki}/\partial y_k$$

其中，K_{ki}为 k 区域农业第 i 个生产部门对社会经济的带动力；∂x_{ki} 为 k 区域农业第 i 个生产部门在一定时期的产值变化量；∂y_k 为同期 k 区域国民经济的变化。

（8）生态指标

①能源消耗产值率。反映消耗单位能源所产生的产值，指标值越大，说明该产业越节省能源。

某产业的能源消耗产值率 = 该产业的总产值/能源消耗总量

②三废治理率。反映产业对环境的污染程度，指标值越大，说明该产业的环境污染程度越小。

三废治理系数 = 该产业的三废治理总量/该产业的三废排出量

3. 定量分析方法

区域主导产业选择的实际操作中，根据数据的可获得性和区域经济特点，选取适当的指标构建区域农业主导产业选择体系。针对不同区域适用的指标体系应有差异，在此主要探讨确定指标体系权重和计算综合评价值的方法。

（1）层次分析法

专家调查法。根据农业主导产业选择指标体系的层次结构，建立目标层与指标层、准则层与指标层之间构成的两两因素的比较判断矩阵。选择相关研究领域有较大影响的专家作为调查对象，对包括运用 1～9 比率标度法对判断矩阵进行打分。对专家的判断矩阵进行一致性检验，然后将特征向量进行归一化处理，得到准则层及各指标权重向量集合。

农业主导产业选择综合指数的计算。公式表示为：

$$Y = \sum W_i Y_i$$

其中，W_i 表示第 i 项指标的权重；Y_i 为第 i 项指标的分值。

综合评价值 Y 值越大，产业发展水平就越高。

（2）灰色定权聚类法

记 i 为聚类对象，即农业各个部门；j 为聚类指标，即选择的主导产业评定指标；k 为灰类，即农业部门的等级分类。

给出聚类白化数 d_{ij}。d_{ij}表示第 i 个农业部门关于第 j 个聚类指标的实际样本值。

确定灰类的白化函数 f_{jk}（d_{ij}）。f_{jk}（d_{ij}）表示第 j 个指标属于第 k 个灰类的白化函数。k 个灰类是指各个聚类指标的分级标准，λ_{jk} 为门阈值，可以由聚类指标的分级标准确定。

求标定聚类权。

$$\eta_{jk} = \lambda_{jk} / \sum_{j=1}^{n} \lambda_{jk}$$

η_{jk} 表示第 j 类聚类指标属于第 k 灰类的权重。

确定聚类系数及聚类。

$$\sigma_{jk} = \sum_{j=1}^{n} f_{jk}(d_{ij}) \eta_{jk}$$

其中，σ_{jk} 指第 i 个聚类对象对第 k 灰类的聚类系数。计算出聚类系数并按最大隶属度原则判断各个农业部门是否属于主导产业。

（二）区域农业特色产业

1. 区域农业特色产业特征

农业优势特色产业主要是指产品有品质特色及明显竞争优势、开发价值大、区域资源条件具比较优势、产业基础较好的产业。

（1）优势特色产业特征

①产品品质特征。由于资源禀赋等的不平衡性，不同地区具有其特质的资源和产品等方面的优势，是难以替代和迁移的。特有的光热水土等自然特征和生物资源是农业优势特色产业形成的自然基础。产品品质还应具有优质性，产品优质是农业生产区域性的结果，也是目标盈利性的条件，只有能够满足消费者对高品质或特殊品质农产品的需求，才能使产品有市场，生产有效益。

②产品规模特征。要形成经济特色或优势，需具有资源储量大、生产能力大、主导产品市场占有率大等规模经济比较优势。或产品具有明显的竞争优势，市场潜力大。

③产业效益特征。特色产业竞争力如何，最关键的还在能否实现较高的经济效益目标。产业比较效益可以作为判断和识别特色经济的标准，包括产业成本效益、产业关联效益和产业品牌效益。

④产业技术特征。产业基础扎实，技术较成熟，生产经营组织化程度较高，有利于形成区域优势特色产业体系。

（2）选择方法

在确定区域优势特色产业时，其选择原则、选择基准和方法等与农业主导产业选择原理相通，关键是在具体指标选取上体现区域特色产业的特征。具体衡量指标包括需求收入弹性、生产率上升基准、农产品产值集中指数及专门化系数、单产比较优势和规模比较优势、区位商等。

2. 农业特色产业发展

（1）农业特色产业发展依据

发展农业特色产业能提高农业竞争力。根据竞争优势理论，农业特色产业发展可以充分利用区域要素禀赋，创造消费热点，引导消费需求，推动相关产业发展。根据比较优势理论，每个区域都有比较优势，发展比较优势也就是区域特色，能提高收益。根据需求弹性理论和垄断竞争理论，特色农产品的可替代性弱，消费需求更强，差别性大，有利于缓解农产品同质化严重、效益低的问题。

发展农业特色产业能成为农业新的经济增长点。农业特色产业发展有利于生产出较多的新农业产品，填补市场空白，满足市场多样化的的需求；有利于创立农产品品牌，产品特色化能提高区别度，增加品牌效应，提高农产品价值；有利于创造农业投资热点，农业特色产业能实现较高的经济效益，提高投资农业的回报率，从而吸引更多投资。

（2）特色农业产业化

发展特色农业是促进区域农业经济发展的一条重要途径，特色产业发展的目标就是要促使区域特色农业产业化。

特色产业要做大做强，需要先进技术和资金对特色资源进行开发，其次是形成规模化基地经营，最后是深度的市场开发提供产品的商品化率。这些过程中离不开技术成熟、资金充实的龙头企业等经营主体参与，迫切需要推进产业化经营，以实现特色产业的经济效益。

三、比较优势、产业化经营与结构调整

具有比较优势的产业发展壮大的主要目标是实现产业化经营。根据比较优势等原理对产业进行布局能够最大化地实现资源合理配置，区域农业产业布局是否符合比较优势、如何进行产业结构调整优化布局以及调整效果等一直是政府及学者关注和研究的重点。

（一）关于农业产业化的研究

农业产业化研究是第二次世界大战后西方发达国家经济发展的一种新现象。国外对农业产业化的研究最先始于对农工商一体化的研究。1955 年，美国经济学家约翰·戴维斯（John H. Davis）和戈尔德伯格（Roy A. Goldberg）最先提出“农工商一体化（Integration of Agriculture，Industry and Commerce）”的概念，即农工商一体化

是指以农产品为中心，把农业生产与其产前、产中和产后有关的工商业务有机地组织起来，成为一个经济联合体的过程。农工商一体化包括产前联合和产后联合两种形式。产前联合，是指农业与农用生产资料的市场和供应部门的联合；产后联合，是指农业与加工、运输、销售等农业产后部门的联合。1958 年，戴维斯出版了《A Concept of Agribusiness》一书，并在书中详细地阐述了“农工商一体化”的理论，并对后来农业产业化的研究造成了较为深远地影响。1983 年，罗纳德·纽特逊（Ronald D. Knutson）等在《农业与食品政策》（Agricultural and Food Policy）一书中对农业一体化做了进一步研究，详细阐述了农业一体化的概念、组织形式等有关问题。1991 年，盖尔·克拉默（Gail L. Gramer）和克拉伦斯·詹森（Clarence W. Jensea）在《农业经济学和农业综合经营》（Agricultural Economics and Agribusiness）一书中，对美国农业一体化经营做了深入分析，介绍了美国农业的“纵向一体化”“垂直协作”“农民合作社和农业综合企业”等。1996 年，日本农林水产省农业综合研究所研究员千叶典和日本农业水产技术会议事务局研究调查官立川雅司在所发表的《跨国农业综合企业与结构变化》一文中，对全球农业产业化和农业贸易国际化的新动态做了较为深入的研究，提出了“全球整个进入产业化时代”的重要论述，即欧美等发达国家以大型的跨国公司为依托，通过投资于发展中国家的农业，初步建立和形成了国际农业一体化的格局。特别是 20 世纪 80 年代以后，这些大型的农业跨国公司为了适应世界农业多边贸易体制，瓜分世界农产品市场，开始了新一轮的相互兼并、收购，出现了全球农业产业化的新趋势。

国外对农业一体化研究更多地集中在交易成本、制度分析、农场主行为分析等微观层面。Rusten（1996）研究了发展中国家合同农业发展问题，他指出，发展中国家农业生产者通过合同形式与加工、销售等农业有关企业相结合，有利于小规模生产者获得技术、资金和信息等服务，有利于他们更好地进入市场。Cook（2001）应用新制度经济学的有关理论对农业合作社与其成员的合作关系、农业投资公司与农场主的合同关系继续对比研究，认为合同关系稳定的关键在于所设计的合同能否处理好合同双方的利益分配关系和产权关系。Eaton 等（2001）对世界各国特别是发展中国家的订单农业进行了深入分析，认为订单农业能否成功的关键取决于农户需求、企业产品的销售状况、合同设计的合理性和法律、农技推广、基础设施等软环境。Beckmann 等（2002）应用交易成本的有关理论，对波兰 306 家生猪养殖户的合同关系进行了深入研究。结果表明，由于通过法庭等方式履行合同存在交易成本，因此，只有约 1/3 的农户愿意通过法律来保证合同的顺利履行。Zylbersztajn（2003）应用交易成本理论，对巴西的订单农业履约情况进行了定量分析。结果表明，农户的经营规模和农户离市场的远近与农户履约率成正比，而且随行就市的订单价格合同要比固定订单价格的合同履约率高。

国内产业化研究重点围绕运行模式展开。赵邦宏等（2002）从带动主体的角度将我国农业产业化分为龙头企业带动型、市场带动型、合作经济组织带动型、科技团体带动型和综合开发集团带动型、主导产业带动型等六种模式。

龙头企业带动型模式（工厂或公司+基地农户），是由一个或几个农产品加工厂或经销公司为龙头企业，与千家万户连片形成的“小规模、大群体”式的农产品商品市场基地的农户，通过合同（契约）关系，建立起相对稳定的联系和某种程度的利益共同体。

市场带动型模式（市场+基地农户），是指由一个专业批发市场为主与几个基地收购市场组成的市场群体，其中区域性专业批发市场应具有较完备的软、硬件服务设备和措施，并具有较大范围的带动力，带动周围大批农民从事农产品商品生产和中介贩运活动，形成一个规模较大的农产品商品市场基地和几个基地收购市场，使区域性专业批发市场不仅成为基地农产品集散中心，而且成为全省以及更大范围的农产品集散地。

合作经济组织带动型模式（合作组织+基地农户），是指在当地市场能手的带动下，或在当地供销社、科技团体的支持帮助下组建起来的，由小到大，逐渐形成跨村、跨乡甚至跨县的具有一定规模和带动力的合作经济组织，形成农业产业化经营的格局。

科技团体带动型（科技团体+基地农户），包括两种类型：一是以国家或集体农业科研院所为依托的农业产业化经营模式；一种是以民办科技协会（或研究会）为载体的农业产业化经营模式。

综合开发集团带动型（综合开发集团+基地农户），是指农业综合开发集团，根据市场需要，发展某种支柱产业项目，并转包给农民，按照合同规定，实行统一品种、统一技术措施、统一收获期、统一收购、加工和销售，开发集团同时为承包农户提供全方位服务。承包户与开发集团通过承包合同形成利益共同体。

主导产业带动型模式（主导产业+基地农户），是指通过发展一乡一业、一村一品，形成区域性主导产业和拳头产品，从而带动当地经济发展。

王先锋（2001）按照参与主体的构成和与农户联结紧密程度，将我国的农业产业化经营模式分为“农业加工企业+农业生产企业”、“公司+农户”、农民自发兴办的专业合作组织等3种主要类型。“农业加工企业+农业生产企业”是我国较为重要的一种农业产业化组织模式。一些独立的企业在经济转轨时期和农户一样难以独立生存，客观上产生了寻求合作、加强同产前产后的联系，共同抵御市场风险的需要。于是在有关部门的行政干预和协调下，以一批骨干农产品生产加工企业为龙头，联合同类型的其他企业，并与相关的上下游企业联合，形成了一批“农业加工企业＋农业生产企业”的经济利益共同体。“公司＋农户”是最先兴起的农业产业化的形式之一。公司和农户通过彼此间的资金支持、技术服务、生产资料的供应和产品的销售等环节实现系统内“非市场安排”，从而降低了各方的交易成本，使各参与主体的利益最大化。农民自发兴办的专业合作组织是以农户家庭经营为基础，在自愿的前提下，以市场为导向，以提高农民市场竞争力为目标，以增加成员收入为目的，实行资金、技术、生产、供销、加工等互相合作和服务的经济组织。

（二）比较优势与结构调整

关于农业结构调整与比较优势的匹配度的研究，具有代表性的是钟甫宁等（2003）的研究，他们构建了粮经作物国内资源成本系数比（$RDRCC_{ge(t)}$）和粮经作物播种面积比（$RSOAR_{ge(t)}$）两个指标，来验证我国种植业结构调整是否遵循比较优势的原则。计算公式为：

$$RDRCC_{ge(t)} = DRCC_{g(t)} / DRCC_{e(t)}$$

$$RSOAR_{ge(t)} = RSOAR_{g(t)} / RSOAR_{e(t)}$$

其中，$DRCC_{g(t)}$、$DRCC_{e(t)}$分别是第 t 期粮食和经济作物的国内资源成本系数，$RDRCC_{ge(t)}$为第 t 期粮经作物国内资源成本系数比，大于 1 表示粮食与经济作物相比无优势；$RSOAR_{g(t)}$、$RSOAR_{e(t)}$分别为第 t 期粮食和经济作物占总播种面积的比重，经济作物包括棉花、糖料、油料和烟叶等；$RSOAR_{ge(t)}$为第 t 期粮经作物播种面积比，是衡量生产结构调整情况的指标。

假设：如果种植业生产结构调整是按照比较优势原则进行的，则各年度粮经作物播种面积比（$RSOAR_{ge}$）的变化应与其前一期的国内资源成本系数比（$RDRCC_{ge}$）变动的方向相反，即，当 $RDRCC_{ge(t)} > 1$ 时，$RSOAR_{ge(t+1)} - RSOAR_{ge(t)} < 0$；当 $RDRCC_{ge(t)} < 1$ 时，$RSOAR_{ge(t+1)} - RSOAR_{ge(t)} > 0$。

蓝万炼（2001）分析了中国省级区域的农业生产比较优势。采用指标包括：

资源禀赋指标（C1）＝农户人均耕地面积/工业企业人均资产

比较生产率指标（C2）＝农业劳动生产率/非农产业劳动生产率

农业比较机会成本（C3）＝农户家庭经营收入/农户劳动者报酬

农业资产比较优势指标（C4）＝农户农业户均农业固定资产/农户户均生产性总固定资产

农业比较利益指标（C5）＝各项农业税收财政总收入

采用综合指标 I_{ad} 表示各省区农业生产比较优势度，即：

$$I_{ad} = \sum_{i=1}^{5} W_i Z_{ji}$$

其中，Z_{ji} 为 j 省区 C_i 指标数据的标准化值；W_i 为各项指标的权重系数，采用专家评价法确定权重系数。

（三）产业化经营与结构调整

牛若峰（2002）提出，农业产业化经营是适合我国国情的实现农业稳定、改革和发展的重要方式。农业产业化经营在稳定农民家庭经营的基础上，以市场为导向，在龙头企业等有效载体的带动下，组织引导小农户联合进入大市场，依托农业一体化经营方式，用现代工业提供的技术装备农业，用现代生物科学技术改造农业，用现代经营理念和组织方式管理农业，将农产品加工业和部分种养业集中化、企业化、规模化，实施全程标准化运营，创造较高的综合生产力，促进农村全面发展，逐步实现农业现代化。从而，有机地将稳定（家庭承包经营）、改革（经营方式和管理体制）和发展（市场经济和现代化农业）融于一个历史进程。农业产业化经营是有中国特色的农业现代化道路和经营制度的整体创新。

农业产业化经营对促进农业结构调整具有重要作用。一是提供市场引导，调整农业结构必须以市场为导向，农业产业化经营是生产与市场连接的桥梁，通过市场牵动龙头，龙头引导基地，基地带动农户，合理确定农产品生产基地主导产业和布局，把农业结构调整引导到依靠市场配置农业资源上来。二是提供技术支撑，农业结构调整的过程，也是农业科学技术应用的过程。农业产业化经营中，龙头企业成了农业科技推广和应用的重要载体，龙头企业重视农产品生产基地的科技进步。农产品生产基地的区域化布局、专业化生产，促进了农业科技的应用，提高了技术集约化程度。三是提供资金支持，农业资金投入不足，是农业结构调整的一个制约因素。农业产业化经营有利于提高农业比较效益，实现经济效益，从而增强带动农业发展的经济实力。

四、区域特色农业产业区

产业化经营对促进区域特色产业发展和农业结构调整都有很重要作用，基于农业比较优势和产业化理论，为实现最优化的资源配置和区域布局，应发展区域农业特色产业区（集群）。

农业产业区的本质是以具有资源优势的特定农产品为核心的农业产业集群，是在农业区域分工的基础上，围绕区域内具有资源优势的农产品，形成专业化、规模化、特色化的农产品生产、加工、销售一体化的综合产业区。农业产业区立足于优势特色农业产业，实现专业化、规模化生产，发挥集聚经济效应，能明显提升当地农业产业的整体竞争力，是提升农业综合生产能力的有效方式。

（一）农业产业区（集群）的竞争优势

产业集群是一种有效的价值链管理方式，能够提高生产效率，创造产业竞争力乃至区域竞争力。产业集群竞争力来源于多方面。

1. 集群学习效用

产业集群内部发达的网络关系可以使这些新的生产技能和管理经验通过人员的流动扩散到集群内的其他企业中，而且在集群内部人员频繁的交流中迅速扩散到集群中的所有相关行为主体中去。

2. 集群对区域内资源的组织能力

从产业集群外部来看，集群是一个大量生产某一同类产品的企业集团，其实现了规模经济；而从集群内部来看，这一最终投向市场的产品在集群内部又通过弹性的分工体系来组织生产，可以认为其内部生产是建立在范围经济的基础之上。

3. 集群可以规避由于信息不对称导致的低质量商品驱逐高质量商品的问题

对于同一产业中众多企业如果没有一个统一的行业标准来对它们生产的商品加以限制的话，买方几乎不可能有效地对这些看似相同实际上有着本质区别的商品加以区分，导致柠檬市场的出现。产业集群一般是一个包含了某一产业从投入到产出以致流通的各种相关行为主体的完备的经济组织系统，不但能够从产业生产链条的各个环节来控制产品的品质，而且还能够将生产环节与产品的流通环节联系起来。产业集群存在和发展的核心是特定的地方优势产业，为产业集群制定整个行业的各种生产标准和市场规范提供了便利条件，也就为整个产业的规范发展提供了可靠保证，从而有利于规避柠檬市场。

4. 规模经济带来的成本节约

规模经济效益主要是来自产业区内经营主体对公共设施的共享、批量运输以及产品或原材料的批量购买等所带来的成本节约。特别是对于鲜活产品，保鲜和储运成本成为限制农产品市场空间的重要因素。农业产业区可以形成对包装、储藏、保鲜、运输以及其他产业服务的规模经济，大大节约各种产业服务的成本。产业区发展有利于专业化产业支持体系，产业的集中会产生对各种生产资料的引致需求，吸引大量专业化的生产资料企业的进入，形成产业区发展的支持产业体系。不仅为产业区内生产主体的生产资料获得带来了极大的便利，节约了外出购买的交通成本、信息成本等交易成本，而且专业化的生产资料供应产业有助于生产资料的技术升级。

5. 发达的专业市场体系

大规模同类农产品的集聚供应容易形成专业市场，使分散的交易集中实现，节约了买卖双方的交易成本，而且为买卖双方提供了更多的选择，降低了交易锁定和信息不对称的风险，使交易双方获得了更大的灵活性。

6. 专业化的运销服务体系

在专业化产业区内，通常有专业化的运销服务体系，专业化运销使产品的销售从生产中分离出来，提高了生产与销售各自的效率。

7. 形成产地品牌

农业产业区在区域内专业化生产特定农产品，有助于形成产地品牌。专业化的集聚生产能够提高产品品质和同类产品的多样性，提升农产品的产地品牌，增加产品的附加值。

8. 完善的公共服务

在产业区内往往具有更全面、完善的公共设施和公共服务，从而给产业区内的生产经营主体带来极大的便利。地方政府一般都会愿意积极建立公共设施并提供各种类型公共服务，支持产业区的发展进而推动地区的经济增长。

（二）产业集群与经济增长

Philippe Martin 等（2001）建立了经济增长和经济活动的空间集聚间自我强化的模型；证明了区域经济活动的空间集聚由于降低了创新成本，从而刺激了经济增长。而且，由于向心力使新企业倾向于选址在该区域，经济增长进一步推动了空间的集聚，验证了著名的缪尔达尔的“循环与因果积累理论”，即企业偏好市场规模较大的地区，而市场的扩大与地区企业数量相关。Nicholas Craft 等（2001）利用新经济地理学理论，探讨地理集聚对经济绩效、规模和区位的重要作用，从地理角度回顾了欧洲的衰落和美国的兴起以及未来亚洲的复兴，认为尽管缺乏高质量制度是落后的重要原因，但是不能忽视地理集聚在经济发展方面的重要作用。Catherine Beaudry 等（2001）对产业集群的强度影响产业集群内企业绩效的途径进行了研究。他们用雇员数量作为衡量产业集群强度的指标，对英国几十个产业进行了实证分析：在不同的产业存在着产业集群正效应和负效应，在计算机、汽车、航空和通讯设备制造业存在非常强的集群正效应。

产业集群推动区域经济发展。产业集群所具有的外部经济效应、节约成本、品牌效应等，促使区域产业竞争力提升、吸引投资的能力提高等，使这一区域成为一个充满活力和竞争力的区域，区域经济获得持续快速增长。

产业集群促进农民增收。产业集群形成后，会形成一定的组织和分工网络，促进专业化、提高效率。在农业领域，分工可以对农产品进行面向市场的深加工，形成高附加值的上游产品，最终提供给市场的产品不再是初级产品，农户和企业通过对加工产品更高附加值的占有而提高收入水平。

第二节　产业化项目区域发展总体思路

一、总体方向

从区域上看，东部地区农业产业化起步早、质量好，组织数量发展较为平稳，今后农业产业化应侧重在升级上下功夫。中部地区由于起步稍晚，产业化组织数相对较少、规模也比东部地区小，且多为农业大省，今后主要应按照比较优势的原则，积极培育主导产业。西部地区受地理、气候、交通和经济发展水平的制约，今后应根据资源比较优势，重点发展特色农业。

结合土地治理项目分区，立足当地资源禀赋和开发条件，调整和优化农业综合开发布局。

根据比较优势原理，每个区域都应该培育该区的优势特色产业，充分利用自身资源相对优势，提升当地农业竞争力。农业综合开发产业化经营项目发展方向总的原则是重点扶持优势特色产业。调整产业化经营项目扶持机制，集中打造优势特色产业集群促进农业产业化发展，重点实现“三个转变”。一是扶持定位从项目向产业转变。通过集中投入、合力打造优势特色产业集群，实现节本降耗、提质增效，彻底解决产业化项目分散、效益不高的问题。二是实施主体从单一化向多元化转变。加大对适度规模经营的新型农业经营主体的扶持力度，并推行同一产业多主体共同申报、协同发展机制。三是项目资金从“主导”向“引导”地位转变。改变产业化项目以农发资金为主的局面，借助财政资金引导和杠杆作用，大力吸引金融资本和社会资本等其他资金的投入，扩大资金盘面，合力打造优势特色产业。

二、发展思路

（一）按比较优势选择主攻方向

在主导产业和优势特色产业选择上，各项目区应注重分析本区域的比较优势，确定合理的产业导向，避免低水平重复建设。要充分考虑区域资源和现有产业基础等条件，在家庭联产承包责任制的基础上，鼓励和支持农民联合发展加工、流通业，以合作为基础加速贸工农一体化建设，走专业化生产与经济协作的路子，并力争形成较为完整的地区产业链，逐步使资源优势变为具有竞争活力的经济优势，走出一条立足于区域优势和主导产业带动现代农业发展的路子。

（二）坚持市场导向

市场是经济的生命线，市场一体化是现代市场经济发展的必然要求。项目区推进农业产业化经营至关重要的问题是市场问题。农业综合开发产业化经营项目应坚持以质取胜、以特色竞争的市场多元化战略，提高现代农业的市场化、社会化程度，激发项目区农业与农村经济增长活力，并使经济发展条件好的区域（或行业）按照市场竞争的方式成为具有一定优势的发展极，激发农业和农村经济增长活力，创造富有市场竞争力的现代农业增长格局。

（三）促进科研与生产结合

项目区应充分发挥现代科技对经济发展的决定性作用，推进科技经济一体化进程，抢占经济发展的制高点，实现区域经济跨越式发展。现代世界农业科学技术正呈现前所未有的发展趋势，现代生物技术和现代信息技术在农业领域取得重大进展，高产优质高效的工厂化种养业正在兴起，农产品深加工和精加工程度越来越高。项目区推进农业产业化经营最为重要的是把科技兴农作为现代农业与农村经济发展的主体战略之一，全方位推进农业科技经济一体化基础，力争在现代科技与农业发展的有效结合上有所突破和创新。

（四）形成产业化经营机制

农业产业化不仅要体现在产加销、农科教紧密结合的贸工农一体化产业结合，更为关键的是要形成以利益驱动为核心、以龙头企业带动为关键、以农户为基础的多元利益主体相维系的制度结构与经营组织体系。因此，龙头企业和农户之间所建立的规范的利益联结机制关系到项目区农业产业化经营能否健康发展的又一个关键问题。推进项目区农业产业化经营，必须要按市场经济规律建立“风险共担、利益共享”的利益联结机制，实现效率与公平的统一。

（五）打造农业优势特色产业区（集群）

区域农业特色产业具有的替代性弱、容易塑造品牌效应等特点，是促使提高农业竞争力的重要保证，具有较大的开发价值。在确定区域农业优势特色产业的基础上，促进实现产业化经营、提高生产经营效率，并进一步设计和打造优势特色产业区，充分发挥产业集群所具有的资源共享、规模经济、专业化升级、技术外溢等优势。当地政府应通过一系列优惠政策，引导龙头企业和农民专业合作社在农业优势特色产业区建设规模化生产基地，吸纳工商资本进入，提供基础设施和公共设施建设，搭建有利于合作互利和提高效益的农业产业化发展平台。

三、扶持政策

农业综合开发产业化项目分区域扶持的基本思路就是发展区域优势特色产业，打造农业优势特色产业区。为充分发挥资源比较优势，实现精准开发、规模开发，重点培育区域农业优势特色产业，实现需开展农业优势特色产业调查工作。以农业综合开发县为单位，充分利用当地农发部门对资源状况和产业发展趋势的把握，填报未来三年农业综合开发拟扶持的农业优势特色产业。经过市/省级农发部门汇总审核后，上报国家农业综合开发办。

同时，为引导优势特色产业发展进一步落实发展方向和实施措施，各级农发机构编制区域农业优势特色产业规划，通过重点扶持、持续扶持的措施，打造资源比较优势大、产业链条延伸长、市场发展前景好、示范带动作用强的区域农业优势特色产业集群。在此基础上编制全国农业综合开发扶持农业优势特色产业规划，作为此后农业综合开发项目选项的重要依据。

第三节　农业产业化优势特色产业选择实证分析

一、分析模型

（一）选择原则

结合比较优势产业选择原则和特色产业特征，确定区域优势特色产业选择的基本原则。

1. 产品品质优势原则

产品品质需能够满足消费者对高品质或特殊品质农产品的需求，且具有较强的不可替代性，从而有潜力形成强的竞争力，这是实现经济效益的基础。

2. 资源比较优势原则

一方面是区域生产该产品具有相对较低的机会成本，另一方面是具有资源储量大、生产能力大的特点，能形成规模经济优势，进一步降低成本和提高竞争力。

3. 经济效益原则

提高经济效益是农业发展的最终目标，选择优势特色产业应在各产业产值和农民收入的构成中具有较大份额，在区域间有较高的产出投入比和比较利益较好的产业。

另外，还应该尽量选择产业技术相对成熟、生产经营组织化程度较高，有利于形成区域优势特色产业体系，注重生态保护，有利于可持续发展的产业。

（二）指标体系

1. 定量指标

（1）区域综合比较优势指数（Y1）

$$EAI_{ij} = \frac{AP_{ij}/AP_i}{AP_j/AP}$$

$$SAI_{ij} = \frac{GS_{ij}/GS_i}{GS_j/GS}$$

$$AAI_{ij} = \sqrt{EAI_{ij} \cdot SAI_{ij}}$$

其中，以种植业为例，EAI_{ij}表示 i 区 j 作物的生产效率优势指数；AP_{ij}表示 i 区 j 作物的单产量；SAI_{ij}表示 i 区 j 作物的规模优势指数；GS_{ij}表示 i 区 j 作物的播种面积；AAI_{ij}为区域综合比较优势指数，$AAI_{ij}>1$ 表示与全国水平相比，i 区 j 作物生产具有比较优势。

（2）需求收入弹性系数（Y2）

$$E_i = \frac{\Delta X_i / X_i}{\Delta y/y}$$

其中，ΔX_i 为需求增量或产值增量；X_i 为 i 产业产值或上一时期得到满足的需求；Δy、y 分别为国民收入增量及上一时期国民收入值。

该指标主要用来衡量市场需求。

（3）增长作用水平度（Y3）

$$L_i = \Delta X_i/\Delta X$$

其中，ΔX_i 为区域 i 产业增长的绝对额；ΔX 为同期区域农业经济增长的绝对额。

该指标反映某产业的发展对区域农业的发展的贡献率及对区域经济的发展的增长作用率。

（4）产量集中指数（Y4）

$$\lambda_{ki} = \frac{q_{ki}/q_k}{Q_i/Q}$$

其中，q_{ki}为 k 区域 i 产业产品产量；q_k为 k 区域农业产品总产量；Q_i为全国农业 i 产业产品产量；Q 为全国农业产品总产量。

λ_{ki} 表示 k 区域 i 产业的产量集中度。

（5）经济带动力指标（Y5）

$$K_{ki} = \partial x_{ki}/\partial y_k$$

其中，K_{ki}为 k 区域农业第 i 产业对社会经济的带动力；∂x_{ki} 为 k 区域农业第 i 产业在一定时期的产值变化量；∂y_k 为同期 k 区域国民经济的变化。

2. 定性指标

（1）产业技术指标

主要用来衡量产业的技术成熟度、先进性等，通过科研成果和应用数量及范围、科研人员数量、取得技术奖项等来反映。

（2）生态指标

主要衡量产业发展的可持续性，通过污染状况、能源消耗情况及其他对环境的影响来反映。

（3）产业发展趋势

以上定量指标主要反映的是产业现状，并未考虑产业发展趋势。需以区域产业基础、产业布局及消费需求变化趋势，预测该农业产业是处在发展的上升阶段还是已达顶点即将进入衰退期等。

二、案例分析

区域的差异性决定了不同区域在优势特色产业选择上的原则、方法等会有差异，在此以某农业综合开发县为例进行实证分析。该区定位是发展都市型现代农业。具有距离大城市近、消费需求较高、人均土地资源少、资金量较充足等特点。

（一）自然资源、经济基础和社会环境状况

1. 自然资源

（1）气候

该区属暖温带半湿润气候，四季分明，春季干旱多风，气温回升快，夏季湿热多雨，秋季天高气爽，温度下降快，冬季寒冷少雪。年均气温 11.6℃，1 月均温 -5.1℃，7 月均温 26℃，日均气温 >0℃的有 271 天，大于 0℃积温 4 567.7℃，日均气温大于 10℃的有 199 天，活动积温 4 130.6℃，年均降水量 584.6 毫米，年内全年 50.1% 的雨日（34.6 天）和 75.6% 的雨量（443.2 毫米）集中在夏季，光照资源充足，全年平均日照时数为 2 810.4小时，年太阳辐射总量为 5 354.6兆焦耳/平方米，全年平均无霜期 184 天。这种水热同季气候适宜于多种农作物的生长，也便于利用坑塘水库、河道调蓄降水，以备干旱季节和开展水产养殖，所以该区是重要的蔬菜生产基地、淡水养殖产品基地。

（2）水文

该区河道沟渠纵横，坑塘洼淀密布，水资源丰富。境内有一级河道 3 条，即中亭河、子牙河、独流减河；二级河道 10 条，用水河 5 条，排水河 4 条，排污河 1 条。

用水河道大多呈东西向，排水河道一般呈南北向。在东南部有区级中型水库1座，即鸭淀水库，库容3 000万立方米。

（3）地形、地貌与土壤

该区地处华北平原东北部，地势低平，主要是由海河水系等河流入海交汇冲击带来的海积平原，较适宜农业与旅游业发展。整体来看，大致西北部较高，海拔约5米；东南部略低，海拔约2.5米；该区中部最低处，海拔约1.5米。地貌受西北陆相和东南海相沉积作用，由退海形成的封闭洼淀，经泥沙沉积为平地，土质优良，耕作层厚度为0.5～1.0米，其中，有机质含量约为1.5%，pH值为7.6～7.8。境内有莲花淀、蛤蟆洼、津西大洼等几个碟型洼淀。

土壤均属潮土类，下分普通潮土、湿潮土、盐化潮土、菜园土4个亚类，13个土属，35个土种。土壤发育的母质均为近代河流冲积物，地下水埋深一般1.5～2.5米，参与成土过程，有明显夜潮现象。并且该区距渤海湾69千米，土壤盐碱化程度较低，以轻壤质潮土为主，保水保肥性和通气透水性较好，可耕作性强，经过多年耕种土壤熟化程度较高。土壤分布随成土因素变化表现出一定的地域差异规律，从西北向东南，随地形、水文等条件变化，土壤质地逐渐变黏，土壤盐化程度逐渐加重。土壤质地在西北部多为沙壤、轻壤土；中部和东南部多为中壤、重壤。土壤亚类在西北部主要是普通潮土，中部为湿潮土，东南部多盐化潮土。

2. 经济基础

该区加快转变经济发展方式，不断提高发展质量效益，推动了全区经济社会又好又快发展，各项主要经济指标继续位居全市区县前列。2013年全区完成地区生产总值756亿元，同比增长22.2%。全区实现财政收入198.82亿元，同比增长19%；其中，区级财政收入完成122.87亿元，同比增长20%，区级一般预算收入完成75.52亿元，同比增长21%，财政收入持续平稳增长。2013年，全区完成财政支出125.91亿元，同比增长30%。其中，农林水事务、教育、社会保障和就业、医疗卫生这些改善民生支出持续增长，增速分别为27%、15%、9%和14%，占一般性支出的比例分别为8.9%、17.7%、5.1%和5.2%，财政支出结构趋优。城镇单位从业人员平均劳动报酬达58 148元，同比增长6.4%，农民人均可支配收入18 563元，同比增长13.2%，人民收入水平不断提高。

农业效益持续提高。不断推动农业产业园整合提升，13个农业产业园区累计完成投资21亿元，2013年总产值同比增长29%，建成各类农业设施2.1万亩，全区设施农业面积达到10.5万亩。农民专业合作社达到220家，龙头企业达到29家，启动家庭农场试点5家，推动了优质农产品直供直销试点；农业劳动生产率和土地产出率均提高10%以上。创建了一批农业休闲观光园和乡村旅游示范点。

工业实力持续提升。2013年工业总产值突破2 000亿元大关，达到2 040亿元。电子信息、汽车及零部件、生物医药三大主导产业占规模工业比重提高3.4个百分点，战略性新兴产业增速达到50%。新增规模以上企业70家，累计达到600家。全年新增名牌产品16个、著名商标32件，累计分别达到56个和110件。

服务业发展持续提速。2013年服务业实现增加值332.3亿元，增速达到25%，占全区经济总量的44%。各类金融机构达到51家，金融超市开业运营。全年新增国家4A级景区2个，接待国内外游客突破1 500万人次，且水高庄园跻身全国十佳休闲农庄。

3. 社会环境

（1）区位条件

该区濒临港口，毗邻大城市，交通发达，区位条件优越。

（2）城镇化进程

城镇化进程持续推进。6个示范小城镇新增投资63.7亿元，累计开工648万平方米、竣工447万平方米，已有23个村、6.1万人入住新居，全区农村城市化率达到87%。

（3）生态环境

生态环境进一步优化。积极营造良好的市容环境，改善生态环境。着力改善空气质量，强化排污、扬尘治理，完成一批锅炉改燃任务，加大了污染减排和环境治理力度，严格控制污染物排放总量，2013年全年全区削减二氧化硫531吨、氮氧化物147吨，全年空气质量好于二级良好天数占有效监测天数比例达85%以上。

（二）农业产业发展态势

按照现代都市型农业的发展定位，该区结合自身农业实际，“十二五”以来，坚持科学发展的理念，突出现代农业建设重点，打造设施农业发展亮点，优化区域布局，增投资、扩规模、拓功能、提效能，农业建设迅速发展。

（1）农业产业结构不断优化

该区2013年完成农业总产值25.45亿元，同比增长9.5%；实现农业增加值11.81亿元，同比增长9.3%，农业增加值占全区GDP的比重为1.6%。全区蔬菜、生态养殖面积达到11万亩，年产值达到18.5亿，占全区农业总产值比例达到85%；食用菌生产加工、现代种业年产值达到3.2亿元，占全区农业总产值比例达到15%；花卉苗木物流、生态观光产业发展到1.83万亩，年产值1亿元，农业产业结构不断优化。

（2）现代农业设施规模扩大

该区以设施农业重点项目和农业产业园区建设为载体，大力发展设施化种植业和设施化养殖业。设施农业面积达到10.5万亩，占耕地总面积比例达到51%，其中，种植业设施面积9.79万亩（智能温室和食用菌车间30万平方米、新型节能日光温室3.5万亩、普通温室6.25万亩）；养殖业设施面积0.71万亩。还建设有交易展示大厅11万平方米，各类景观设施40万平方米，农田道路23.7万平方米。近两年来，累计建成“放心菜”基地1.9万亩，提升改造种植业设施面积1.1万亩。5 000亩设施农业提升工程已全面实施，安装水肥一体化设备3 000亩，配备了黄板、防虫网等物化技术物资，完善了道路、排灌、绿化、电力等设施。

按照“三区”统筹联动发展的要求，全区已建成13个农业产业园区，园区总面积达4.8万亩，其中，张家窝农业产业园和东淀现代都市型农业核心区被命名为市级示范园。截至目前，13个园区共完成投资28亿元左右，建成各类农业设施2.1万亩，其中，智能温室18万平方米、种养车间26万平方米、新型节能日光温室1.7万亩，普通温室3 000亩。各园区水、电、路、绿化全部按照统一标准配套到位，高水平的基础设施建设，为园区充分发挥产业带动功能、示范展示功能、旅游观光功能奠定了坚实基础。

（3）农业科技应用得到推广

在农业科技的引领和经济效益的驱动下，水果、蔬菜、花卉、食用菌等高效经济作物已经成为全区种植业的主导。随着农产品质量安全生产技术、药物残留检测技术、动植物检疫技术在全区的推广应用，农产品基本实现了从基地到餐桌的全程控制和监管，为人民群众的身体健康和生命安全提供了有力保障。该区与国内多所高等院校和科研院所建立了紧密的合作关系，建立了产学研、农科教战略合作关系，加强了农村基层农业技术推广体系建设，中国农业科学院、天津市农业科学院、天津农学院、天津津丰种业有限公司、河北省唐山市农科院、辽宁省朝阳市蔬菜研究所、天津绿丰黄瓜籽种研究所、天津洋裕脱毒马铃薯种薯研究所等先后在该区建立了农业科研基地。推动科研院校与凯润淡水养殖公司、大寺镇绿生园现代农业示范园等多家园区和企业，开展了乌克兰鳞鲤繁育、测土配方施肥、有机蔬菜设施生产等技术成果转化合作项目26项，应用和推广了节水农业、精准农业、生物农业、信息农业、工厂化农业等一大批农业新技术。农业机械化装备水平不断提高，卷帘机、保温被、微耕机、微滴灌等机械设备得到广泛应用，全区农业新技术应用率达到80%以上。重视对有文化、懂技术、善经营的新型农民的培养力度，先后实施了农村劳动力“351”培训工程、农民素质提高工程，每年培训农民2.3万人次，全面提高了农民的创业能力和科技文化水平。

（4）逐步探索现代农业经营机制

在探索农业生产经营模式上，该区通过采用家庭农场、“公司＋基地＋农户”“合作社＋基地＋农户”“科研单位＋基地＋农户”等生产经营方式，不断加快农业产业化经营步伐，确保了农民获得稳定的经济收益。积极扶持和培育农业产业化经营组织，提高农民进入市场的组织化程度。截至目前，在产业化经营上，该区已培育农民专业合作社337家、农业产业化龙头企业29家，其中，市级以上合作社、龙头企业分别达到19家和15家，全区进入产业化经营体系的农户比例达到93%，比天津市高5个百分点，在天津市农口区县位居首位，启动了5个家庭农场试点建设，涉农企业、农民专业合作社等已成为该区现代农业建设的主体。

同时，农村土地承包经营权流转机制进一步完善。截至目前，全区内八个街镇中农户家庭承包经营的土地面积13.38万亩，进行土地流转的总面积9.6万亩，占现有家庭承包总面积的71.6%，计划到2015年土地流转规模达到12万亩，占家庭承包总面积的90%左右。为进一步规范土地流转、大规模整合土地资源，该区建立了区、街镇、村三级土地承包经营权流转服务信息体系，为促进和规范承包地以出租、转包、互换等多种方式向公司、农场、专业大户及种田能手流转搭建了平台。

（5）休闲观光农业不断崛起

该区依托悠久的农业生产历史和规模化的现代设施农业，发挥其资源优势，将农业与休闲、观光相结合，延伸产业链，增加了产业附加值，同时做大做强农业休闲旅游品牌，已成为天津市重点农业休闲旅游区县，并被农业部、国家旅游局认定为全国休闲农业与乡村旅游示范县。休闲农业分布在该区的七镇一街，经营内容、形式包含了农业公园、观光公园、市民农园、高科技农业园区、民俗观光园、民宿农庄等多种类型，并具有定制农业、创意农业等比较新型的农业形态，能满足市民从购买特色农产品的物质消费到体验农耕文化、休闲观光等的精神消费。近年来A级旅游景区和天津市乡村旅游特色点创建达标的数量明显增加。截至目前，该区对外开放景点23家，全区农业休闲观光园达到18个，特色农业展会6个，全国休闲农业与乡村旅游示范县（点）3个，天津市休闲农业示范区、示范村（点）6个，天津市乡村旅游特色点12家，其中，3家已被评为国家3A级旅游景区、区文明旅游景点，杨柳青庄园、水高庄园创建为市级乡村旅游典型特色点。休闲农业与乡村旅游年接待游客900多万人，年经营总收入达到3.2亿元，从业人员达到4 687人。

（6）农产品质量安全和品牌意识得到提高

该区加强农产品质量安全监管，检测合格率保持较高水平，蔬菜、水产品、畜产品、生鲜乳三聚氰胺检测合格率分别为94.8%、87.5%、100%和100%。目前基本建成了农产品质量检验、检测体系和农产品质量追溯体系。实施农产品品牌战略，积极推进无公害产品、绿色产品、有机产品、农产品地理标志的产品认证和产地认定工作，累计认证产品210个、认定产地面积达5.7万亩，“沙窝萝卜”成为中国证明商标，“精武牌”放心猪肉等成为农业名牌产品。

（7）农村生态环境不断改善

截至目前，该区绿色道路、绿色河流、绿色村镇、绿色园区等八项造林绿化工程已完成造林3.5万亩、植树650多万株（包括郊野公园绿化），超额完成了全年造林计划任务。启动了14.57平方千米郊野公园一期工程，重点实施了绿地景观、水体景观、基础设施和基本农田四项建设工程，完成造林面积5 000亩、植树46.6万株，建成郊野公园农业产业园并投入使用。该区累计建设各类文明生态村58个，完成了清洁村庄行动方案和垃圾、污水处理体系建设规划。

（8）农业基础设施建设较完善

农业基础设施建设、农业装备化信息化水平显著提高。种植业有效灌溉面积占耕地面积的比重达到85%，节水灌溉面积占有效灌溉面积的比重达到75%，农田水利基础设施得到显著改善；天津市耕种收综合机械化水平达到81%，高于全国平均水平24个百分点；农业信息化水平显著提高；农业劳动生产率和土地产出率分别达到4.1万元/年和0.36万元/亩。

（三）优势特色产业选择指标

1. 市场需求优势

采用需求收入弹性系数衡量产业的市场需求，需求收入弹性高的产业，由于与收入增加关系密切，因此，能够从社会获得更大的发展动力。某区的需求收入弹性见表5-1，数据为2013年相对2012年的增加量。

表5-1　某区农业各产业需求收入弹性（2013年相对2012年）

农业产业	粮食	蔬菜	鱼类	生猪存栏	生猪出栏	牛奶	奶牛存栏
需求收入弹性	-0.20	0.46	-1.63	-0.61	1.41	-0.49	1.48

数据来源：《2014年某区国民经济和社会发展统计公报》

从表5-1中可以看出，2013年增长较多的是生猪、奶牛和蔬菜。由于收入增长为正，需求收入弹性为负，表明该产业在2013年产值相对于2012年是降低的。

2. 产量集中指数

产量集中指数衡量产业在区域的产量集中程度。将该区各产业产量占比与全国相应产业产量占比进行比较而得。产量集中指数大于1，表明该产业在全国具有产量集中优势（表5－2）。

表5－2　2013年某区主要农产品产量集中指数

农业产业	粮食	蔬菜	水产品	猪肉	牛奶
产量集中指数	0.35	7.43	4.77	1.41	2.18

数据来源：《2014年某区国民经济和社会发展统计公报》《2014年中国统计年鉴》

根据表5－2计算所得产量集中指数，蔬菜最高，是全国平均水平的7倍，产量集中优势最明显。其次是水产品、牛奶和猪肉，都大于1。粮食与全国相比没有产量集中优势。

3. 专门化系数

专门化系数是用来表示农产品商品生产能力的指标。专门化系数＝某产品区内人均占有量/该产品上一级区域人均占有量。某区的专门化系数见表5－3。

表5－3　2013年某区主要农产品专门化系数

农业产业	粮食	蔬菜	鱼类	猪肉	牛奶
专门化系数	0.07	1.45	0.93	0.28	0.43

数据来源：《2014年某区国民经济和社会发展统计公报》《2014年中国统计年鉴》

专门化系数最高的是蔬菜产业，高于全国人均占有量，而其他产业都低于全国人均占有量。

4. 规模优势指数

规模优势指数采用农作物播种面积占比、养殖规模占比等反映区域规模优势。表5－4为某区主要农产品规模优势指数。

表5－4　2013年某区主要农产品规模优势指数

	粮食	蔬菜	鱼类（淡水产品）	生猪存栏
某区	0.25	0.64	0.82	0.80
全国	0.68	0.13	0.49	0.30
规模优势指数	0.36	5.03	1.66	2.70

数据来源：《2014年某区国民经济和社会发展统计公报》《2014年中国统计年鉴》

根据表5－4数据，规模优势最明显的是蔬菜产业，其次是生猪和淡水养殖。粮食不具有规模优势。

（四）结论

区域比较优势最明显的产业是蔬菜产业，在市场需求、产量集中度、专门化系数和规模优势等方面都高于全国平均水平，并且都优于其他产业，是该区首选的优势特色产业。该区 2013 年蔬菜种植面积 170 903亩，亩产 3 554千克，总产 607 458 吨，其中，大白菜种植面积 9 106亩，亩产 4 327千克，总产 3 9397 吨，占蔬菜总产量 6. 5% 。

淡水养殖（鱼类）产量集中指数为 4. 77，仅次于蔬菜，规模优势指数为 1. 66，优于全国平均水平。可见该区的淡水养殖产业具有产量集中优势和一定的规模优势，不具有专门化优势和市场需求优势。该区 2013 年水产养殖面积 51 852亩，水产品总产量 34 090吨，草、鲢、鳙、鲤、鲫、鳊、鲶鱼等鱼类产量 27 821吨，占水产品总产量的 81. 6% 。

奶牛养殖需求收入弹性为 1. 48，产品牛奶的产量集中指数为 2. 18，均高于全国平均水平，具有市场需求优势和产量集中优势，专门化系数小于 1，不具有专门化生产优势。该区 2013 年乳牛存栏 3 966头，牛奶产量 8 852. 5吨。

生猪养殖需求收入弹性为 1. 41，猪肉的产量集中指数为 1. 41，规模优势指数为 2. 7，专门化系数 0. 28。说明该区的生猪养殖具有规模优势指数和一定的市场需求优势和产量集中优势，但没有专门化生产优势。该区 2013 年生猪存栏 116 746头，其中，能繁母猪 15 005头，肉猪出栏 155 697头，肉产量 12 324. 5吨。

第六章　部门项目——功能定位与改革

第一节　部门项目在农业综合开发中的功能定位

农业综合开发部门项目是经国家农业综合开发办公室批准，由中央农口部门组织实施的项目。农业综合开发部门项目按照其在农业综合开发工作中的地位和作用可以划分为3种类型，第一类是为农业综合开发项目提供基础设施支持的项目，第二类是提升农业综合开发实施效果的项目，第三类是探索农业综合开发扶持类型和扶持方式的项目。

第一类项目有水利部的中型灌区节水配套改造项目、水利部水土保持项目、林业局林业生态示范项目。

中型灌区节水配套改造项目通过对灌溉面积5万～30万亩的中型灌区灌排骨干工程进行配套完善和节水改造，重点为农业综合开发中低产田改造提供灌排骨干工程条件。水利部水土保持和林业局的林业生态示范项目分别通过治理水土流失，增加林草植被和防治土地荒漠化，达到改善生态环境、保护耕地、提高农业综合开发实施效果的作用。

第二类项目主要是农业部组织实施的良种繁育项目，通过良种繁育体系建设，为粮棉油等大宗农产品生产提供优质种子，可以大大提高单位面积土地产出量，提高农业综合开发的实施效果。

第三类探索农业综合开发扶持类型和扶持方式的项目，这类项目主要是产业化类项目，根据国家在农业方面的需求和政策导向进行探索性的项目扶持，探索扶持方式和扶持类型。例如，近几年新增的扶持项目中农业部的马铃薯项目、林业局的油茶项目和供销社对农业专业合作组织的扶持项目，都是根据国家农业需求和政策导向进行探索性扶持的项目。

第二节　部门项目管理存在的问题

一、部门项目管理存在的共性问题

（一）多数部门项目缺乏科学规划

目前部门项目中，只有中型灌区节水改造项目、水土保持项目及名优经济林花卉中的油茶低产林改造有中长期规划，其余项目均缺乏中长期规划，项目立项存在一定的盲目性，不利于农业综合开发效果的实现。

（二）存在重复申报的现象

农业综合开发部门项目存在重复申报的现象，造成该现象的主要原因：一是项目资金来源及申报渠道太多。例如，支持农业产业化项目的资金有来自中央财政的、也有来自地方政府的，仅省级农业厅、林业厅、扶贫办、农开办、供销社等系统都可以向上级对口单位申报。二是缺乏协调、沟通机制。对于地方和中央扶持的同样内容的项目，部门之间没有形成协调、沟通机制，各自为政、互不通气。三是缺乏涉农资金整合，中央很多部门都有支农资金，资金没有进行有效的整合。

（三）地方财政配套资金不能按规定落实

部门项目财政配套资金未按规定比例落实或落实不及时的问题，直接影响了项目建设进度和效益的发挥。由于地方财政困难或与财政部门沟通不够等因素，导致配套资金难以及时足额到位。欠发达的中西部地区，由于经济发展水平低，经济结构和财源结构单一，财政收入低，财政难以提供配套资金。

（四）某些部门项目自筹资金不能按时足额配套

某些部门项目自筹资金不能按时足额配套，一方面是由于项目扶持对象是农业部门事业单位，某些事业单位基本上都是财政全额拨款，没有自筹资金能力；另一方面由于中西部地区的经济发展水平低，财力有限，导致自筹资金无法按时足额配套。

（五）产业化项目的扶持方式不健全

目前地方产业化经营项目采取财政补助和贷款贴息两种扶持方式，而且总的趋势是逐步扩大贷款贴息规模，并积极探索其他扶持方式。而部门产业化经营项目，目前全部采取财政补助的扶持方式，导致扶持力度不足，不能有效地发挥财政资金“四两拨千斤”的作用。

（六）申报指南下达时间滞后

部门管理办法规定中央农口部门应于每年上半年，通过发布下一年度项目申报指南。实际工作中，项目申报指南下达时间晚，与农时耕作不衔接，导致前期准备工作时间仓促，部门协调困难，项目评估论证不充分。2009年安徽颍泉区秸秆养牛项目，由于项目评估不充分，导致批复的7个养殖场中有3个养殖场因种种原因无法实施。

（七）地方农发部门与地方农口部门工作不够协调

地方各级业务主管部门和农发部门之间各自为政，互不通气现象经常存在。按政策要求是农口部门和农发部门必须联合申报项目，但农发部门在项目申报过程中往往只有一个盖章的职责。在资金管理上，行业主管部门习惯了按基本建设程序逐级拨付资金，无法满足农发项目县级报账制的严格要求，有的地方农发部门在资金管理政策宣传和业务指导工作不到位，造成报账时手续不全、资料不齐的问题，项目建设任务完成却无法报账的现象时有发生。

二、各部门项目管理中存在的问题

（一）农业部部门项目管理存在的问题

（1）项目调整变更等情况有所增多

由于受城市建设规划变更、土地政策调整、大型基础设施项目建设等一些客观因素的影响，项目调整、变更或建设进度滞后的情况有所增多。同时，工程材料价格持续上涨，项目经费支出超出预算，使自筹能力较弱的项目单位不得不对项目建设内容进行压缩或调整。

（2）项目财务和档案管理不规范

一方面，项目单位不能规范执行农业综合开发财务管理制度，没有完全依照计划批复支出项目资金，结算手续不完备等现象时有发生。个别项目甚至存在现金支出以白条入账的现象，有些项目自筹资金没有做到统一核算，只是统计或实物估算数字。另一方面，项目建设中还存在部分项目档案不齐全，缺少工程施工图纸、施工合同、竣工结算书或工程造价审核报告等资料的现象。

（二）林业局部门项目管理存在的问题

①林业生态示范项目属于劳动密集型，劳动力的工资支出量大，现行的报账制没有对工资支出的报账情况做出明确的规定，导致报账困难。

②投工投劳困难，随着国家“两工”的取消和农村劳动力相对短缺，农民投工

投劳越来越困难。

③项目评审标准不统一，评审程序有重复、效率低。由于农业综合开发林业项目特别是名优经济林花卉项目涉及到全国各地，每个项目的自然、经济等情况不同，申报项目的品种不同，建设和评审的标准也不统一，各地在评审工作中缺乏足够的依据。林业局部门项目评审分为省级林业与财政主管部门评审和国家林业局组织评审两个层次，而国家不参与省级评审，省里也不参加国家级评审，两个层次间衔接不够紧密，做了大量的重复工作。

④工程投资规模小、标准低，与当前社会经济发展现状不适应。就太行山绿化项目来看，太行山区农村劳动力价格由 2006 年的 30～40 元涨到了 2009 年 80～100 元。造 1 亩林，整地需 640～1 000元（8～10 个工日），栽植、浇水、覆盖、搬运苗木需 160～300 元（2～3 个工日），苗木（含运输费、补植）110～200 元；管护（5 年）40～50 元，其直接成本 950～1 550元/亩，加上可行性研究、评审、作业设计、检查验收、资金稽查、调研、技术培训、档案管理、招投标费、监理费等间接成本（直接成本的 15%。可行性研究、评审等前期工作费 3.5%，作业设计、技术培训、检查验收等 5%，招投标、监理等 4%，核查、调研、稽查、档案建设等 2.5%），合计 1 092～1 782元/亩。而目前太行山绿化项目平均亩投资仅为 91.9 元/亩，占实际需要的 1/20～1/10，投入标准过低。

（三）供销总社部门项目管理存在的问题

（1）缺乏两类项目相互促进的良性循环机制

供销总社组织实施的供销合作社项目均属于产业化经营类项目，但其中涉及的基础设施建设和生产基地建设，以及相关的土地治理，都属于土地治理类项目实施的范围。有必要探索土地治理类项目与产业化经营项目配套衔接的问题，使得两类项目相互促进，从而培育壮大供销合作社优势产业、加快供销合作社项目的发展。

（2）缺乏完善的管理机制

由于尚未制定相应的规划和管理办法，农业综合开发项目区科技推广项目在选项、立项、投入上，缺少目标性、原则性及投入政策要求，存在着项目分散的现象，削弱了部门项目在技术推广中的科技支撑作用。

（四）水利部门项目管理存在的问题

（1）治理任务繁重，资金投入不足

2009 年，农发水保项目投资仅为 2.7 亿元，实施范围仅为山西、吉林、黑龙江、江西、湖南、湖北、重庆、四川、陕西、宁夏等 10 省（区）及黑龙江农垦总局的

136 个县和农场。《国家农业综合开发水土保持项目规划（2008—2020 年）》中的 12 省 299 个县，有超过一半的县尚未开展重点治理。

2009 年农发中型灌区项目财政投入总规模仅为 5.65 亿元，平均每年只能改造数十处中型灌区，全国仍有约 1 200处重点中型灌区尚未实施改造。资金投入不足是造成中型灌区节水配套改造严重滞后的主要原因。

（2）现有配套改造标准偏低，工程建设标准不高

治理每平方千米水土流失面积需要总投资 40 万元左右，而目前实施的农发水保项目中央补助资金只有 10 万 ~ 11 万元，工程建设的标准不高，大都只能是初步治理，很难实现治理措施的综合配套，难以很好地发挥工程建设的效益。

中型灌区节水配套改造项目投资规模一般在 2 000万元左右，其中中央财政资金投入不到 1 000万元，对灌溉面积较大的中型灌区只能实施初步配套改造。

（3）灌溉面积 1 万 ~5 万亩的一般中型灌区的节水改造尚未启动

目前，由于缺乏资金，全国 5 000多处灌溉面积 1 万 ~5 万亩的一般中型灌区基本没有实施节水改造。

（4）投工投劳与保障困难

与林业生态示范项目一样面临投工投劳困难、保障困难的问题。

第三节　部门项目改革方向

农业综合开发部门项目的改革方向就是充分发挥各业务主管部门的技术管理优势，让其承担相应的农业综合开发任务。对于各项目类别进行重新划分，对项目进行重新设计，制定相对统一的项目管理标准，提高项目执行效率，形成自己的特色，做好对地方产业化项目和土地治理项目的补充。

一、明确项目定位

部门项目是农业综合开发项目重要组成部分，部门项目作为农业综合开发地方项目的补充，建设内容除了要符合本部门行业发展规划，同时必须与项目所在地农业综合开发规划合理衔接，才能形成相得益彰的综合建设效果。这种优势在水利部中型灌区节水配套改造项目中获得到了很好体现。此外，农业综合开发部门项目应充分发挥农口部门的技术优势，突出农口部门的行业特色，要为地方实施农业综合开发解决技术上难题或主要障碍，项目建设有利于提高当地农业综合生产能力，增加农民收入，有利于促进当地农业生产方式的转变。因此，在修改部门项目管理办

法时，应提出将农业综合开发部门项目建设成为具有示范性的农业项目，成为各类农业项目的亮点。相应的，其选项标准和投资标准均应提高。

二、细化部门分工

农发部门经过20多年的工作实践，项目和资金管理上有优势，为确保项目按照实际设计、按照批复计划实施，提供了强有力的支持。农发部门参与到部门项目管理中，有利于部门项目的顺利实施。农发部门应该参与项目申报指南发布、项目申报和评审、项目实施、项目检查验收等全过程，并要加强与行业主管部门协作，和同级农口部门做到“五个联合”，即：联合评审、联合立项、联合申报、联合检套、联合验收。在部门分工中，农发部门应主要做好政策发布、项目评审、资金管理和项目验收等工作，行业主管部门应主要做好指南发布、项目申报评审、项目实施管理、检查验收等工作。

第七章　农业综合开发配套政策

第一节　土地治理项目扶持政策优化措施

一、简化管理程序，提高管理效率

针对土地治理项目管理程序较繁琐的问题，一是对土地治理项目前期编制建议书、可研、初步设计等适当简化。项目可研与初步设计可以合并，高标准农田建设项目可研做到初步设计深度，一般土地治理项目直接编制初步设计任务书即可。二是合理划分项目计划管理权限。建议理顺各级的项目调整管理权限，扩大县级对建设内容的调整权限。

二、强化乡镇作用，提高项目建设管理水平

农业综合开发实行报账制、招投标制后，乡镇的权利受到极大削弱，参与项目积极性锐减。而在现行政策框架下，项目建设靠乡镇协调，施工环境靠乡镇保障，部分工程的建后管护也是移交给乡镇。因此，建议国家农业综合开发办公室从制度上明确项目乡镇为项目责任人，适当增加乡镇工作经费，建立将农发项目纳入政府考核内容等方式，强化落实项目乡镇责任主体，以充分发挥基层政府的职能作用，促进农发事业的健康发展。

三、完善农业综合开发招投标政策

农业综合开发土建工程与其他建设工程相比，具有单体工程投资小、建设范围广、矛盾协调难等特点，必须依靠当地政府和农业水利部门的配合与支持。对于涉及公共安全的桥梁、中沟级以上的骨干工程等工程，可以明确由有资质的单位进行设计，并公开招标，除此以外的零散工程、田间小沟级建筑物等，建设地点分散，有些还需要调田、毁绿，可以采用邀标方式选择施工单位。允许当地及周边水利站参与实施，有利于矛盾的协调，有利于提高当地政府的积极性，也有利于项目完成后工程的正常维护。

四、创新管护机制，发挥工程效益

尽管目前国家已经完善了项目工程管护制度，允许提取一定比例的工程管护经费，但是可供使用的管护经费和实际需要管护的项目工程差距很大。因此，建议国家农业综合开发办公室从国家层面研究制定具体政策措施，创新管理方式方法，落实管理和管护经费。建立专业管护队伍，以项目村为单位，每个村都成立一个管护小组，负责该村所有农业综合开发工程的管护。管护队要与项目村或工程业主签定管护责任书，明确报酬、职责和奖惩，一般的工程管护期为3年。扩大农业综合开发土地治理项目工程管护费的开支范围，允许从中列支管护人员的报酬或误工补贴，管护资金比例由目前的1%提高3%～5%，工程管护资金由县级农业综合开发办公室统一使用，专项用于工程的维护。农业综合开发工程需要维修时，由项目工程管护单位（当地乡镇、村屯、农民合作组织等）上报县级农发办，县级农发办考察核实后，组织安排施工队伍负责维修。

五、切实解决农民筹资投劳落实难问题

尽管从2011年开始，将农业综合开发土地治理项目自筹资金比例继续下调，但随着土地治理项目建设和投资标准的提高，自筹资金的绝对数量并没有减少，亩均自筹资金额没有太大变化。降低自筹资金比例仍不是解决问题的最好办法，彻底解决的办法是取消农民筹资投劳比例的硬性政策规定，对项目自筹不要硬性规定比例，只将筹资投劳作为项目立项的条件予以考核。对农民筹资投劳可以鼓励，但不作硬性比例规定进行考核。鼓励各地在项目立项中多筹资投劳，提高财政资金投资的乘数效应，允许各地根据实际情况，实行农民筹资投劳、集体或乡镇出资、吸引“三资”投入等多种形式存在。

六、建立农业综合开发补偿制度与标准

农业综合开发不能以公益项目和对整个项目区有益而忽视少部分农民的利益，应把项目建设中渠道、机耕路占地、伐树的赔偿纳入项目计划，制定占地补偿政策，制定补偿标准，列入工程成本，不再侵占农民利益，妥善解决项目建设中的法律政策问题。适当放宽方田面积标准，平原区最大方田面积一般不超过500亩为宜。对农田支路的路面宽度不做限制，一般不低于3米为宜。

七、调整项目管理费提取标准及开支范围

现行项目管理费是以项目县当年所有土地治理项目的财政资金为基数，分段累进计提，难以满足项目管理的需要，建议参照土地整理项目和水利项目，将管理费比例适当提高，取消分段费率制，改为以单个项目财政资金为基数，分段累进计提。适当扩大项目管理费的用途，允许项目验收、管理、差旅费、添置必要的办公设备等经费在管理费中列支。参考利用世行贷款加强灌溉农业项目，列支业务培训和外出考察费用，不断提高开发队伍人员业务水平。建议推广工程审价制度，在管理费中增列工程审价费用。浙江省从2006年开始在全省推广工程审价制度，在工程招投标阶段，对预算进行审价，降低了招投标中的风险。工程结算时，委托有资质的工程造价咨询机构进行审价，提高项目资金管理水平。但是审价费用在现行项目计划中无处列支，因此，建议在项目计划的其他费用中按照财政资金的一定比例单独计列审价费用。

第二节　产业化项目扶持政策优化措施

农业综合开发产业化经营项目的实施影响着能否很好地带动我国农业生产的发展，因此，应进一步加大资金投入的力度，加强农业产业化龙头企业的扶持。从我国农业综合开的实际情况出发，结合全国农业产业化发展的经验，本研究认为，政府有必要从以下几个方面做好政策优化引导工作。

一、加大投入、促进农业产业化持续发展

对于农业综合开发项目而言，扶持企业只是手段，带动农业增效、农村发展、农民增收才是最终目的。

（一）注重扶持壮大农业产业化龙头企业

农业产业化龙头企业是农业综合开发产业化经营项目的载体，是推动农业产业化经营发展的骨干力量，对带动农村产业结构调整、促进农民增收、推进农业区域化、专业化和提高农业综合效益等具有关键的作用，因此应注重扶持壮大从事农产品加工、储藏保险、产地批发市场等能带动农业产业化发展的龙头企业，建议重点扶持那些辐射带动能力强、与农民建立了紧密利益联结机制和市场竞争力强的国家级、省级重点产业化龙头企业，促进农民持续增收。

（二）坚持集中和连续扶持，发展农业优势特色产业

坚持依据资源、区位等条件，确定各地区优势主导产业，竞争立项、集中资金，重点扶持、连续扶持，做大做强农业优势产业。

（三）支持优质特色农产品高效种植养殖基地建设

统筹各类农业综合开发项目，积极支持真正代表农民利益的专业合作组织申报农业综合开发项目，推进农业区域化布局、专业化生产、集约化经营，加快建设优势农产品产业带。

二、建立科学、规范的农业产业化经营项目效果评价机制

（一）立足现实，制定符合实际的农业产业化经营项目效果评价办法，合理确定评价内容和评价指标

为做好项目效果评价工作，切实做到有章可循，建议制定农业产业化经营项目效果评价办法，把项目实施的社会效益、经济效益和生态效益均作为项目评价的主要内容。在充分考虑各地区在实施农业产业化经营项目时的具体情况，提出具体的评价要求。不同产业化经营项目类型和不同的资金扶持方式具有较大的差异性。因此，应按照不同项目类型确定评价内容，按照不同的资金扶持方式确定农业产业化效果评价指标和评价衡量标准。

（二）组织专家直接参与是搞好农业产业化项目效果评价的重要保证

农业产业化经营项目评价涉及特色种养殖业、农产品加工业和农产品流通等多个领域，仅靠项目管理人员无法较好地展开对农业产业化经营项目的评价工作。因此，可以按照项目类型和可能涉及的领域，组织有关专家，运用相关行业标准评价和衡量农业产业化经营项目的效果。

（三）加强对项目评价人员的培训

项目评价是一个新生事物，要求专业技术性强，而当前各级项目办人员中具有实践经验的并不多。为加快项目评价在农业产业化经营项目管理中的普及和使用，必须加强宣传和教育，提高社会对评价工作的重视，在依靠有关方面的专家的同时，针对性地对从事评价工作的人员进行全面培训，尽快提高他们参加项目评价工作的水平。

（四）构建科学的农业产业化经营项目效果评价机制

在资金稀缺的约束下，为了更有效地实现提高农业综合生产能力的目标，合理分配农业综合开发投资非常重要。投资必须经过科学的投资咨询与决策，才能有助

于有效地利用有限的农业综合开发资金。尽管农业产业化经营项目效果评价属于事后评价，但是通过建立健全项目建设效果评价机制，对比分析项目建成的实际效果状况和项目实施前的效果预期，可以更加全面、准确地评价项目建设成果和投资成效，深入剖析投资管理体制中的缺陷和不适应经济发展的方面和环节，有利于提高政府对农业产业化项目的决策水平、执行水平和管理水平。

（五）全面推行农业综合开发项目绩效考评

改革目前我国现行的项目验收和考评办法，建立包含经济效益、社会效益和生态效益等多方面的农业综合开发产业化经营项目的绩效考评指标体系，实现对项目的科学客观评估，并作为调整农业综合开发项目的投资方向和方式的依据。

三、将带动农户增收作为农业产业化项目立项的首要条件

农业产业化经营的实质就是要建立一种农户能够获得比仅生产初级农产品更多利益的机制，帮助农户实现增收致富的愿望。建立比较稳定的农业产业化的利益联结机制，这也是龙头企业和农民共同的需要和要求。龙头企业只有让农户得到实实在在的利益，其自身才能不断发展壮大。从分配角度来看，龙头企业虽是扶持了农户，但从再生产角度看，这其实是以另一种形式投入到龙头企业自身的“第一车间”。从这个角度讲，龙头企业反哺农户的过程，实质上是扩大再生产的过程，也是龙头企业自身发展的内在要求。因此，农业综合开发要重视和加强产业化经营中利益机制建立的引导工作。在农业综合开发产业化经营项目的选项、立项时，应将能否带动农户增收致富作为重要的参考标准。具体来讲，应该做到以下两点。

（一）强化龙头企业在农民增收和农民就业中的作用

在企业申请农业综合开发产业化经营项目时，关键要看其对项目区主导产业发展的拉动和对农民增收的带动作用。要重点扶持能大量吸纳当地劳动力就业的劳动力密集型龙头企业。要把龙头企业与农户建立“利益共享、风险共担”的利益联系机制和带动农户增收作为决定立项与否的首要条件。鼓励龙头企业与农户采取签订订单、合同契约、保护收购价格、股份合作等多种利益联结形式，建立分工合作、利益共享的合作关系，保障农民利益，促进农民增收，实现农户和龙头企业的双赢。

（二）强化农民的组织化程度

农民专业合作经济组织是农户与企业之间的桥梁，是提高农户组织化程度的有效途径，是农民利益的代言者和维护者。因此，扶持农民专业合作经济组织就是在扶持农民。农民组织化程度不高，将极大地制约农业产业化经营的发展。农业综合

开发应积极培养和壮大一批农民专业合作经济，发挥其在农业产业化经营中的示范作用。

四、优化农业产业化经营项目资金投入政策

（一）实行投资倾斜政策，解决产业化建设资金不足问题

我国农业产业化发展仍处于起步阶段，现有的龙头企业的规模大多偏小，不具备大规模自筹资金的能力，需要其他渠道的帮助；靠参与产业化经营的农户集资，也只能解决部分原料生产基地建设方面的资金。因此，解决农业产业化发展的建设资金，需要采取中央和各级地方财政、银行、企业、农户等多渠道筹集资金的办法。农业综合开发应根据这一实际情况，把扶持项目区扶持实施产业化经营作为农业综合开发的投资重点。在项目的选择上，应抛开所有制的限制，只要符合产业化项目的条件，具有农业产业化经营的模式，符合国家产业政策，能够与农户结成利益共同体，有助于发展地方经济，有利于增加就业，有利于增加农户收入，不论是何所有制，不论其隶属于哪个部门，在项目的申报、有偿资金的财政担保等方面，都应一视同仁。

（二）探索项目之间统筹安排、相互促进的良性发展机制

农业综合开发项目作为一个系统，在推进农业产业化经营过程中，应与其他各类农业综合开发项目相互配合使用，农业产业化经营项目资金与土地治理项目、科技示范等其他支农资金应统筹安排。农业产业化经营项目应配合土地治理项目和科技示范项目，巩固土地治理项目、科技示范项目的成果，实现农户增收；土地治理项目、科技示范项目要与农业产业化经营项目相互补充，相互配合，为农业产业化经营建设专业化、标准化和规模化的优势农产品基地。支农资金的整合，关键是要形成分类科学、分工明确、管理规范、运转有序的管理机制。在这方面，农业综合开发动手较早，主动开展了“引导支农资金统筹支持新农村建设试点”，具体做法就是以农业综合开发资金为载体打造项目平台或产业平台，从生产领域入手，在县域范围内积极统筹安排其他支农资金，形成共同支持农业基础建设和现代农业发展的合力。农业综合开发要继续推动支农资金整合，在提高资金使用效益上下功夫。

第三节 部门项目政策改进措施

一、部门项目管理制度创新与改进措施

部门项目实施以来，发挥相关行业部门的技术优势，在改善农业生产基本条件、

提高良种覆盖率、优化产业结构和改善生态环境等方面取得了显著成效。但总的说来，部门项目在对项目区提供示范和服务等功能上发挥的作用还有待进一步提高，在项目管理程序、扶持方式和内容、部门协调机制、配套资金投入等方面，以及各部门实施项目过程中的还存在问题。部门项目管理应根据国家农业综合开发任务的总体需求，结合各农口部门在项目管理方面的专业技术优势，进行合理分工，探索新的扶持政策和扶持方式，为农业综合开发提供基础设施支持，促进农业生产和农村发展。主要从部门项目的立项、管理程序、资金等方面等提出制度创新建议和改进措施。

（一）项目立项管理

1. 增强项目类别的统筹管理

农业综合开发项目目前分为土地治理类项目和产业化类项目，但有很多小类项目既有土地治理类项目的特征，又有产业化类项目的特征，不太容易归类。各类项目立项条件不一，评审标准不统一，投资规模差异也很大，而且不同的项目还存在交叉，难以制定统一的标准进行管理。因此，首先必须进行项目整合，强化部门分工，减少部门之间项目的交叉，确定重点支持的领域，逐渐取消一些不符合国家农业综合开发目标的项目。

2. 适度扩大扶持范围

部门项目中有较多产业化经营类项目和部分土地治理类项目的扶持对象局限于本部门内的企事业单位。可以适度扩大此类项目的扶持范围，使更多有助该类项目扶持目标实现的单位受益，利于更大范围地发挥农业综合开发的效果。农民专业合作经济组织是农民自愿结合的利益体，能在农村发展中发挥最直接的作用，有助于增强农户和农业的市场竞争能力和提升农业产业发展水平。部门项目实施中，也应更多地扶持农民专业合作社等组织，有助于挖掘农业发展潜力。另外，农民种养大户也具有发展潜力，能对农业开发起到示范带头作用，但目前在部门项目的扶持中还没涉及，可积极探索对种养大户的扶持政策。

3. 根据农业发展需求适时调整扶持重点领域

部门项目的扶持重点领域应该与农业综合开发的进度和农业发展需求紧密结合、适时调整，以突出发展重点，解决最关键的问题。根据国家对农业发展的需求和我国农业综合开发工作的总体要求，部门项目可以加大对良种繁育、木本油料类项目的扶持力度。首先是应加强优势种子繁育基地的建设，推动我国良种生产实现区域化、规模化和专业化，从根本上解决我国种植业优质良种供给不足的问题。其次是推进畜禽良种繁育、发挥示范带动效应，推动我国畜禽养殖业发展的特色化、优质化和多样化。最后是加大对木本粮油经济林示范基地的建设，特别是加强对油茶产业的扶持。形成相对完备的油茶产、供、销产业链条，逐步形成资源相对充足、利用水平高、产出效益显著的油茶产业发展格局。此外，应以新型合作示范项目为平台，通过加强对农民专业合作社的扶持，着力推进集中连片标准化生产，建成一批优质特色农产品高效种植、养殖基地项目；积极探索规模生产、联动开发的农业综合开发新模式，扶持一批产业化经营与土地治理有机结合示范项目。

4. 促进涉农资金信息共享，防止重复申报

建立财政涉农项目资金信息共享平台和部门联合会审制度，强化项目库建设动态管理。农发部门与农口部门同时对已立项项目进行备案，对项目进行统一资格审查，联合申报，联合会签，及时沟通协调，防止项目重复申报。建立严格的审查制度，对项目建设单位资质和近三年资金来源情况和进行查验，若发现多头申报问题，应追究相关项目管理部门的责任，取消项目单位的申报资格，立即终止执行项目并收回财政资金，下年度不再安排部门项目。

农业综合开发部门项目在实施过程中，各业务部门负责项目管理，地方农发部门负责资金管理，但在实际操作过程中，由于缺乏沟通，多头管理，影响项目实施效果。建议增强省级农发部门对项目的管理职能，省级农发部门要加强对项目的审核和管理，有条件的省设立部门项目处，做到项目专人管理，责任明确。另一方面，要加强对省级农发办对部门项目的统筹管理，各县（区）农发办按照全国农业综合开发发展规划，组织编制3~5年建设规划，确定本县区拟建项目，再逐级上报，形成全省农业综合开发规划，建立全省农业综合开发部门项目库。今后扶持的项目，在项目库中择优筛选，通过专家论证，确定拟扶持的单个项目投资额度，使项目的立项有依据，符合全国性农业综合开发的要求，也可以防止重复申报的发生。

（二）项目管理程序

1. 项目程序尽量适应农事生产的季节性

农业项目特别是涉及种植和养殖的项目具有较强的季节性，项目实施的时间应该与农事季节相衔接，这样才能保证项目在当年能够实施，并取得效益，否则项目发挥效益的时间要推后一年以上。因此，建议项目申报时间应提前，尽早公布项目申报指南，并进行评审和立项等工作，一方面为基层申报项目留出充分时间，另一方面也有利于与农事季节相结合，增强项目实施效益。

2. 根据项目类型灵活调整管理程序的简繁

农发项目执行严格的项目管理程序，对规范管理部门职责和项目实施起到了督促作用。但是，在农业种养殖项目等相对简单的项目实施过程中，复杂管理程序反而增强了项目实施阻力。如投资计划确定后，对种植、养殖等仍然严格批复初步设计，增加了项目单位的负担。农业项目大多数工艺技术等方案是成熟的，因此可以对种养殖项目等相对简单的项目省去初步设计的申报和批复程序。

3. 规范项目评审程序与标准

项目评审是部门项目管理重要的一个环节，关系到项目选项的合理性、可操作性和项目资金的使用效率。但目前由于部门项目涉及农业部、国家林业局、水利部和供销合作总社等多个部门，项目类型多样，在项目评审方面存在着评审标准不一致、评价尺度不一等诸多问题。首先，应加大项目的抽评力度，根据项目抽评过程中出现的问题，相关部门对评审工作进行改进；其次，针对部门项目类型多样，评级标准不统一的问题，各部门分别制定项目评审细则，以便专家掌握详细的评价依据，提高评价结果的客观性和公正性；最后，加强对项目评审专家，特别是省级专家的培训工作，使得不同部门，不同级别的专家掌握统一的评审标准，使项目从立项到审批执行同样的评价标准，有利于筛选出最符合国家农业综合政策扶持方向的项目。

（三）项目资金管理

项目的资金管理涉及项目资金的投入方式、项目资金规模、地方财政资金和自筹资金的配套等多个方面，影响着项目实施规模和执行效果。

1. 采取多样化的资金扶持方式

由于国家农业综合开发部门项目类型多样，不适宜采取单一的扶持方式。财政补助、有无偿相结合、贷款贴息、以奖代补等方式都能对特定项目类型起到较好的作用。如2008年之前曾采用过的有无偿相结合的项目扶持方式，这种方式投资标准高，财政扶持力度大，适合于经济条件较好的地区，能更好地体现农业综合开发部门项目的实施效果。因此，在经济条件较好的地区，可以恢复有无偿补助相结合的扶持方式，一方面可以在经济发达地区建立高标准的大项目，另一方面，也可以避免财政有偿资金回收困难的问题。因此部门项目在实施过程中应该根据不同地区的实际情况，采取多样化的扶持方式。

2. 提高单个项目的投资标准

部门项目的一个重要特点就是类型多种多样，投入比较分散，许多单个项目总投资偏小，中间费用占财政资金的比重高。再加上物价上涨的因素，项目财政资金只能发挥补贴的作用，无法发挥带动农业投入的“四两拨千斤”的作用。因此提高单个项目财政资金的投入标准，减少项目个数，是提高部门项目财政资金使用效率的一个重要途径。

3. 根据各部门实际调整配套资金投入比例

实施部门项目的各农口部门财力情况不同，应充分考虑各部门的实际情况、不同项目特点和地方情况等，调整各部门地方财政配套资金和自筹资金等的投入比例。各级水利部门用于水利部门建设资金较少，水利基金有限，可适当降低水利部门自筹资金比例。针对公益性较强的部门项目，可适当降低项目自筹资金比例，如对建设单位为农民合作经济组织的可适当降低自筹配套比例；对西部地区的公益性项目可取消自筹资金。另外，根据国家相关法规，国家贫困县、发改委产能建设800个重点县、革命老区不需要进行财政资金配套，但是上述地区的某些县仍存在要求进行资金配套的现象，上述地区的地方部门应严格执行农业综合开发部门项目有关政策，取消违反相关规定的行为。

二、各农口部门项目管理的对策建议

（一）农业部项目管理

农业部作为国家农业主管部门在农业生产经营管理方面具有较强的技术优势，目前农业部的农业综合开发部门项目分为良种繁育项目和优势特色种养示范项目两类，但优势特色种养示范专项中除秸秆养畜之外，园艺类良种繁育、畜禽良种繁育和水产种苗良种繁育三类项目均为良种繁育项目，属土地治理类项目范畴，建议农业部部门项目将该三类项目合并到良种繁育专项中，制定统一的管理标准。

首先，农业部项目承担主体比较多而杂，包含企业和事业单位等。可以对项目承担主体进行规范，对于公益性强、企业不具备承担能力的项目，由事业单位承担，并取消自筹资金的配套。其次，农业部部门项目指南需要将相关的评审标准写入申报指南，作为项目立项条件，以便于地方进行项目筛选，并对各类项目进行归类，简化项目类型，提高可操作性。最后，加大良种繁育投入力度，提高我国农业良种覆盖率是农业部部门项目的一个重要职能。在部门项目资金投入中，要逐步加大对良种繁育项目的投入力度，支持种子企业建设科研平台、良种繁育基地及加工配套设施建设，提高全国种养殖业的种子质量，促进农业综合开发水平的提高。

（二）国家林业局项目管理

首先，应根据林业项目特点优化项目类型。林业生态示范项目公益性较强，可以根据项目发展需要调整项目的扶持内容。名优经济林示范项目包括油茶低改、木本粮油、干果、药材等多项建设内容，内容多且杂，难以发挥财政资金集中力量办大事的作用，需要进行优化组合，选择社会效益好，公益性强，对于农民增收、农村经济发展影响大的项目优先扶持。木本粮油中的油茶项目，对于保证我国粮油安全具有重要意义，应大力扶持。

其次，简化林业项目管理程序。林业项目受季节影响较大，目前项目管理程序过于繁琐，项目审批时间晚，影响春季造林工程。可以于上一年 8~9 月上报项目建议书或可行性研究报告后，在当年 1 月正式计划批复下达到县。业务部门立即依据计划组织实施，确保当年任务当年完成。

最后，降低林业项目自筹资金比例。林业工程生态效益巨大，但生产周期长、见效慢。随着林业项目建设不断的深入，工程区的建设条件越来越差，导致单位面积的投入增加，短期内很难收回成本，群众丧失投资造林的积极性。建议降低林业项目自筹资金比例，以提高群众投资造林的积极性。此外，植树造林是一项系统工程，是一个漫长的过程，“造”只是这一过程的一个环节，剩下长期的过程是管护，“三分造、七分管”，如果只进行造林，而后期的管护跟不上，项目难以发挥效益。目前，项目建设规定的支出范围中没有将管护费用列入其中，建议将项目管护费纳入财政预算支出范围中，同时积极探索适合当地的管护办法，加强林业项目的管护工作。

（三）供销合作总社项目管理

供销合作总社应积极探索符合供销合作社特点的农业综合开发新机制。探索产业化经营与土地治理的有机结合的扶持方式，进一步优化扶持范围、突出扶持重点，创新扶持方式，实现农产品产加销联动发展；探索农业综合开发多元化参与新模式，积极引导供销合作社系统产业化龙头企业、农民专业合作社及行业协会、科研机构等多类主体，发挥各自优势，整合系统资源；积极尝试与金融机构合作，推动农民专业合作社与农村信用合作社的有机结合。

（四）水利部项目管理

水利项目一般涉及工程量大，目前的投资标准整体偏低，建议提高单个项目投资额度，利于增强项目实施效果。水利部中型灌区节水配套改造项目设计灌溉面积在 5 万~30 万亩，单个项目投资差异很大，而且对较大灌区总投资不能满足完成骨干工程节水配套改造任务的需要。建议按照灌溉面积确定单个灌区改造项目的投资规模，使投资规模符合中型灌区节水配套改造的实际需求。水利部水土保持项目由于劳动力价格和苗木价格上涨，取消农民“两工”，造林地向远山、深山推进等原因，导致造林成本大幅增加。目前水保项目中央投资标准不能满足水土保持项目需要，建议中央投资标准，治理面积以小流域为单元，治理一块成型一块。各级水利部门用于水利部门建设资金较少，水利基金有限，很难保证自筹资金的及时足额配套，可以适当降低水利部门自筹资金比例。

第四节 新时期农业综合开发政策建议

新时期面临农业生产成本攀升的资源约束及经济进入新常态和政府职能转变的经济政治环境下，供给侧改革和产业融合等发展理念成为创新方向。农业综合开发作为财政支持农业、促进农业现代化的重要措施，也要不断创新政策措施，服务农业发展。

一、优化农业综合开发布局，强化供给侧改革

农业综合开发亟须解决的一个重要问题就是区域优势特色还没有充分发挥出来。各地区的项目建设存在小而散的情况，并且与当地优势特色产业带建设结合不够紧密。在当前农业结构不够合理的态势下，强化农业供给侧改革也势在必行。

农业综合开发的首要工作就是要通过规划设计，发挥系统设计师职责，引导农业综合开发优化布局。各级有关部门应加强调查研究，摸清实际情况，准确认识和把握区域农业发展优势，找准农业特色产业，充分发挥规划的宏观指导作用，找准切入点，形成各具特色的发展模式。在推进农业综合开发区域化布局过程中，要充分尊重农民意愿，不搞强迫命令，不急于求成，坚持市场取向，依靠产业政策，加快引导和推动。

二、扶持农业优特产业集群，促进产业融合

随着农产品市场流通产业和互联网产业的迅速发展，现代农业发展逐渐呈现一、二、三产业融合发展的态势。促进产业融合发展，将农业发展打造成为高效富民的王牌产业也是农业综合开发的重要任务。

农业综合开发通过有选择地扶持区域优势特色产业，引导产业集聚发展。按照做强做大、内引外联、集团化经营和集群式发展的要求，引导大型龙头企业集团化经营，培育一批跨地区、跨行业、跨所有制的企业集团，促进中小型龙头企业走集群式发展的道路。积极营造有利农业产业化发展的商业环境，引导工商资本发展良种种苗繁育、高标准设施农业、规模化养殖等适合企业化经营的现代种养产业。通过龙头企业、农村各种经济合作组织和各种中介组织的带动，建立利益联结互补机制，将产前、产中和产后的各环节联结为完整的产业链条。

三、创新投融资方式，保障资金投入

研究制定鼓励投资农业发展的政策，充分撬动金融资本。转变农业发展投入方式，吸引与引导社会力量支持“三农”发展。建立国家、集体、个人和社会等多渠道、多层次、全方位筹集资金的投资体系；探索政府与企业参与农业综合开发的PPP合作模式；大力推行民办公助方式，构建“投、建、管”三位一体的支农项目建设机制，引导农民对直接受益的项目投资投劳。采取补贴、贴息等方式引导金融资本参与各类经营主体实施项目建设；通过信托、租赁、债券等融资类产品，扩大融资渠道，增加资金投入。积极扩大对外开放，加大招商引资力度，充分利用外资推动现代农业建设。

四、建立农业产业服务体系，提高农发项目质量

秉承政府服务型职能，加强产业服务体系建设，为龙头企业、合作社和农民等提供更便捷的市场、政策、技术信息获取渠道，可以有效降低农业经营主体的经营成本，提高农产品竞争力。

农业综合开发项目范围覆盖全国大部分县市，扶持内容包括土地治理和种养殖、加工、流通等产业化项目，涉及面广。通过适度引导，强化服务体系建设，完善产业链条。加强市场信息服务体系建设，促进产销衔接。一是在农产品优势产区，建设若干个区域性专业批发、交易市场，完善市场交易、检测检验和信息服务等设施，增强服务功能，扩大辐射范围。在有条件的优势产区实行产品拍卖、连锁经营、统一配送和电子商务等现代交易方式，建设相应的流通设施。二是充分利用政府、企业、社会各方面资源，提高项目服务水平。对项目实施中存在的问题，要及时到现场一线协助解决，并督促整改解决。要根据新情况、新项目，适时调整有关政策，让项目顺利实施、发挥效益。要加强绩效评估、跟踪问责、奖优罚劣，提高整体服务水平。三是加强产业的标准化管理和服务。组织科技人员、龙头企业一起制定切合生产实际每一行业每一品种种养的标准化技术规程。加强政策资金扶持力度，推动龙头企业、合作社实施品牌战略，通过企业、合作社行业自律，强化标准化生产，实现绿色种养。

五、完善基础设施建设，助推农业经营主体发展

农业基础设施条件是影响现代农业发展的重要因素，投入大、外部性强的基础设施建设是制约企业等经营主体的关键问题，是公共投资的主要领域。

农业综合开发致力于改善农业生产条件，要进一步统筹开展农业基础设施建设。一是加强农业综合开发机构与发展改革、国土、水利、农业等部门沟通协调，调动各方积极性，充分发挥农业综合开发田水路林山综合治理优势，统筹相关涉农资金，搭建高标准农田建设资金整合平台，合力加强高标准农田、田林水网配套设施建设，改善生产条件。加强农产品质检机构基础设施建设，健全农产品质量安全监管体系。二是搞好土地流转，建设标准化的产业基地。按照各个产业的区域优势布局，在依法、自愿、有偿的基础上健全土地承包经营权机制流转，加快农村土地流转步伐，发展多种形式的适度规模经营。加强农村土地承包经营权流转管理和服务，建立健全土地承包经营权流转市场和管理服务机构，加快发展土地流转中心等中介服务组织，探索建立土地承包经营权合理估值定价机制。逐步建立和完善财政、信贷、用地扶持等方面鼓励土地流转的政策机制。通过土地流转，打破以往“户户都种田，家家小而全”的经营格局。鼓励结合优势产业开发成片集中流转承包地，促进土地向专业经营大户集中，建设标准化的产业基地，进而推动农业的规模经营，提高产业化的组织化程度，实现农业的高效益。

六、创新政策支持模式，促进农业新型业态发展

随着“互联网+农业”等新理念的兴起，农业发展迸发出新的活力。农业综合开发项目也应积极探索相应的政策支持模式，提高农业综合开发政策效果的持续性。

农业电子商务以降低交易成本、减少库存、缩短生产周期、增加商业机会等优点，能够有效地克服农业产业化经营中的不利因素，减少生产的盲目性、降低成本、实现农产品流通的规模化、减少地域和时间的限制等，对发挥区域资源特色、推进我国农业产业化进程、实现农业现代化有极大作用。目前农业电子商务发展仍面临着农业信息基础设施建设薄弱、高质量电子商务平台建设欠缺、农产品难以标准化等突出问题，亟须得到农业政策扶持。结合区域农业优势特色产业发展，农业综合开发应积极探索扶持农业电子商务的相关政策。其次，互联网不仅带动农产品发展，其广大的影响力也促进特色农业旅游资源的发展。在大中城市周边及具有特色资源地区的休闲农业快速发展，已成为农村经济发展、解决就业的一个重要产业，对促进农民收入提高和新农村建设具有重要意义。农业综合开发在扶持农业基础设施和生产设施基础上，也应积极探索实现与休闲农业发展的结合。

参考文献

白仲林. 2000. 用主成分分析法对企业财务状况进行综合评价［J］. 天津商学院学报，20（3）：41－43.

部门项目管理改革与创新课题组. 2010. 部门项目管理改革与创新［R］. 北京：中国农业科学院农业资源与农业区划研究所.

陈池波，崔元锋. 2005. 中央政府与地方政府的农业投资博弈分析［J］. 农业经济问题（6）：53－55.

陈池波. 2003. 论经济发展中的政府农业投资职能［J］. 农业经济问题（9）：42－44.

陈国平，赵俊三，张力，等. 2013. 云南省土地整治分区研究［J］. 安徽农业科学，41（2）：853－855，875.

陈海霞，马康贫. 2009. 江苏省丘陵山区农业综合开发绩效评价. 农业开发与装备（1）：3－7.

陈鸿. 2006. 对我国农业投资不和谐状况的成因分析——对构建我国和谐型农业投资机制的背景及路径分析［J］. 南方经济（10）：57－60.

陈剑锋，唐振鹏. 2002. 国外产业集群研究综述［J］. 外国经济与管理，24（8）：22－27.

陈立双. 2001. 浅析农户的农业投资行为［J］. 沈阳农业大学学报（3）：189－191.

陈铭恩，温思美. 2004. 我国农户农业投资行为的再研究［J］. 农业技术经济（2）：24－27.

党耀国. 2000. 农业主导产业评价指标体系的建立及选择［J］. 农业技术经济（1）：6－9.

丁恩俊，周维禄，谢德体. 2006. 国外土地整理实践对我国土地整理的启示［J］. 教师教育学报，4（2）：11－15.

杜辉. 2011. 中国农业支持目标体系构建研究：诱致性创新理论视角［J］. 农业经济（11）：3－5.

樊继红，郭东清，贾利，等. 2006. 农业综合开发投资绩效评价初探［J］. 农业经济问题（5）：55－57.

樊继红，李友华，贾利，等. 2007. 中国农业综合开发投资趋势分析［J］. 东北农业大学学报（社会科学版）（5）：28－30.

樊胜根，张林秀，张晓波. 2002. 中国农村公共投资在农村经济增长和反贫困中的作用［J］. 华南农业大学学报（社会科学版）（1）：1－13.

高永珍. 2006. 构建农业综合开发资金绩效评价体系［J］. 中国财政（10）：62－63.

关海玲，陈建成，曹文，等. 2010. 山西太原都市型现代农业主导产业选择分析［J］. 中国人口·资源与环境，20（1）：76－80.

郭海丽，王礼力，李敏. 2012. 农业综合开发产业化经营项目投资绩效评价——基于灰色综合关联度的分析［J］. 西北农林科技大学学报（社会科学版）（12）：53－60.

郭庆旺，贾俊雪. 2005. 财政投资的经济增长效应：实证分析［J］. 财贸经济（4）：40－47.

韩国良. 2004. 坚持科学发展观做好农业综合开发工作. 农村财政与财务（12）：15－16.

何芳. 1997. 前联邦德国土地整理介绍与分析［J］. 中国土地（10）：41－44.

何剑，崔钰雪. 2005. 农民收入与农业投资的实证研究——以新疆为例［J］. 农业技术经济（4）：51－55.

何利辉. 2005. 中美农业综合开发比较分析［J］. 世界农业（1）：23－26.

侯石安，欧阳旭初. 1997. 论市场经济条件下的农业综合开发［J］. 财政研究（10）：18－20.

胡光辉. 2008. 新时期农业综合开发投资和项目管理机制的选择［J］. 现代经济：现代物业（7）（下）：104－105.

胡虹文，杨艳萍. 2002. 入世与政府农业公共投资［J］. 科技进步与对策（12）：67－68.

黄季焜，夏耕，张超超，等. 2001. 入世后中国农业综合开发的对策研究［J］. 高等农业教育（3）：10－14.

黄明东. 2000. 农业投资困境. 政府与农民的博弈分析［J］. 农业经济问题（21）：36－40.

霍学喜. 2002. 论新形势下的中国农业综合开发投资模式［J］. 科技导报（20）：27－30.

贾文涛，张中帆. 2005. 德国土地整理借鉴［J］. 资源：产业，7（2）：77－79.

姜爱林，姜志德. 1998. 论土地整理概念的科学界定［J］. 地域研究与开发（1）：1－4.

姜法竹，张涛. 2008. 现代农业主导产业选择的指标体系构建研究［J］. 中国农业资源与区划，29（3）：55－59.

姜鑫. 2007. 诱致性农业技术创新模型及中国农业技术变革的实证研究［J］. 财经论丛（3）：1－7.

鞠正山，罗明，张凤荣，等. 2003. 我国区域土地整理的方向［J］. 农业工程学报，19（2）：6－11.

蓝万炼. 2001. 我国各省区农业生产比较优势与农业相对比重分析［J］. 农业技术经济（2）：1－5.

李焕彰，钱忠好. 2004. 财政支农政策与中国农业增长：因果与结构分析［J］. 中国农村经济（8）：38－43.

李金叶. 2007. 新疆农业优势特色产业选择研究［J］. 农业现代化研究，28（2）：181－184.

李展，彭补拙. 2000. 江苏省吴江市土地整理理论与实践研究［J］. 资源科学，22（3）：70－187.

梁发超，刘黎明，双文元，等. 2015. 基于自然适宜性的农业生产景观分区与调控——以湖南省长沙县金井镇为例［J］. 土壤，47（1）：142－147.

廖红丰，刘建明. 2005. 财政对农业投资的必要性问题及现实优化［J］. 新疆农垦经济（2）：5－9.

廖蓉，杜官印. 2004. 荷兰土地整理对我国土地整理发展的启示［J］. 中国国土资源经济，17（9）：25－27.

邻孟. 1997. 土地制度变革中俄罗斯的土地整理［J］. 中国土地科学（S1）：66－68.

林江鹏，樊小璞. 2009. 我国财政农业投入产出效率研究——以农业综合开发中的土地治理项目为例［J］. 经济学家（8）：31－36.

林仁金，游建章，张文棋. 2000. 关于农业综合开发财政资金与贷款资金配套投入问题的若干认识

[J].福建农业大学学报（社会科学版），3（3）：16－21.
刘丙申.2002.农业综合开发投资的公共品属性分析与对策［J］.中国农村经济（7）：45－50.
刘平青.2004.对民间资本投资农业的评析与思考［J］.中国农村经济（10）：46－55.
刘伟，庞柏林.2003.农业综合开发项目经济评价特点浅析［J］.水利科技与经济（9）：7－8.
刘志民，刘华周，汤国辉.2002.特色农业发展的经济学理论研究［J］.中国农业大学学报（社会科学版）（1）：8－12.
鲁德银.2007.农业综合开发投资不足的理性预期分析［J］.农业开发与装备（1）：39－43.
鹿心社.2002.论中国土地整理的总体方略［J］.农业工程学报，18（1）：1－6.
栾海波.2009.农业综合开发产业化经营项目效果评价研究［D］.北京：中国农业科学院.
罗明，龙花楼.2003."土地整理理论"初探［J］.地理与地理信息科学（6）：60－64.
罗明，王军.2001.中国土地整理的区域差异及对策［J］.地理科学进展，20（2）：97－104.
农业综合开发土地治理项目分区域扶持政策研究课题组.2010.农业综合开发土地治理项目分区域扶持政策研究［R］.北京：中国农业科学院农业资源与农业区划研究所.
牛若峰.2002.中国农业产业化经营的发展特点与方向［J］.中国农村经济（5）：4－9.
邱东.1988.多指标综合评价方法的系统分析［J］.财经问题研究（9）：51－57.
冉光和，王建洪.2010.中国多元化农业投资的宏观绩效及协同效应研究［J］.农业技术经济（1）：98－103.
沈坤荣，张璟.2007.中国农村公共支出及其绩效分析——基于农民收入增长和城乡收入差距的经验研究［J］.管理世界（1）：30－43.
史美芳，许恒周.2008.农业综合开发投资效益的聚类分析——以江苏省为例［J］.新疆农垦经济（4）：64－66.
孙继琼.2009.中国农业公共投资绩效的空间差异——基于7大区域的实证研究［J］.中南财经政法大学学报（2）：57－62.
陶传友.2003.澳大利亚的农业综合开发与投资政策［J］.世界农业（10）：21－23.
田祥宇，孔荣.2010.农业综合开发产业化经营项目投资绩效分析——基于资金拉动效应的视角［J］.西北农林科技大学学报（社会科学版）（10）：28－31.
涂维亮，杨学文.2000.农业投资与农民收入相关性研究［J］.农业技术经济（5）：15－18.
汪厚安，王雅鹏.2010.粮食主产区农业综合开发财政资金使用效率评价［J］.统计与决策（15）：96－98.
王欢.2011.土地整理分区研究进展［J］.安徽农学通报，17（11）：149－153.
王建明.2010.农业财政投资对经济增长作用的研究——兼论农业科研投资的作用与效果［J］.农业技术经济（2）：41－49.
王建农，邓祖龙，周凌荣.1997.特色农业成为农村经济新的增长点［J］.农业经济问题（2）：57.
王杰.2004.农业投资中政府制度因素效应分析——以山东农业投资为例［J］.农业技术经济（6）：13－16.

王金安. 2005. 关于农业综合开发战略定位问题的思考［J］. 农业经济问题（4）：58－61.
王金安. 2003. 农业综合开发投入机制的创新及问题探讨［J］. 生产力研究（4）：40－42.
王金安. 2000. 农业综合开发制度创新的理论透视［J］. 中国农村经济（2）：4.
王万茂. 1997. 土地整理的产生、内容和效益［J］. 中国土地（9）：20－22.
王晓蜀，蒋旭平. 2007. 农产品比较优势测定方法国内研究综述［J］. 农村经济与科技，18（3）：54－55.
吴后宽，罗剑朝. 2005. 农业财政投资效率评估指标体系的构建［J］. 统计与决策（02X）：99－101.
夏鸿飞. 2008. 关于农业综合开发扶持农民专业合作组织的思考［J］. 农村财政与财务（1）：34－35.
向会娟，曹明宏，潘泽江. 2005. 农业产业集群：农村经济发展的新途径［J］. 农村经济（3）：47－49.
邢珺，杜本. 2010. 农业综合开发产业化经营项目投资绩效分析——基于农业 GDP 贡献的视角［J］. 会计之友，27：59－61.
徐海斌，谢忠谊，王丽平. 2008. 关于农业综合开发绩效评价机制的思考［J］. 江苏农业科学，69：301－302.
徐建春. 2001. 联邦德国乡村土地整理的特点及启示［J］. 中国农村经济（6）：75－80.
许传红，王元璋. 2007. 我国新农村建设中的农业投资现状及对策［J］. 郑州航空工业管理学院学报，25：105－109.
杨丹芳. 2000. 农业综合开发的财政思考［J］. 中央财政金融学院学报（10）：19－23.
杨峰. 2012. 财政支农、农业投资对农业 GDP 的贡献——基于多变量 VAR 模型［J］. 电子科技大学学报（社会科学版）（4）：15.
杨庆媛，涂建军，廖和平，等. 2004. 国外土地整理：性质、研究领域及借鉴［J］. 绿色中国（6M）：49－52.
杨庆媛. 2003. 土地整理目标的区域配置研究［J］. 中国土地科学，17（1）：40－45.
尹成杰. 2001. 农业产业化经营与农业结构调整［J］. 中国农村经济（5）：4－8.
张晨. 2013. 农业综合开发投资主体的投资效果分析［J］. 江苏农业科学，41：408－411.
张苏林，刘敏. 2004. 产权管理是农业综合开发的薄弱环节［J］. 中国财政（8）：41－42.
张新焕，王昌燕，杨德刚. 2004. 新疆农业主导产业的定量选择及其分析［J］. 干旱区地理，27（4）：610－614.
张熠. 2005. TOPSIS 法在农业综合开发项目评价中的应用［J］. 安徽农业科学（33）：1 320－1 321.
张佑才. 2000. 实现农业综合开发的历史性转变［J］. 中国农村经济（2）：12－13.
张正峰，陈百明. 2005. 土地整理分区研究——以北京市大兴区为例［J］. 农业工程学报，21（9）：123－126.
赵丽华，赵国杰，韩星焕. 2004. 我国农业投资效益分析［J］. 技术经济与管理研究（3）：22－24.

甄霖，曹淑艳，魏云洁.2009.土地空间多功能利用：理论框架及实证研究［J］.资源科学，31：544－551.

甄霖，魏云洁，谢高地.2010.中国土地利用多功能性动态的区域分析［J］.生态学报，30：6 749－6 761.

郑风田，程郁.2005.从农业产业化到农业产业区——竞争型农业产业化发展的可行性分析［J］.管理世界（7）：64－73.

钟甫宁.2010.农业经济学［M］.北京：中国农业出版社.

周良.2010.新农村建设中农业综合开发投资存在问题及对策分析［J］.经济论坛（1）：17－20.

朱刚，张元红，张军.2000.聚焦中国农村财政［M］.山西：山西经济出版社.

朱湖根，龚传勇.2013.提升农业综合开发项目绩效的思路［J］.中国财政（10）：026.

朱铁辉.2004.农业综合开发中农民的主体地位探讨［J］.高等农业教育（9）：48－51.

David J Pannella，Anna M Robertsb，Geoff Parkc，et al. 2012. Integrated assessment of public investment in land－use change to protect environmental assets in Australia［J］. Land Use Policy，29（2）：377－387.

Hans P Binswanger，Shahidur R Khandker，Mark R Rosenzweig. 1993. How infrastructure and financial institutions affect agricultural output and investment in India［J］. Journal of Development Economics，42（2）：337－366.

Huang J ，Ro zelle S，Roseg rant M W. 1999. China's Food Economy to the Twenty－first Centry Supply，Demand and Trade［J］. Economic Development and Cultural Change，47（4）：737－766.

Mark W Rosegrant，Faisal Kasrynob Nicostrato D Pereza. 1998. Output response to prices and public investment in agriculture：Indonesian food crops［J］. Journal of Development Economics，55（2）：333－352.

Matthew A. Andersen. 2015. Public investment in U. S. agricultural R&D and the economic benefits［J］. Food Policy，51：38－43.

Medonos T，Ratinger T，Hruska M，et al. 2012. The Assessment of the effects of Investment support measures of the rural development programmes：the case of the Czech Republic［J］. general information，4（4）：35－48.

Norouz Aghajani Tira，Farshad Momenib，Ganiev Tavarali Boboevichc. 2014. Exploring the effects of water sector investment in economic development in Iran［J］. Procedia － Social and Behavioral Sciences，131：396－405.

Pardey P G，Chan－Kang C，Dehmer S，et al. 2014. Investments in and the economic returns to agricultural and food R&D worldwide［J］. Encyclopedia of Agriculture and Food Systems（6）：78－97.

Schader C，Lampkin N，Christie M，et al. 2013. Evaluation of cost－effectiveness of organic farming support as an agri－environmental measure at Swiss agricultural sector level［J］. Land Use Policy，31（2）：196－208.

Stefan Kirchweger, Jochen Kantelhardt. 2015. The dynamic effects of government – supported farm – investment activities on structural change in Austrian agriculture [J]. Land Use Policy, 48: 73 –93.

Ward M D F A. 2012. Economics of agricultural water conservation: empirical analysis and policy implications [J]. International Journal of Water Resources Development, 28 (4): 577 –600.